L'engrange-temps

© Couverture : Hachette Romans Studio
© Illustration de couverture : Céli'arts

Infographie : Chantal Landry
Correction : Jocelyne Cormier

DISTRIBUTEUR EXCLUSIF :

Pour le Canada et les États-Unis :
MESSAGERIES ADP inc.*
Téléphone : 450-640-1237
Internet : www.messageries-adp.com
* filiale du Groupe Sogides inc.,
  filiale de Québecor Média inc.

Catalogage avant publication de Bibliothèque et Archives nationales du Québec et Bibliothèque et Archives Canada

Titre : L'Engrange-Temps / Nell Pfeiffer.
Noms : Pfeiffer, Nell, auteur.
Description : Édition originale : Vanves : Hachette romans, 2023-
Identifiants : Canadiana (livre imprimé) 20230066844 | Canadiana (livre numérique) 20230066852 | ISBN 9782897544225 (vol. 1) | ISBN 9782897544232 (livre numérique : vol. 1)
Classification : LCC PZ23.P5 En 2023 | CDD j843/.92—dc23

10-23

Imprimé au Canada

© Hachette Livre, 2023

Pour le Québec :
© 2023, Les Éditions Petit Homme,
division du Groupe Sogides inc.,
filiale de Québecor Média inc.
(Montréal, Québec)

Tous droits réservés

L'ouvrage original a été publié par Hachette Livre sous le titre *L'Engrange-Temps, tome 1.*

Dépôt légal : 2023
Bibliothèque et Archives nationales du Québec

ISBN (version papier) 978-2-89754-422-5
ISBN (version numérique) 978-2-89754-423-2

Gouvernement du Québec – Programme de crédit d'impôt pour l'édition de livres – Gestion SODEC – www.sodec.gouv.qc.ca

L'Éditeur bénéficie du soutien de la Société de développement des entreprises culturelles du Québec pour son programme d'édition.

 Conseil des arts du Canada   Canada Council for the Arts

Nous remercions le Conseil des arts du Canada de l'aide accordée à notre programme de publication.

Financé par le gouvernement du Canada
Funded by the Government of Canada | Canadä

Nous reconnaissons l'aide financière du gouvernement du Canada par l'entremise du Fonds du livre du Canada pour nos activités d'édition.

Nell Pfeiffer

L'engrange-Temps

1

À tous les Tisseurs
qui donnent vie à leurs histoires.

Prologue

C'est lors d'un soir bien particulier que Sophie Delapointe comprit quel pouvoir un horloger manipulait entre ses mains.

Pas plus haute que l'établi sur lequel son père travaillait, elle s'était permis d'épier le magicien à l'œuvre. Les oreilles de la fillette bourdonnaient bien plus que d'ordinaire sous l'effet de l'interdit. Les joues rouges et le cœur battant au rythme des balanciers, Sophie fixait le dos voûté de son père, éclairé par un halo de lumière jaune. C'est sûrement ainsi que, plus tard, elle se souviendrait de lui : le nez plongé dans les engrenages, la moustache gigotant sous la mélodie du remontage et la chemise tirée par sa posture repliée.

Sophie n'ignorait pas son labeur, mais n'en avait jamais été témoin. Elle réalisa, durant ces quelques minutes, quelle tâche ardue incombait à un Tisseur de Temps. L'Imprégnation était un rituel solennel, puissant et complexe.

Au-dessus de la pendule, Victor Delapointe s'empara d'une aiguille. Pas une aiguille à tricoter, non. Une aiguille dont la tâche est de battre le temps. Troué d'arabesques, l'objet servit à faire couler quelques gouttes de sang sur les engrenages dorés de l'horloge. Aucun gémissement ni une seule grimace ne perturba la concentration de l'orfèvre.

Un parfum étrange s'empara alors des narines de sa fille. Une odeur âcre qui s'infiltrait même dans sa bouche. Sophie l'avait déjà sentie autrefois, mais ce soir, à quelques pas de l'horloger, elle était plus prononcée.

À l'aide d'une clé de remontage, Victor s'affaira dans ses tours. Cette action, la petite Sophie l'avait exécutée de nombreuses fois, tout comme son père. Cependant, cette fois-ci, remonter cette horloge semblait être le geste le plus difficile à effectuer. Victor affrontait toute la force du monde. Son poignet tournait lentement la clé, accompagné par un psaume chuchoté que la petite fille ne comprit pas.

Fallait-il qu'elle s'approche pour réussir à capter les bribes de ce sort qui scellait une infime partie de son père au mécanisme de l'horloge?

Sophie se demanda soudain s'il était douloureux de se séparer d'une fraction de son âme. L'Imprégnation représentait pour elle une consécration. Même à son âge, elle savait que, un jour, ce serait elle, à cette table. C'était le lot de tous ses ancêtres, comme le lui avait tant de fois conté son père.

Mais elle devait se l'avouer: elle était effrayée à l'idée de voir son avenir ainsi tracé. Son destin était une ligne temporelle sans faille ni déviation. Sophie suivait le chemin dessiné par le temps et ne pouvait lui échapper. *Il* arrivait, elle était prête.

Pourtant, lorsque Sophie regardait son père tisser le temps, elle se demandait s'il était possible de le contrer, comme l'horloger le faisait. De s'en extraire. Elle espérait que, une fois devenue Tisseuse de Temps, elle serait elle aussi capable de le déjouer. Car après tout, ce serait elle qui l'aurait entre ses doigts et non lui qui l'étreindrait de son fil d'or.

Lorsque Victor Delapointe prononça le dernier mot de son incantation, une lueur timide éclaira son visage. L'instant d'après, une voix s'éleva, si caverneuse que Sophie crut que les murs avaient pris vie. L'étonnement fit trembler son petit corps et l'enfant recula d'un pas, faisant craquer le parquet.

L'horloger releva la tête. Ses loupes binoculaires le rendaient semblable à une créature chimérique.

— Tu devrais être couchée depuis longtemps, petit monstre, dit-il sans méchanceté.

Sophie s'avança dans la lumière. Ses cheveux blonds étaient hirsutes, emmêlés par les draps rêches du lit auquel elle s'était dérobée. Le regard abattu qu'elle affichait avait été choisi avec soin et était interprété avec brio. Faire les yeux doux à son père était une parade acquise au cours de ses nombreuses frasques.

— Les coucous m'ont réveillée, répondit-elle.

L'horloger la détailla, et un sourire s'élargit sur son visage.

— Aucune considération pour les dormeurs, ceux-là, ricana-t-il.

Il attrapa sa fille et l'installa sur ses genoux. Il s'empara ensuite de l'horloge et la replaça sur ses quatre pieds.

— Sophie, laisse-moi te présenter Tintamarre. Tintamarre, je te présente Sophie, ma fille.

— *Enchanté, mademoiselle Sophie,* répondit l'objet de sa voix grave.

Sophie ressentait les paroles de la pendule dans tout son être, tout comme elle ressentait celles d'Églantine, son horloge de compagnie. Ce n'était pas réellement un son, plutôt une mélodie interne. Une vibration mentale. C'était ainsi que les chronolangues comprenaient les Horanimas.

— Ça chatouille, rit Sophie en enfouissant son nez dans le cou de son père.

— Ah oui, celui-là a les cordes vocales bien plus puissantes que celles d'Églantine. Mais tu verras, avec le temps tu t'habitueras à l'effet que produisent les voix des Horanimas.

— Est-ce que moi aussi, un jour, j'arriverai à Imprégner ?

Victor embrassa sa fille sur le front. C'était son devoir de le lui enseigner ; de perpétuer la lignée des Tisseurs de Temps qui avaient peuplé la famille Delapointe.

— Un jour, je t'apprendrai, Sophie.

Un jour.

Douze ans plus tard

Chapitre 1

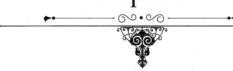

Armée de petits tournevis et arborant d'épaisses loupes binoculaires, Sophie Delapointe ressemblait à une mante religieuse. Penchée sur une pendule récalcitrante dont le mécanisme gigotait, frissonnait et remuait, l'horlogère soufflait avec irritation.

— Mélodie, cesse donc de bouger, marmonna-t-elle.

— *Ça me démange!*

Les engrenages à l'air, la pauvre pendule était d'une sensibilité déconcertante.

— C'est la troisième fois en un mois. Franchement, il va falloir que tu apprennes à gérer tes émotions.

L'Horanima avait le dérèglement facile. Il suffisait qu'un peu d'action vienne égayer sa journée pour que l'excitation s'empare de tout son mécanisme et qu'elle finisse par livrer une heure faussée.

Lorsque Sophie resserra la dernière vis, le ressort à spirale se déroula dans un gémissement aigu. L'horlogère retira ses doigts précipitamment, sous peine de s'en voir voler un.

— Tu es impossible ! grogna-t-elle en essuyant ses mains maculées d'huile sur son tablier.

Elle releva ses loupes, repoussant ainsi les longs cheveux blonds ondulés qui cachaient jusqu'à présent son visage.

— *Tu avais fini, de toute façon !*

Sophie soupira, affichant malgré elle un léger sourire. Cette mimique, l'Horanima ne pouvait l'apercevoir, car ces drôles d'objets n'étaient pourvus que de l'ouïe. L'horlogère referma précautionneusement le capot et replaça Mélodie sur ses quatre pieds. Il s'agissait d'une modeste pendule ouvragée en bois, dont le cadran en émail témoignait du temps passé.

Mélodie était chargée de surveiller la bibliothèque royale. Par sa facture, elle s'accordait parfaitement aux étagères en bois verni ainsi qu'au mobilier en noyer. Sophie la déposa sur le manteau de la cheminée et recula de quelques pas pour l'admirer. Bien placé au centre, entre deux chandeliers, l'imposant portrait de l'ancien roi, Emrald de Ferwell, l'épiait du coin de l'œil.

— Bon, la prochaine fois, je viendrai seulement pour te remonter, on est bien d'accord sur ce point ?

— *Que veux-tu ? J'adore les parties d'échecs entre le roi et son frère. Même si c'est toujours Charles qui gagne, je trépigne chaque fois !*

— Alors je devrais peut-être demander au roi d'arrêter de jouer ici, proposa Sophie d'une voix autoritaire en posant les poings sur ses hanches.

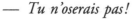

— *Tu n'oserais pas!*

Non, en effet, Sophie n'aurait pas osé. Elle travaillait au palais de Vitriham – qui surplombait la ville d'Aigleport – depuis la mort tragique de son père, survenue quelques mois plus tôt. Elle avait repris le flambeau, s'occupant des trois cent six horloges, pendules, comtoises, montres et autres réveille-matin dispersés entre ces murs. Parmi tous ces mécanismes, quatre-vingt-six étaient des Horanimas.

Depuis, elle n'avait vu la famille royale que de rares fois, sans jamais adresser la parole à aucun de ses membres. Sophie croisait parfois les deux filles du roi, les princesses royales, Éloïse et Sarah, flânant dans les couloirs, ou même la reine Clarence dans les jardins. Mais, comme toute domestique, elle œuvrait dans une discrétion totale.

— Occupe-toi d'écouter les conversations inhabituelles plutôt que les parties d'échecs, c'est ton rôle d'Horanima.

— *Si tu savais ce qu'il se dit autour d'un échiquier...* pouffa Mélodie. *Et puis, même si c'est mon travail, j'ai le droit de m'amuser un peu, voyons! Je m'ennuie ici, parfois...*

Sophie esquissa un sourire et s'approcha de Mélodie pour la gratifier d'un dernier coup de chiffon. C'était sa manière à elle de lui offrir son soutien. L'horlogère n'ignorait pas que la vie d'une Horanima pouvait être solitaire, sans chronolangue ni l'un des congénères de Sophie à qui causer.

De plus, Mélodie était particulière pour la jeune femme, car elle faisait partie des horloges que son père avait Imprégnées de sa propre âme. L'Horanima ne possédait aucun des traits de caractère de Victor Delapointe, mais

Sophie aimait à se dire qu'il veillait sur elle à travers ces drôles d'objets magiques.

— Bon, assez traîné ici, je dois rendre visite à plusieurs autres de tes camarades.

Sophie récupéra son lourd sac d'outils et tourna les talons.

— *À bientôôôt, Sophiiie!*

— Ménage tes engrenages, Mélodie!

— *C'est promis!*

L'horlogère secoua la tête : elle n'en croyait pas un mot. Elle commençait à soupçonner Mélodie de dérégler son mécanisme rien que pour avoir une conversation avec un chronolangue. Peu de personnes au palais comprenaient les Horanimas, réduisant ainsi la fréquence de leurs interactions. La chronolangue était une pratique rigoureuse et complexe, que Sophie avait eu la chance d'exercer auprès de son père. Il s'agissait de déverrouiller ses sens pour distinguer dans l'espace les mots du temps. Comprendre une Horanima, c'était aussi accepter qu'elle nous chatouille les tympans et nous picote l'esprit. Cet aspect ne séduisait pas tout le monde.

Sophie s'engouffra dans les longs couloirs lumineux de l'aile est, espionnée par les personnages peints sur les fresques murales, qui observaient ses longs cheveux ondulés voleter derrière elle au rythme de sa marche. Ses pas pressés fouettaient sa robe bleue : Sophie était toujours pressée.

Et pour cause : elle savait exactement quelle était sa prochaine destination. Elle connaissait par cœur le chemin à parcourir et les horloges à inspecter. Ce n'était jamais les mêmes d'un jour à l'autre. Aujourd'hui, après la visite de quatre horloges, deux pendules, une comtoise et trois réveils, il ne lui restait plus qu'à examiner Chantelle et Marguerite, deux pendules au caractère bien trempé.

— Bonjour, Chantelle! s'exclama Sophie en passant la porte des cuisines en pleine effervescence.

— Attention, Sophie! rouspéta le sommelier. Tes horloges ont le temps, pas besoin d'être toujours aussi pressée!

Autour d'elle, les cuisinières s'affairaient devant de grands chaudrons, armées de louches dégoulinantes de sauce. L'horlogère esquiva un panier de fruits et contourna l'immense poêle.

— *Oh! Booonnnjjjoooouuurrr, Sooopppphhhiiiie*, roucoula Chantelle, posée sur le buffet.

— Comment allez-vous aujourd'hui?

Les aiguilles vibrèrent. C'était une lourde pendule en bronze, décorée de lianes dorées. Son cadran circulaire en laiton comportait douze plaques en émail à chiffres romains.

— *Je me sens un peu ramollie, ces temps-ci...*

Sophie esquissa un sourire. Il était tout à fait normal que Chantelle se sente ainsi. Fouillant dans son sac en cuir, l'horlogère en extirpa sa clé de remontage. Elle ouvrit ensuite délicatement la vitre pour y glisser le passe-partout, juste en dessous du III.

— *Oulalaaa,* ricana la pendule lorsque Sophie tourna la clé.

— Vous allez voir, vous vous sentirez beaucoup mieux.

Et ce fut immédiat. Lorsqu'elle fit claquer le dernier tour, la trotteuse entama une course endiablée, et l'horloge poussa sa meilleure chansonnette.

— *Meeerrrccciii, Sooopppphhhiiie, j'ai retrouvé la pêche!*
— Toutes mes excuses, j'ai attendu un jour de trop.
— *Sans rancune, ma chérie.*

Alors que Sophie s'apprêtait à poursuivre sa route pour rejoindre Marguerite, la voix chantante l'interpella :

— *À tout hasard, aurais-tu…*
— Vous voulez des nouvelles d'Augustin?

L'horloge marqua un silence. Si elle avait eu des joues, elle aurait rougi.

— *S'il te plaît,* couina timidement Chantelle.
— Je lui ai rendu visite la semaine dernière, il aime beaucoup sa nouvelle fonction dans le bureau Libellule. D'ailleurs, il m'a dit qu'il adorait la chaleur que lui apporte le soleil après 15 heures.
— *C'est sûr qu'il est mieux loti qu'ici…*

Reléguées au fond du palais, les cuisines étaient des salles plus utiles qu'agréables. Le peu de lumière qui s'y faufilait pénétrait par de petites vitres embuées. Les Horanimas étant dépourvues de globes oculaires, Chantelle ne pouvait pas le savoir. Cependant, les hauts plafonds provoquaient un tel écho qu'elle ressentait l'aura austère des lieux.

— La cuisine est un endroit charmant pour une amatrice de potins comme vous, tenta Sophie pour la réconforter.
— *C'est certain que les commérages sont fort intéressants par ici,* concéda la pendule. *Savais-tu que Claire, la fille*

du jardinier, avait eu une aventure avec Élira, la femme de chambre de l'aile ouest ?

— Eh bien, Carillon m'en a glissé un mot la semaine passée.

Chantelle rouspéta :

— *Bien sûr qu'il est au courant ! J'aurais dû m'en douter, les horloges comtoises du hall sont toujours les premières au parfum ! Si seulement mes pauvres sens pouvaient me guider par-delà cette cuisine, je pourrais être au courant de tout avant tout le monde*, se lamenta-t-elle.

Chantelle était l'une des horloges qui remplissait le mieux son rôle : celui d'écouter et de surveiller. Le roi, Charles de Ferwell, n'avait pas décidé de disposer des Horanimas dans son palais par simple coquetterie ; elles étaient utiles. Elles oyaient et retenaient chaque parole qui leur parvenait, décelant les tons orageux, les murmures de fronde et les discussions dangereuses.

Il y a trente ans de cela, la Grahenne tout entière avait été surprise, voire choquée, lorsque le roi nouvellement couronné avait introduit plusieurs Horanimas à Vitriham pour prévenir les complots contre le royaume. De nature avant-gardiste, il était allé quérir l'aide du seul Tisseur de Temps de la ville, le père de Sophie, Victor Delapointe, qui s'occupait déjà de l'unique Horanima du palais : Marguerite. Ces drôles d'horloges, déjà utilisées comme outils de surveillance dans les pays voisins, se voyaient réimplantées dans le royaume de Grahenne depuis la Purge. Non qu'elles fussent auparavant interdites, mais la crainte liée au retour de la guerre avait poussé les habitants de la Grahenne à se tenir loin de ces objets magiques. Charles, pas le moins du monde intimidé par leurs pouvoirs, avait décidé d'en équiper la Cour en prenant tout de même le soin d'instaurer des règles strictes à leur égard.

Depuis le début de ses fonctions, Sophie n'avait jamais eu à rapporter ce qu'une pendule, une montre, une horloge ou un réveille-matin avait entendu, car depuis plusieurs mois rien n'était sorti de l'ordinaire. Pas même lorsque le corps de son père avait été retrouvé au pied des falaises bordant le palais. Sophie avait pourtant interrogé toutes les Horanimas, son chagrin guidant ses pas dans les corridors labyrinthiques du palais. Malgré questions et supplications, son enquête s'était soldée par un échec, laissant à ce tragique accident le sceau des non-dits.

L'horlogère ne s'attarda pas plus longtemps dans les cuisines. L'odeur du pain frais, des viennoiseries et du café commençait à embaumer les lieux en prévision du petit déjeuner.

Sans repasser par les couloirs, elle déboucha dans les jardins et ses bottines crissèrent sur les chemins gravillonnés.

— Bonjour, Barnabé !

— *Bien le bonjour, Sophie !* répondit l'horloge, maintenue par une statue immaculée au visage mélancolique.

La voix caverneuse de Barnabé provoqua chez la jeune femme un picotement mental. C'était avec ce genre d'Horanimas qu'elle se rendait compte de sa capacité de chronolangue. Son père lui avait toujours dit qu'elle s'habituerait à cette étrange sensation, mais il lui arrivait encore de ressentir les caresses du temps lorsque l'un de ces objets magiques s'exprimait.

Sans marquer d'arrêt, Sophie laissa l'herbe, encore imprégnée de rosée, imbiber les coutures de sa robe bleue lorsqu'elle s'engagea dans le parc. Là, suspendue à une branche, Épine se reposait sagement. L'horloge à coucou pouvait être d'humeur massacrante si elle n'avait pas ses huit heures de sommeil. C'était d'ailleurs pour cette raison qu'elle se retrouvait reléguée à la surveillance des jardins, où l'action était moindre.

L'horlogère passa son chemin et entra dans les serres pour rendre visite à Marguerite. Le lieu où la pendule résidait était d'une beauté enivrante, et sa compagnie, celle que Sophie préférait : elle conversait avec elle depuis l'enfance.

— *Entre, mon ange.*

Le jardin d'hiver était modeste et constitué d'une seule pièce. Son armature en fer supportait des carreaux astiqués avec soin. Les arbres, les fleurs et les plantes prospéraient en harmonie, choyés par les jardiniers. Un bruit de fontaine résonnait dans le lointain, rappelant à Sophie les journées qu'elle avait passées ici, plus jeune, lorsque son père effectuait lui-même ses rondes au palais.

— Bon matin, Marguerite ! Comment te sens-tu ?

— *L'humidité me chatouille les aiguilles, ce n'est pas très bon pour mes rouages, tu devrais regarder.*

— Je te l'ai répété mille fois, souffla l'horlogère dans un demi-sourire en laissant tomber son volumineux sac sur les dalles.

— *Que veux-tu, à mon âge, on peut au moins exiger un peu de confort. Quoi qu'il en soit, je suis bien mieux ici que dans ces couloirs qui empestent le complot.*

— Ne dis pas n'importe quoi, le royaume se porte comme un charme.

— *Il y a toujours des tentatives d'assassinats! Tu devrais le savoir mieux que quiconque puisque c'est toi qui t'occupes de récolter ces informations. Je suis bien contente que ton père m'ait placée ici. De toute façon, j'en avais assez d'écouter les badinages inintéressants des domestiques.*

Victor avait placé Marguerite ici en raison des complaintes à répétition qu'elle lui faisait subir. La pendule avait fort caractère et redoublait d'ingéniosité lorsque quelque chose lui déplaisait.

— Les commérages ne te manquent donc pas?

— *Lorsque j'ai envie de savoir quelque chose, je te le demande à toi, et ça me va très bien. Il m'arrive d'entendre quelques rumeurs ici et là, quand les botanistes décident de discuter en ma présence. M'enfin... c'est sans grand intérêt*, reconnut-elle.

Sophie remonta la pendule et s'affaira à inspecter ses antiques rouages. Marguerite était la doyenne des Horanimas, la première à habiter le palais. À l'époque, le roi Emrald l'avait offerte en cadeau à la reine Madeleine, connaissant son attrait pour les objets magiques. Sa facture était digne d'une reine : d'un bois très noir, elle était décorée d'arabesques et de fils d'or. Marguerite n'avait jamais eu pour mission d'écouter les ragots, et n'y avait donc jamais aspiré.

L'horlogère dépoussiéra ses aiguilles, arrachant à la grosse pendule un éternuement plaintif.

— Et voilà ! Comme neuve !

— *Je n'ai presque rien senti ! Tu es beaucoup plus douée que ton père, tu sais.*

Sophie esquissa un sourire, mais sa mâchoire se contracta à l'évocation de son père. Parfois, son esprit lui jouait des tours et faisait apparaître quelques souvenirs de l'horloger. Elle entrevoyait sa moustache se soulever pour révéler un rictus bienveillant, ou bien sa posture courbée au-dessus d'une montre à gousset.

— Tu me le dis chaque fois, et c'est faux, contra-t-elle en secouant la tête pour chasser ces réminiscences.

— *Ce n'est pas parce qu'il ne t'a pas inculqué l'Imprégnation que tu n'es pas bonne.*

L'Imprégnation.

Pour Sophie, il s'agissait d'un sujet épineux ; pour Marguerite, cela correspondait à la raison de sa venue au monde. L'horlogère avait toujours admiré cette pratique et, en tant que Tisseur de Temps, Victor aurait dû l'enseigner à sa fille. Cependant, il était mort avant de l'avoir fait.

— Je n'ai jamais dit ça : mon père était simplement plus doué que moi...

Ce serait mentir que de dire qu'elle n'avait jamais essayé d'Imprégner par elle-même. Néanmoins, fragmenter son âme n'était pas chose aisée, et nulle montre sur laquelle elle avait essayé ne s'était animée. Sophie n'avait jamais appris à être une Tisseuse de Temps, ainsi l'Imprégnation lui était étrangère. Elle avait beau avoir regardé son père réaliser de nombreuses fois cette prouesse, cette pratique ne s'apprenait pas sur le tas.

Sophie n'était bonne qu'à soigner des horloges, selon elle. Il y avait bien la chronolangue qui lui permettait de ne jamais se sentir seule, mais cette faculté lui était si naturelle qu'elle pesait vaguement dans la balance de son savoir-faire.

— *Victor était un Tisseur de Temps hors pair, tout comme ta grand-mère d'ailleurs! Rien ne t'empêche de marcher dans leurs pas avec un peu d'apprentissage. Leur sang coule dans tes veines, après tout. Pourquoi ne pas embarquer sur un bateau pour Kelvi et étudier à l'Académie Horolurgique? Ne gâche pas ce talent, Sophie.*

— Il n'y a pas que mon travail au palais, je ne peux pas laisser la boutique, et tu le sais.

— *Ta grand-mère, Astoria, a certes décidé de venir vivre à Aigleport pour élever Victor, mais rien ne t'oblige à pourrir ici toi aussi! Je ne veux pas offenser les morts mais... un jour, il faudra bien prendre le large et découvrir le monde! Va étudier l'Horolurgie et deviens la meilleure des Tisseuses de Temps. Je t'imagine déjà créer Horanima sur Horanima, Imprégnant jour et nuit!*

Sophie éclata de rire face à l'enthousiasme de son amie. L'Imprégnation était une pratique ancestrale qui se transmettait de génération en génération, mais qui s'enseignait aussi dans des écoles horolurgiques. La plus réputée restait celle de Kelvi, en Fréhenne. Dans le cas de Sophie, elle n'avait pas pu l'apprendre de son père, mais partir vers une de ces institutions ne la tentait guère. Aussi, voir Marguerite si joviale la faisait sourire.

Toutefois, elle devait admettre que cette absence de savoir la contrariait un peu. Apprendre l'Imprégnation était toujours possible, mais pour cela quitter Aigleport était nécessaire.

— C'est vrai que Kelvi fait rêver. Leur pratique de l'horolurgie est beaucoup plus développée qu'en Grahenne. Mais je ne pense pas être prête à sauter le pas.

— *Quoi qu'il en soit, tes doigts sont plus doux que ceux de Victor.*

— Ils sont plus fins.

— *Soit.*

Un petit silence s'installa dans la serre, laissant le bruit subtil de la fontaine couler entre les deux amies.

— *Comment ça se passe en dehors de ces murs?* demanda Marguerite, qui avait toujours eu une passion secrète pour le monde des humains.

— La vie suit son cours. De plus en plus de bateaux arrivent au port chaque jour pour décharger des produits venant de pays lointains. Le chantier du nouveau téléphérique avance bien, je n'aurai bientôt plus à monter les marches pour venir jusqu'ici!

— *On n'arrête pas le progrès ! Mon petit Charles est décidément bien plus entreprenant que ne l'était son père, c'est une bonne chose pour ce pays.*

— Je me demande bien pourquoi ils n'entament les travaux que maintenant. Dire que mon père a monté cet escalier toute sa vie…

— *Le roi Emrald était un tyran, que veux-tu !*

Sophie émit un petit rire ; elle imaginait bien Marguerite hausser les épaules à cette réplique.

— Voyons, Marguerite…

— *Paix à son âme,* toussa la pendule. *Quoi qu'il en soit, il ne manque à personne…*

— C'est quand même grâce à lui que tu es là aujourd'hui.

Malgré la manière dont Marguerite dépeignait le roi Emrald, tout le monde s'accordait à dire qu'il avait aimé sa femme Madeleine. Selon les récits, à chacune de ses fausses couches, il lui ramenait un présent encore plus incroyable que le précédent. D'ailleurs, beaucoup disaient que la venue au monde des jumeaux Ferwell était un miracle, si l'on considérait la stérilité de feu la reine mère.

— *La seule chose sensée qu'il ait faite ! À cette heure-ci, je serais encore en train de croupir entre deux coucous éventrés et deux ou trois Horloges Prodigieuses en fuite.*

Sophie pouffa, mais tiqua l'instant d'après :

— Horloges Prodigieuses ?

Ce terme regroupait toutes les horloges magiques. En tant qu'Horanima, Marguerite en était une. Cependant, en employant ce mot ainsi, elle semblait faire référence à tout autre chose…

— *Oui, certaines ont réussi à fuir la Purge, et elles essayaient souvent de passer inaperçues chez les antiquaires fréhniens ou dans les énormes souks que l'on trouve en Talonie.*

— Donc, tu me dis qu'il existe encore des Horloges Prodigieuses quelque part?

— *Voyons, Sophie, ce n'est pas une petite Purge qui va faire disparaître ces machins-là! Il y en a peut-être moins en Grahenne, mais lorsque le roi m'a trouvée en Fréhenne, le pays en regorgeait encore beaucoup.*

La fameuse Purge dont parlait Marguerite s'était produite il y a soixante ans. Il s'agissait d'une époque prospère où beaucoup de Tisseurs de Temps créaient des horloges magiques dans toutes sortes de buts. Il y en avait pour arrêter le temps ou le remonter, pour se déplacer, ou encore pour ramener un mort à la vie. Mais, à la suite de débordements, il avait finalement été convenu que les seules horloges magiques inoffensives restaient les Horanimas, et par chance elles avaient été épargnées par les assauts de la Purge.

Sophie ne connaissait les prouesses de ces horloges disparues qu'à travers les livres de contes, car son père lui avait toujours répété que leur temps était révolu, préférant concentrer ses enseignements sur le présent et sur les Horanimas.

Et si, finalement, ce n'était pas le cas? C'était bien ce que semblait sous-entendre son amie…

— Bon, Marguerite, je vais y aller, Jean doit m'attendre, dit-elle en observant les aiguilles de Marguerite qui annonçaient presque midi.

— *Oh, tu as fini ton tour ?*

— Oui !

— *Tu le salueras de ma part, alors ! Comment va sa jambe ?*

— Il ne se plaint que pendant les jours de pluie.

— *Rah, satanée guerre…*

Sophie récupéra son sac : ses outils cliquetèrent lorsqu'elle passa la bandoulière sur son épaule.

— On peut simplement espérer que ça ne recommence pas.

La Guerre des Rouages, survenue en même temps que la Purge, faisait partie des raisons pour lesquelles le roi Charles avait décidé d'utiliser les Horanimas. Depuis le début de son règne, il se tenait aux aguets, craignant la terreur qui avait ébranlé le pays de Grahenne quelques années avant sa venue au monde. Depuis, les tensions avec les pays frontaliers s'étaient essoufflées et les relations entre la Varhenne, la Grahenne et la Fréhenne étaient devenues presque amicales.

Quittant Marguerite à regret, Sophie rebroussa chemin jusqu'au palais. Dans le parc, elle pouvait admirer les hautes tours blanches qui s'élevaient vers l'azur. Le palais de Vitriham surplombait la ville portuaire d'Aigleport, surveillant les rues, les docks, et l'étendue miroitante à perte de vue.

Sophie s'engagea dans la cour et, au lieu de pénétrer par l'entrée principale de marbre, d'or et de fer, elle emprunta une modeste porte en bois, cachée du grand public. Elle longea ensuite un couloir sombre et déboucha sur la salle commune des employés. À cette heure, seul un silence pesant l'accueillit : toutes les petites souris s'affairaient déjà à travers le palais.

Le bruit de ses talons se répercutait contre les parois en ogives tandis qu'elle filait sans s'arrêter jusqu'au cabinet de son supérieur, Gérald Dantan, le chef de la logistique. Elle décrocha le trousseau de clés suspendu à sa ceinture en cuir et le déposa sur le secrétaire, déjà bien encombré, avant de tourner les talons.

— Pas si vite, jeune fille !

Dans un tourbillon de jupe bleue, Sophie effectua un demi-tour acrobatique.

— Oui ?

Gérald avait le nez plongé dans un livre de comptes. Sa livrée, bien trop serrée lorsqu'il était assis, formait des bourrelets sur lesquels il semblait se reposer. Des étagères aux centaines de tiroirs l'entouraient, pleines à craquer de documents administratifs.

— J'ai reçu une directive pour toi, dit-il en léchant son doigt dodu avant de feuilleter son calepin. Il faudrait que tu passes au salon Opale.

— Mme Simone n'a pas besoin d'être remontée.

— Peut-être requiert-elle un peu de compagnie ?

Sophie pinça les lèvres. De toutes les Horanimas que Sophie côtoyait au quotidien, Mme Simone était celle qui possédait le caractère le plus capricieux. L'horlogère ne détestait pas le salon Opale, ni même Mme Simone ;

toutefois, cette pièce se situait dans l'unique aile du palais qui lui était interdite : celle du roi. Elle était autorisée à y pénétrer exclusivement sous surveillance rapprochée, une fois tous les trois mois. Seulement, cela faisait à peine quelques semaines qu'elle s'était entretenue avec cette belle pendule baroque à la voix suave. Voilà pourquoi elle trouvait cette requête saugrenue.

— Va voir ce qu'elle souhaite et tu pourras rentrer chez toi. (Sophie tendit la main vers le trousseau, mais Gérald la devança.) Tu n'as pas besoin de clés pour y aller.

Sophie plissa les yeux : l'amabilité de son supérieur laissait à désirer depuis que sa femme avait accouché. Les cernes qui soulignaient ses yeux gris étaient presque aussi foncés que sa tignasse.

— Est-ce que vous dormez bien en ce moment, Gérald ? demanda-t-elle avec une pointe de sarcasme.

— Sophie, le salon Opale !

L'horlogère leva les mains en signe de reddition et tourna sur elle-même, un petit sourire aux lèvres. Elle devait bien l'avouer, taquiner Gérald était son passe-temps préféré.

Sophie quitta son bureau sans demander son reste, tout en s'interrogeant sur ce qui pouvait bien pousser Mme Simone à requérir sa présence.

Chapitre 2

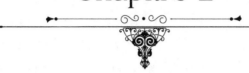

Sophie pénétra dans l'aile interdite, le cœur battant. Les gardes du palais la regardèrent monter les marches en silence et, lorsqu'elle se présenta à eux, ils lui indiquèrent d'un geste de la main la direction du salon.

— Ne devez-vous pas m'accompagner ? demanda-t-elle, surprise.

— Pas cette fois, répondit simplement l'un des soldats.

Cette sentinelle, nommée Gaspard, arborait un visage grignoté par une barbe brune. La fois précédente, il l'avait escortée avec zèle jusqu'à la fin de sa consultation. Aujourd'hui, elle s'aventurait seule dans les couloirs sombres. Les membres tendus, elle se sentit soudain si perdue parmi le dédale de portes qu'elle aurait manqué le salon si la porte de celui-ci n'avait pas été ouverte.

Cette pièce était utilisée pour les assemblées d'urgence ou bien les courtes réunions à huis clos. Tout respirait la sobriété, du mobilier blanc aux rideaux crème. Des arabesques au délicat relief brillant se faufilaient, discrètes, sur le papier peint.

Une unique table occupait le centre du salon et cohabitait avec une énorme cheminée encore chaude du feu de la veille. Mme Simone était posée sur le manteau de cette dernière. La facture de cette pendule d'une grande beauté mêlait l'or et le marbre. Des angelots supportaient à bout de bras le cylindre du mécanisme. Le cadran en émail blanc, protégé par un épais verre bombé, exposait de fines aiguilles dorées délicatement travaillées. Cette Horanima, entourée de fleurs et agrémentée d'un balancier en forme de soleil oscillant, était un bijou.

— *Victor?* s'enquit la pendule.

L'horlogère serra les dents. Au-delà de l'ouïe parfaite que possédaient les Horanimas, certaines étaient même capables de ressentir l'aura d'une personne. Dans le cas de Mme Simone, cette compétence se révélait approximative.

— Bonjour! Non, c'est Sophie, sa fille.

— *Sophie! Entrez, je vous en prie! Je pensais entendre Victor.*

Inspirant profondément, la jeune femme s'avança dans la pièce. Les étourderies de Mme Simone la mettaient mal à l'aise. Cette vieille pendule oubliait tout. C'était d'ailleurs la raison pour laquelle elle s'était retrouvée dans cette pièce: elle ne risquait pas d'ébruiter les confidences émanant de cette pièce d'importance puisqu'elle possédait la mémoire d'un poisson rouge.

— Je suis désolée, madame Simone, mon père ne peut pas venir en ce moment.

Sophie évitait de lui souffler que son père était mort. À sa dernière visite, elle le lui avait avoué, et la pendule avait poussé des plaintes si aiguës que même ceux qui n'étaient pas chronolangues avaient compris qu'elle pleurait. Elle s'était ensuite murée dans le silence pendant une semaine, refusant d'indiquer l'heure exacte.

La réaction de Mme Simone avait bouleversé Sophie, rouvrant cette plaie dans son cœur qu'elle ne cessait de colmater. Elle avait donc appris la leçon, comme tous les résidents du palais désireux de dormir la nuit.

— Vous souhaitiez me voir ? demanda-t-elle enfin.

— *J'apprécie la compagnie, vous savez. Victor s'occupe bien de moi, je ne me rappelle plus la dernière fois qu'il est venu, la semaine passée peut-être. Ou bien le mois dernier… Quoi qu'il en soit, n'allez pas croire que je n'aime pas votre présence, ma chère Sophie. Cependant, Victor connaît à merveille mes engrenages.*

— Je n'en doute pas, madame Simone.

Sophie traversa le salon, le bruit de ses pas assourdi par l'épais tapis qui recouvrait le plancher.

— Vous permettez ?

— *Faites donc.*

Sophie glissa un chiffon délicat pour ôter la poussière sur le verre et l'ouvrit pour accéder au cadran. Elle contrôla l'heure, tout à fait exacte, puis sortit sa clé de remontage et l'actionna trois fois afin de redonner un peu de vigueur à la pendule.

— Comment vous sentez-vous ?

— *Beaucoup mieux! Quelques tours sont toujours agréables.*

— N'est-ce pas un peu par extravagance? Votre heure se porte à merveille.

— *Peut-être. Mais pour répondre à votre première question, même si je m'ennuie à mourir dans cette pièce aseptisée, je n'ai pas sollicité de compagnie.*

Sophie fronça les sourcils. Les Horanimas s'exprimaient en modifiant leur heure ou en faisant vibrer leurs aiguilles. Par ce procédé très simple, les domestiques savaient qu'elles désiraient être visitées par l'horlogère du palais.

— Vous n'avez proféré aucune requête?

— *J'aurais pu, mais non.*

Sophie referma la vitre et recula. Gérald se serait-il livré à une plaisanterie? Si c'était le cas, les gardes lui auraient interdit de monter; or, elle était passée sans aucune difficulté. Sa respiration s'emballa. Pourquoi l'avait-on convoquée ici? Envisageait-on de la mettre dehors? Avaient-ils compris qu'elle n'était pas aussi douée que son père? Quelle sotte! La convoquer dans le salon Opale ne signifiait qu'une seule chose: on souhaitait la renvoyer.

Un homme se gratta la gorge derrière elle; elle sursauta.

— Pardonnez-moi, je ne voulais pas vous effrayer.

La jeune femme se retourna et écarquilla les yeux. Devant elle se tenait le roi.

Non. À la vue de sa tenue, elle réalisa qu'il s'agissait de son frère, Dimitri de Ferwell. Lui et Charles étaient des jumeaux parfaitement identiques. Cette ressemblance si frappante engendrait des rumeurs depuis leur naissance.

Le peuple adorait se raconter au coin du feu des récits folkloriques au sujet de la magie qui entourait la fratrie. Tout comme les habitants de la Grahenne, Sophie aimait ces fables aux allures de légendes. La sorcellerie avait toujours occupé une place spécifique dans l'imaginaire du royaume : les Landes accotées aux frontières d'Aigleport inspiraient les bardes depuis des décennies. Certains assuraient que ces mythes étaient fondés, d'autres criaient à la calomnie. Sophie, elle, ignorait quelle opinion adopter car elle n'avait jamais rencontré de sorcières. Néanmoins, on associait l'apparition des Horloges Prodigieuses à leurs pouvoirs, alors il lui arrivait de se dire « Pourquoi pas ? ».

Au cours de plusieurs cérémonies, cortèges et autres sorties royales en ville, l'horlogère avait parfois dévisagé les jumeaux, assis côte à côte, et admis cette ressemblance presque magique.

Cependant, avec l'âge, les différencier devenait possible. Les rides et les marques du temps avaient façonné leurs visages différemment, mais elle ne doutait pas que, jeunes, leur ressemblance s'apparentait à un pacte démoniaque.

Dimitri était un homme d'une cinquantaine d'années. De fines mèches blanches gagnaient du terrain dans ses cheveux sombres. Une barbe naissait sur ses joues et ses rides y creusaient de légers sillons. Jamais il n'avait été donné à Sophie de côtoyer un membre de la famille royale d'aussi près. Même si elle avait arpenté les tours de ce château depuis son enfance, elle s'y était toujours promenée comme une domestique : tout à fait invisible.

Un frisson parcourut son échine lorsqu'elle réalisa qu'elle était pétrifiée d'étonnement. Elle s'activa enfin et exécuta une révérence maladroite.

— C'est moi qui vous demande pardon, je ne pense pas avoir l'autorisation d'être ici, bafouilla-t-elle, le regard rivé au sol et les lèvres pincées par la honte.

— Relevez-vous. Vous ne faites que votre travail et c'est tout ce que nous souhaitons. Mme Simone est une vieille dame qui requiert beaucoup d'attention.

Sophie redressa la tête et épousseta sa robe. Jamais on ne lui avait ordonné de réserver un traitement de faveur à cette Horanima, mais peut-être était-ce une nouvelle règle à suivre.

L'aura de ce nouveau visiteur lui avait fait perdre son sang-froid. La gorge serrée, elle garda le silence, sous peine d'articuler les mots dans le mauvais sens. Dimitri s'avança vers la cheminée, ce qui provoqua chez elle un léger mouvement de recul incontrôlé. De nature généralement affable, elle ne comprenait pas ce qui lui arrivait.

— C'est moi qui vous ai mandée.

— Comment puis-je vous aider ? demanda-t-elle en fronçant les sourcils.

— Vous êtes Mlle Delapointe, n'est-ce pas ?

— Sophie Delapointe, Votre Altesse.

— L'Horolurgie me fascine depuis des années. Comme vous le savez, ma mère était aussi une chronolangue. C'est un incroyable don.

— Avec tout mon respect, Votre Altesse, ce n'est pas un don, simplement de l'apprentissage. Tout le monde peut apprendre la chronolangue avec un peu d'entraînement.

— Je ne suis pas bon élève, dans ce cas, ricana-t-il en fixant la pendule.

— *Il me fiche froid dans le dos, celui-là,* rouspéta Mme Simone.

Sophie fit les gros yeux à la pendule.

— Qu'a-t-elle dit? demanda Dimitri.

L'horlogère hoqueta et gratta la couture de sa robe.

— Elle dit qu'une bonne volonté réalise tous les souhaits, mentit-elle.

— C'est aussi ce que je pense.

— *Petite menteuse,* ricana la pendule.

— Cependant, j'ai cru comprendre qu'il était possible de ne jamais les entendre, même avec toute la volonté du monde... Peut-être est-ce mon cas, dit-il en haussant les épaules. À l'époque où mon frère a implanté toutes ces Horanimas au palais, j'ai essayé de m'atteler à la chronolangue, pour suivre les traces de ma mère, sans le moindre succès.

— Ça arrive parfois: la fréquence de leur voix ne parvient pas à tout le monde...

— Quoi qu'il en soit, cette excentricité a fait pulluler ces objets dans tout le pays... Un petit caprice de riches, me direz-vous.

Sophie haussa les épaules: elle ne considérait pas cela comme une excentricité. Les Horanimas étaient fiables et fidèles. De plus, cette décision avait popularisé l'Horolurgie et fait grandir le métier d'horloger. Les horloges pourvues d'âme étaient devenues tendances en Grahenne après le couronnement du roi Charles. Les gens du peuple aimaient afficher leur rang social selon le type d'horloges qu'ils possédaient.

Cette mode avait d'ailleurs poussé le roi à imposer des restrictions les concernant. À l'époque, n'importe qui pouvait écouter son voisin comme bon lui semblait : Charles de Ferwell s'était donc vu forcé de promulguer une loi stricte entourant cette pratique. Chaque Horanima se voyait alors apposer un sceau à la naissance, permettant aux non-chronolangues de les discerner. Exception faite des horloges magiques du palais de Vitriham, et ce, afin de garantir une plus grande discrétion. De plus, en posséder une pour un usage personnel requérait un permis spécifique : plus l'Horanima était petite, plus il était difficile d'en détenir une.

— Elles sont d'excellente compagnie. Beaucoup apprécient simplement leur conversation éclairée.

Dimitri tapota la cheminée du bout des doigts, le visage soucieux.

— Savez-vous créer des Horanimas, mademoiselle Delapointe ?

— Oh non ! Il s'agit d'une technique réservée aux Tisseurs de Temps. Je ne suis qu'horlogère, je ne fais que les réparer, je ne peux pas leur donner naissance.

Dimitri croisa les mains dans son dos et contourna la table en direction des fenêtres. La vue donnait sur la cour principale, plusieurs mètres en contrebas.

— Pourriez-vous réparer un réveille-matin pour moi ?

Sophie s'immobilisa, surprise par cette demande. Il n'était pas rare de recevoir des requêtes de la famille royale ; toutefois, jamais directement.

— Eh bien, c'est possible, oui.

— Puis-je passer à votre boutique en fin d'après-midi ?

Dimitri regardait toujours par la fenêtre.

— Oui, venez quand il vous plaira, Votre Altesse.

— Fort bien ! Ce sera tout, mademoiselle Delapointe, dit-il doucement.

Sophie inspecta la haute stature de son interlocuteur. Quelque chose d'étrange émanait de lui, sans qu'elle puisse mettre le doigt dessus. Elle ne se permit cependant pas de s'interroger davantage et effectua, cette fois, une révérence bien plus convenable. Elle salua également Mme Simone et, alors qu'elle s'apprêtait à passer la porte, elle faillit se heurter à un large buste. Étourdie, elle découvrit devant elle un deuxième Dimitri : le roi Charles.

Quelle ressemblance ! Le même regard noir, les mêmes lèvres épaisses, les mêmes cheveux poivre et sel. En revanche, lui était rasé de près. Le roi la fixa pendant de longues secondes. Il examinait certainement ses cheveux blonds en bataille, ou peut-être se faisait-il une réflexion sur l'étrange couleur dorée de ses yeux. Le roi ne lui adressa toutefois pas la parole et reporta son attention sur son frère.

— Puis-je savoir ce qu'une domestique fait ici ?

Le peu de considération que le souverain lui accordait lui fit l'effet d'une claque.

— Charles, cette demoiselle est Sophie Delapointe. Elle remplace son père, que tu avais toi-même engagé lorsque tu as choisi de placer ces surprenantes horloges dans le palais. Une décision, ma foi, extrême. Elles sont adorables, mais il y en a tout de même beaucoup, si tu veux mon avis…

— Je connais ton avis sur la question, mon frère. Elles se sont cependant révélées utiles, n'est-ce pas ?

Sophie ignorait si le roi Charles s'adressait à son frère ou bien à elle. Faisait-il référence à l'attentat déjoué trois ans plus tôt, à celui datant de trente ans, ou bien aux délations à répétition des montres à gousset à propos de n'importe quel comportement suspect ? Les montres à gousset… espionnes hors pair. Elles soufflaient cependant leurs secrets à qui voulait bien tendre l'oreille.

— De toute évidence, répondit enfin Dimitri. Quoi qu'il en soit, il faut que je me sauve. Bonne journée, mon frère. Sophie…

Dimitri disparut, la laissant seule avec le roi. Elle était presque certaine que c'était interdit.

— N'avez-vous pas du travail ?

La jeune femme sursauta.

— Si ! Bien sûr, Votre Majesté. Merci, Votre Majesté, bégaya-t-elle en effectuant une courbette.

— Mademoiselle Delapointe ?

Sophie s'immobilisa dans l'entrebâillement de la porte et se retourna lentement. Il allait la réprimander…

— Il est souvent plus sage de ne pas s'aventurer trop loin dans l'interdit.

Les yeux noirs du roi étaient étrangement pénétrants. Sophie ne sut quoi répondre tant il la déstabilisait. Cependant, elle crut déceler dans son regard froid une certaine sympathie.

Elle exécuta une nouvelle révérence avant de disparaître, tel un spectre, dans les longs couloirs du palais.

Chapitre 3

Sophie préférait descendre les marches du palais plutôt que les monter. L'immense bâtisse avait été construite sur une falaise, telle une forteresse. Ainsi, pour parvenir jusqu'aux portes royales, le peuple devait gravir deux cent vingt-trois marches de pierre.

L'horlogère devait bien se l'avouer : la vue, du haut des marches, était à couper le souffle. En contrebas, la cité s'étalait en bâtisses rangées jusqu'au port, tel un parfait quadrillage de pavés. La mer se déployait ensuite, accueillant sur son étendue étoilée les bateaux qui levaient les amarres pour rejoindre le large.

Sur le flanc droit de la montagne, on pouvait admirer, depuis peu, le chantier titanesque qu'était le téléphérique. Symbole d'une ère de changement, il constituerait surtout une bénédiction pour les jambes de Sophie.

Le vent gorgé d'iode l'accompagna durant sa descente. Plus elle plongeait vers la ville, plus l'effervescence qui galvanisait le peuple lui donnait envie de sourire. Observer les petites têtes grouillantes l'animait d'une étrange curiosité.

Son regard tantôt s'accrochait à une femme portant une coiffe emplumée, son pain sous le bras ; tantôt se posait sur un haut-de-forme reluisant qui se faufilait entre les passants. Où allaient ces gens ? Quelle était leur vie ? Était-elle différente de la sienne ?

Sophie nourrissait une curiosité pour le monde extérieur et, plus le temps passait, plus ce défaut lui démangeait les entrailles. L'horlogère avait toujours vécu ici. Sa soif d'inconnu ne s'était nullement étanchée au fil des années, bien au contraire. Après avoir dévoré chaque recoin de la cité, en partant des marches jusqu'au port pour s'étendre jusqu'aux nouvelles usines situées à l'est, elle contemplait à présent les navires avec une certaine convoitise. Ces bâtiments flottants respiraient la liberté et l'aventure : ce que la jeune femme désirait depuis son plus jeune âge. Non qu'elle détestât Aigleport ou la boutique – où elle se sentait bien –, mais que se cachait-il de l'autre côté de l'horizon ? Les contes et les anecdotes familiales que lui narrait son père avaient attisé son désir de voir au-delà des murs de l'horlogerie.

Elle secoua la tête pour chasser ces rêveries. Depuis le décès de Victor, il lui était impossible de délaisser la boutique ; c'était tout ce qu'il lui restait. Elle savait que, si elle quittait ces murs, le souvenir de son père s'effacerait beaucoup plus rapidement. Et ça, elle ne le voulait pas.

S'engageant dans la marée humaine, Sophie se transforma en acrobate. Elle évita fiacres et calèches, vélos et nouveaux engins à moteur. Un mélange d'odeurs âcres lui montait au nez. Aigleport était réputée pour son poisson de qualité, que l'on cuisinait à toutes les sauces. Elle en était presque venue à détester ça.

Se frayant un chemin entre les badauds, et évitant la mort à plusieurs reprises, Sophie entra en coup de vent dans la boulangerie L'Esperluette. Il s'échappait du commerce d'enivrants effluves de pain, ce qui donnait un peu de répit aux narines de l'horlogère.

— Sophie! s'exclama la boulangère, qui servait une baguette à une cliente guindée.

— Bonjour, madame Estelle!

— Entre, entre! Je ne serai pas longue, la prévint-elle.

La jeune femme passa devant quelques clients, esquissant un faible sourire gêné. Être remarquée ainsi la gênait. Elle s'était habituée à être aussi discrète qu'une souris, et les regards soutenus qu'elle pouvait susciter lui donnaient envie de baisser la tête. Pourtant Sophie n'était pas laide, loin de là; déjà, enfant, on la complimentait pour ses joues roses et ses cheveux couleur des blés. Elle n'avait jamais fait de vagues et ça lui allait bien ainsi.

— Avance, mon enfant! insista la boulangère.

Mme Estelle, avec son teint rubicond et son regard espiègle, lui tendait déjà une baguette et un sac. La vieille boulangère, très bonne amie de son père, s'était sentie investie d'une mission depuis son décès. Le considérant comme son fils, par extension elle traitait Sophie comme sa petite-fille.

— J'ai mis la pâtisserie préférée de Jean à l'intérieur, une tarte au citron !

Sophie aurait juré la voir rougir davantage à ces mots. Est-ce que le vieux Jean plaisait à Mme Estelle ? Chaque jour, l'horlogère faisait un crochet par l'établissement, mais, depuis peu, Jean s'y rendait parfois lui-même et, lorsqu'il revenait, un sifflotement joyeux passait la barrière de ses lèvres.

— Madame Estelle, vous êtes trop bonne.

Sophie lui tendait déjà des pièces, mais la boulangère les refusa.

— Non, non, ne t'embête pas !

— J'insiste.

— Tu viendras rendre visite à Clémentine à la place ; je pense qu'elle a besoin d'être un peu huilée.

Sophie esquissa un sourire. Clémentine était une imposante horloge comtoise qui reposait au premier. Assez farouche, elle acceptait rarement qu'on lui triture les engrenages. Cependant, quelques mois plus tôt, Sophie avait réussi à l'amadouer.

Cette Horanima renfermait une part de l'âme de la fille d'Estelle, partie faire ses études en Varhenne. La jeune Ornella avait grassement payé Victor pour Imprégner la vieille horloge familiale et ainsi combler le manque que laisserait son départ.

— Je passerai demain sans faute, alors !

— Quand tu veux, vraiment, ce n'est pas urgent, répondit la commerçante.

Après d'énièmes excuses auprès des clients qui attendaient, Sophie plongea dans le tumulte de l'avenue pour enfin arriver à l'horlogerie Delapointe, qui se situait une rue avant les docks.

L'horlogerie était un charmant bloc à elle seule. De sa chambre, aux étages supérieurs, Sophie pouvait voir la mer scintiller et les bateaux jeter l'ancre. En revanche, les jours de grosse chaleur, résider dans la boutique était une véritable épreuve : l'odeur du poisson se propageait dans tout le bâtiment, jusqu'à en imprégner les draps.

— Je suis rentrée !

À l'intérieur, l'affreux tintamarre de la ville s'estompa et Sophie pénétra dans une tout autre ambiance sonore. La boutique tiquait et taquait dans tous les coins. Ce bruit insupportable pour certains sonnait à ses oreilles comme une mélodie enivrante.

— B'jour, gamine ! s'exclama le vieux Jean depuis l'arrière-boutique.

Jean était l'unique et le plus vieil employé de la boutique. Il avait travaillé avec le père de Sophie, et sa grand-mère avant lui. Il faisait partie des meubles, et hantait à sa guise le magasin.

— *Bonjour, ma chérie,* chantonna une voix suave sur le comptoir en bois.

Sophie esquissa un sourire.

— Bonjour, Jean. Bonjour, Églantine.

Églantine était une pendule qui ne possédait ni fioritures ni dorures. Elle n'était qu'Églantine. Cependant, c'était le trésor le plus cher de Sophie, car elle renfermait l'âme de sa grand-mère : Astoria Delapointe, une Tisseuse de Temps de talent. C'était elle qui, des années auparavant, avait acheté cette boutique. Au sortir de la guerre, nouvellement veuve, elle était venue quérir un peu de repos à Aigleport. Le jour où elle avait quitté la capitale pour suivre ses propres rêves, elle avait enfermé une partie de son âme dans cette pendule pour qu'elle veille sur son fils, qui reprenait les affaires familiales. Chez les Delapointe, l'Horolurgie se transmettait de génération en génération et le père de Sophie avait tout appris d'Astoria, comme Sophie avait tout – enfin presque – appris de Victor.

La jeune femme n'avait jamais connu son grand-père, sa grand-mère, ni sa propre mère, d'ailleurs. Lucile était morte en la mettant au monde, laissant à Victor la lourde responsabilité d'élever leur fille seul – à l'instar d'Astoria qui s'était occupée seule de lui. La jeune horlogère ressentait peu de manque concernant sa mère, d'autant que Victor abordait rarement son souvenir, bien que la photo de Lucile siégeât toujours dans sa chambre. Tout ce que Sophie connaissait de l'amour maternel provenait de la tendresse d'Églantine, qui, en retour, voyait l'horlogère comme sa propre petite-fille.

— Avons-nous eu quelques clients? demanda la jeune femme en jetant son sac derrière le comptoir.

— *Une dame est passée tôt ce matin pour déposer un coucou brisé.*

— J'travaille d'jà dessus! s'exclama Jean en mâchant la moitié de ses mots, comme à son habitude.

— Est-ce que Mme Rosenthème est venue récupérer sa montre à gousset ?

— Oh non, j'la soupçonne même de l'avoir abandonnée, rouspéta-t-il.

— Ce serait possible… De nos jours, se procurer un permis pour une montre à gousset relève de l'épreuve.

— *Tout de même! Il s'agirait de s'informer un peu et de réfléchir, avant d'en acheter une. Ça ne se fait pas sur un coup de tête!* s'indigna Églantine.

Les aiguilles de l'Horanima frémirent d'irritation. Voir son espèce traitée de cette manière commençait visiblement à lui taper sur le ressort.

— Que veux-tu…

Mme Rosenthème, une vieille aristocrate, s'était présentée un matin avec une montre à gousset rapportée de voyage. Elle souhaitait avant tout la faire inspecter, mais, lorsque Jean lui avait parlé des nombreuses restrictions concernant les Horanimas, dont l'application d'un sceau et l'acquisition d'un permis, elle avait vite déchanté. La femme avait alors fait un esclandre, car l'horloger refusait de lui rendre la montre. Comme elle n'était pas homologuée, Jean ne pouvait la lui restituer. La vieille dame avait crié au vol, alors que Jean lui proposait seulement de la garder le temps qu'elle se présente avec un permis arborant le cachet de l'administration royale.

— *Franchement, je n'apprécie pas ce nouvel arrivant, mais il mérite un peu d'empathie,* continua Églantine.

— *Je vous entends, vous savez ?* résonna une voix dans un des tiroirs du comptoir.

Sophie tira le petit compartiment central et la montre à gousset apparut, toute reluisante.

— Excuse-nous, Farandole, implora-t-elle avec compassion.

— *Oh, vous savez, j'essaie de me faire une raison. Les gens ne souhaitent plus être surveillés. On commence à prôner le respect de la vie privée et tout le tintouin. Depuis ce fameux Décret Horolurgique, j'ai eu un nombre de propriétaires incalculable ! Bon… parfois ce n'était pas qu'à cause de la loi… M'enfin, bref ! Le monde préfère ne pas connaître l'heure plutôt que se promener avec nous dans la poche.*

On pouvait percevoir dans le timbre nasillard de Farandole une certaine affliction. Sophie l'avait de nombreuses fois entendu ruminer depuis son arrivée, et elle pouvait aisément comprendre son désarroi.

— Voyons, Farandole, je suis sûre que tu trouveras un propriétaire qui saura t'aimer à ta juste valeur. Regarde comme tu es beau depuis que Jean t'a nettoyé. J'ai rarement vu une montre à gousset aussi élégante !

Farandole vibra furieusement. Les montres à gousset étaient friandes de compliments, cela les mettait dans un état d'euphorie. La petite montre fit tournoyer ses aiguilles, et Sophie craignit qu'il ne se foule un engrenage.

— Vas-y doucement, Farandole.

Alors qu'elle s'apprêtait à fermer le tiroir, ce dernier l'apostropha :

— *Si tu me trouves si joli, porte-moi ! Mme Rosenthème aurait dû passer il y a déjà deux semaines. Soit elle a abandonné l'idée de m'adopter, soit elle s'est fait tuer par son amant jardinier. Je savais qu'il était louche, celui-là. Quoi qu'il en soit, elle ne se pointera pas !*

— Voyons !

— *Quoi ?*

— Ça ne se dit pas !

— *Tout se dit ! Je ne vois pas l'intérêt de m'avoir affublé de la parole si ce n'est pas pour révéler quelques secrets croustillants !*

Sophie éclata de rire.

— Bon, je vais te glisser dans ma poche pour la prochaine heure. Cela te ferait plaisir ?

Les aiguilles du cadran se posèrent respectivement sur le dix et le deux, formant un semblant de sourire. Sophie installa Farandole dans sa robe et accrocha sa chaîne en or à la ceinture qui lui serrait la taille.

— T'es trop bonne avec eux, souffla le vieux Jean quand elle passa dans l'arrière-boutique. On r'ssemblerait presque à un refuge pour horloges en peine plutôt qu'à une respectable horlogerie.

— Que veux-tu, on pourra essayer d'en écouler quelques-unes à la vente annuelle cet été.

Jean ne répondit rien. Non qu'il l'ignorât, mais parce qu'il était penché sur les rouages d'une horloge éventrée, une fine pince dans sa main ridée. Malgré ses soixante-seize ans, Jean demeurait d'une minutie incomparable. Ses membres ne tremblaient pas, ses gestes étaient chirurgicaux. Avec le temps, il avait développé une posture anormalement courbée, à force d'être sans cesse penché au-dessus de son bureau.

Finalement, il releva la tête, faisant craquer ses cervicales.

— Ouille, ouille, ouille. Oui, bonne idée, la vente d'été.

Jean se retourna vers Sophie. Il portait sur son nez des loupes binoculaires à plusieurs lentilles, qui rendaient ses yeux gris immenses sur sa figure émaciée.

C'était aux côtés de Jean que la jeune femme avait repris la boutique familiale. Âgée d'à peine dix-sept ans, elle avait hérité d'un magasin, d'une maison et d'un travail. Elle avait alors pris la mesure de la difficulté de tenir un commerce et des énormes sacrifices qu'avait réalisés sa famille et qu'elle s'apprêtait elle-même à faire. Sophie savait que son destin était tout tracé. Elle avait été élevée dans le but de reprendre un jour le flambeau. En plus de la peine ressentie à la mort de son père, l'immense responsabilité et son avenir piégé à l'horlogerie l'avaient accablée.

Le jour où le notaire lui avait fait signer les papiers, Sophie s'était attendue à ce qu'il lui dévoile les dettes accumulées au fil des ans. La jeune femme savait qu'il n'y avait pas foule à l'horlogerie. Cependant, à sa grande surprise, le travail de son père au palais avait permis de maintenir l'entreprise à flot.

— Comment que s'est passée ta matinée ?

Sophie haussa les épaules et pesa un instant cette question dans son esprit. Elle avait encore le goût amer de la culpabilité. Elle ne pouvait s'empêcher de se remémorer les mots du roi. Simples mais tranchants. Elle ne pensait pas avoir enfreint les règles en se rendant au salon Opale, mais l'attitude du souverain semait le doute en elle. Elle adorait son travail au palais et les Horanimas qu'elle côtoyait. Si un jour elle venait à être renvoyée, elle en serait bien malheureuse.

— Hum… Plutôt bien, répondit-elle. Une petite chose étrange cependant : j'ai dû aller au salon Opale alors que ma dernière visite remontait à seulement trois semaines, et ce, sans surveillance.

— Le salon Opale… réfléchit Jean. Dans l'pavillon du roi ?

— Celui-là même. J'y ai croisé le frère du roi, Dimitri. Il m'a demandé de réparer quelque chose pour lui.

À travers ses lentilles, les sourcils démesurés de Jean se haussèrent d'étonnement.

— Le frère du roi t'a passé commande ? C'est super, ça ! s'exclama-t-il.

— Il doit venir cet après-midi…

En s'exprimant, Sophie saisit la nervosité qui l'habitait à l'idée de servir Dimitri de Ferwell. Sa tâche s'était toujours déroulée dans la plus grande discrétion. Peut-être cette demande signifiait-elle qu'on lui faisait pleinement confiance, comme cela avait été le cas avec son père.

Le vieux Jean sentit sa peur et ôta ses binocles, qu'il laissa sur l'établi, pour empoigner sa canne. Sa blessure à la jambe, provoquée par une balle durant la Guerre des Rouages, soixante ans plus tôt, l'obligeait à se déplacer avec ce joli bâton en noyer.

L'horloger s'approcha d'un pas lent et posa sa main rachitique sur l'épaule de la jeune femme.

— Tu vas t'en sortir, gamine. J'te l'ai déjà dit, t'as ça dans l'sang!

— Et toi, ta matinée? C'est sûr que la mienne est toujours moins passionnante que la tienne, plaisanta-t-elle pour éluder le sujet.

Soudain, tous les mécanismes sonnèrent 13 heures, les obligeant à patienter avant de continuer leur conversation. Il y eut des «dong» sinistres, des «ding» pénétrants, des «coucous» railleurs et, après une minute, la mélopée habituelle reprit son cours.

— Ma matinée fut en effet passionnante, j'te remercie. Ce coucou m'donne du fil à r'tordre, répondit Jean en indiquant les rouages sur son plan de travail.

— D'ailleurs, Mme Estelle m'a donné une tarte au citron pour toi. Je crois que tu lui plais bien!

L'horloger éclata d'un rire qui se transforma en une toux rauque. Il commençait à se faire vieux. Sophie refusait d'y penser, elle craignait le jour où elle se retrouverait seule pour de bon entre ces murs carillonnants.

— Ne raconte pas d'bêtises! Qui voudrait d'un croûton tel que moi?

— *Moi!* s'exclama Églantine, qui épiait depuis tout à l'heure la conversation.

— Merci, ma belle, s'esclaffa l'horloger.

Sophie savait que Jean cultivait sa solitude. Non, la solitude, pas vraiment, car sa vie était remplie d'Horanimas, d'elle et auparavant de Victor. Il y avait même eu Astoria, fut un temps. Mais Jean avait fini par fermer son cœur à toute amourette fastidieuse. Son réel amour allait aux horloges.

— Je vais m'installer au comptoir pour la journée, à tout à l'heure.

Sophie déposa un doux baiser sur la joue du vieux Jean et fila dans la boutique, à l'affût de nouveaux clients. Elle allait devoir patienter encore quelques heures avant l'arrivée de Dimitri.

Chapitre 4

Églantine sonnait cinq coups lorsque l'imposante carrure de Dimitri de Ferwell passa la porte de l'horlogerie. Le ciel s'était couvert et le long manteau de l'aristocrate dégoulinait de pluie.

— J'aurais dû venir ce matin, lorsque le temps était encore clément.

Dimitri s'ébroua tel un chien mouillé et ôta son manteau, qu'il déposa négligemment sur le comptoir. Il possédait un visage creux et des joues piquetées de poils drus. Lorsqu'il fixa ses yeux noirs sur Sophie, un frisson parcourut l'échine de la jeune femme.

— Bienvenue, Votre Altesse, articula-t-elle, troublée.

Elle savait depuis le début de l'après-midi que le frère du roi se présenterait. Néanmoins, recevoir cet illustre personnage dans sa boutique… cela lui faisait un drôle d'effet.

Dimitri inspecta les lieux d'un regard méfiant. Il jeta un coup d'œil par-dessus l'épaule de Sophie, vers l'arrière-boutique.

— Sommes-nous seuls ?

L'horlogère fronça les sourcils. Jean, à l'étage supérieur, devait être plongé dans les pages d'un énorme manuscrit : son rituel de fin de journée. Depuis quelques mois, l'horloger vivait avec elle. Lui aussi n'avait que la boutique dans sa vie.

— Oui, se contenta-t-elle de répondre, n'ayant aucune envie de révéler qu'Églantine les épiait.

— Bien.

— Il ne fallait pas vous déplacer pour si peu, Votre Altesse. Un colporteur aurait pu m'apporter l'horloge, vous savez… dit-elle, encore chamboulée par cette apparition dans sa modeste horlogerie.

— Je préfère m'occuper de mes affaires moi-même.

Dimitri tira de sa sacoche en cuir un vieux réveille-matin. Il était d'un bleu délavé, presque rouillé sur les bords. Le morceau de ferraille qui servait à frapper les cloches avait été arraché et un trou béant subsistait au sommet. Les heures en chiffres romains étaient délavées et, étrangement, le nom du fabricant n'était inscrit nulle part. Sophie le retourna : trois petits carrés indiquaient la date et, à côté, une grosse couronne servait à changer l'heure. Bien qu'elle n'eût jamais rencontré de réveil de cette sorte, il semblait ordinaire, sans compter qu'aucune âme n'occupait l'objet.

— Un souvenir d'enfance ? demanda-t-elle.

— Pouvez-vous le réparer ?

— Eh bien, sûrement… mais…

— Très bien, je repasserai dans une heure.

Sophie bafouilla, mais n'ajouta rien. Pouvait-elle dire au frère du roi que le délai moyen pour une telle pièce était de trois jours ?

— *Un peu grossier, je dois dire,* déclara Églantine lorsque Dimitri eut claqué la porte.

— Bourru, disons.

— *Impoli, même !* s'exclama Farandole dans la poche de Sophie.

— *Tu devrais te mettre tout de suite à la tâche,* conseilla Églantine.

Sophie pinça les lèvres et contourna le comptoir pour retourner l'écriteau suspendu à la vitre de la boutique. Visible de l'extérieur, le mot « Fermé » lui laissait la possibilité de travailler en toute tranquillité. Elle ne verrouilla cependant pas la porte pour que Dimitri puisse revenir en temps voulu.

Une fois installée au comptoir, elle disposa ses loupes binoculaires sur sa tête et commença à dévisser le capot de ce drôle de réveil. À son grand étonnement, il s'agissait d'un mécanisme à remontage manuel. Néanmoins, aucune couronne ne servait à le remonter et aucun trou ne pouvait laisser de place à une clé de remontage.

— Curieux... souffla-t-elle.

— *Que c'est excitant !* gloussa Églantine à côté d'elle, faisant vibrer ses aiguilles.

Le réveil, pourtant quelconque, possédait des engrenages d'une facture magnifique. Des arabesques y étaient gravées.

Pourquoi avoir mis tant de beauté dans le mécanisme si c'était pour le revêtir d'une apparence si banale?

Munie d'une fine pince et d'un minuscule tournevis, Sophie plongea à la découverte de l'objet. C'était la partie qu'elle préférait ; l'horlogère s'aventurait dans un labyrinthe enivrant, où chaque étage d'engrenage était une surprise. Le mécanisme, complexe, fut dans un premier temps dépoussiéré et huilé. Elle referma le capot : l'horloge ne coopéra pas davantage. Pourtant, rien ne semblait clocher. Pour en avoir le cœur net, il aurait fallu qu'elle démonte intégralement le réveil, et Sophie manquait de temps...

— Mon père aurait compris, marmonna-t-elle, dépitée.

— *Remonte toi-même le ressort ?* tenta Églantine pour l'aider.

— C'est déjà fait...

— *M. de Ferwell devrait être de retour d'un moment à l'autre,* indiqua Églantine.

Sophie jeta un coup d'œil à ses aiguilles : bientôt 18 heures. Dehors, l'averse avait cessé, mais le ciel, encore couvert, avait prématurément ramené la nuit dans son sillage.

— Que crois-tu qu'il veuille en faire, de ce vieux machin ? demanda Sophie en reposant le réveille-matin sur ses quatre pieds.

— *C'est très certainement sentimental. La reine Madeleine a dû le lui offrir, ou quelque chose comme ça. On a tous une horloge qui nous rappelle nos parents...*

Sophie esquissa un sourire triste. Même s'il s'agissait de l'âme de sa grand-mère, et non de sa mère, l'horlogère ne pouvait faire autrement que d'imaginer le caractère de la femme qui l'avait mise au monde à travers Églantine. Elle connaissait très peu de choses au sujet de Lucile Delapointe. Sophie soupçonnait son père d'avoir éludé le sujet de son vivant pour lui éviter de ressentir un manque. Si Sophie était en paix avec cette absence, depuis la mort de Victor, elle avait l'impression que le peu qu'il restait de sa mère s'était éteint avec lui.

L'horlogère se mordit la lèvre, submergée par un chagrin incontrôlable. Au même instant, la porte de la boutique s'ouvrit et Sophie sursauta. Son client.

— Votre Altesse, écoutez, je suis désolée... Il me faut plus de temps afin de découvrir pourquoi ce réveil ne donne plus l'heure... commença-t-elle, confuse.

— Je ne souhaite pas qu'il donne l'heure.

Sophie manqua de s'étouffer et Églantine manqua un tac.

— Je vous demande pardon ?

— Vous ne savez donc pas ce que c'est ?

Sophie fronça les sourcils. Où voulait-il en venir ? Dimitri sortit de sa poche un minuscule sac en lin et le lui tendit.

— Je vous en prie, ouvrez-le.

Elle glissa le contenu dans sa main et une petite pierre ronde roula dans sa paume. Elle l'attrapa entre deux doigts et l'examina. Plus petite qu'une pièce d'or et légère comme une plume, il s'agissait d'un joyau rouge et reluisant. Soudain, la pierre se mit à vibrer et, tel un aimant, le bijou fila pour se loger impeccablement entre les deux cloches du réveil.

— *Que s'est-il passé ?* s'impatienta Églantine, qui n'avait perçu qu'un tintement.

— Qu'est-ce que c'est ? demanda Sophie, bouche bée, pendant qu'un sourire sinistre s'élargissait sur le visage de Dimitri.

— Ce que vous voyez là est un Engrange-Temps, répondit-il fièrement.

Églantine poussa un faible cri et Sophie se décomposa : ce vétuste réveil servait à voyager dans le temps ! Car si le frère du roi disait vrai, il s'agissait d'une authentique Horloge Prodigieuse. Le jour même, Marguerite lui avait avoué qu'il en existait encore, cachées, et voilà qu'elle se confrontait à l'une d'elles quelques heures plus tard !

C'était une première pour l'horlogère, et elle avoua que cette rencontre était plutôt décevante. Elle s'était imaginé les Engrange-Temps comme des objets extraordinaires, ornés de saphirs, de rubis, d'or et de diamants. Car plus les matériaux étaient précieux, plus le voyage était simple et sûr, disaient les contes. Si ce qu'elle avait lu était exact, la petite pierre devait être son transverseur, une pièce indispensable pour voyager.

— Comment… comment avez-vous fait pour vous en procurer un ? Je pensais que la Purge les avait détruits…

— Je dois dire que vous êtes bien pragmatique pour une horlogère.

Maintenant que Sophie connaissait la réelle utilité du réveille-matin, elle le regardait avec un œil nouveau. Le transverseur pointait tel un bouton, prêt à accomplir sa tâche. La date au dos du réveil indiquait celle du jour. Que se passerait-il si elle décidait de changer ces informations ? Cette révélation réveillait sa curiosité. Sophie réalisa alors que, avec un Engrange-Temps, revoir son père devenait possible. Il lui suffisait de remonter d'une seule année et elle serait en mesure de le serrer dans ses bras à nouveau.

— Les Engrange-Temps sont des professionnels lorsqu'il s'agit de s'éclipser, continua Dimitri. Ils n'ont certes pas d'âme comme les Horanimas, mais quand la Purge a débuté, certains ont mystérieusement disparu dans le temps et dans l'espace. Lorsque l'on sait ce que l'on cherche, trouver une Horloge Prodigieuse est tout à fait possible.

Sophie le toisa, interdite. Il écroulait toutes ses convictions.

— Voyons, que vous a appris votre père ? ricana Dimitri en voyant la mine qu'elle affichait.

— À dire vrai, il a concentré son éducation sur la pratique horolurgique et les Horanimas. Il a laissé les Horloges Prodigieuses aux contes, comme de simples mythes. Tout ce qu'il me faut savoir, c'est que ce type d'objet est dangereux.

Sophie avait répondu plus sèchement qu'elle ne l'aurait souhaité. La remise en question de ses connaissances, mais surtout de son éducation, la braqua. En effet, son père avait mentionné de nombreuses fois les Engrange-Temps et les facultés incroyables des Horloges Prodigieuses. C'est la passion qu'elle avait développée à ce sujet lorsqu'elle était enfant qui avait poussé Victor à la mettre en garde.

— C'est une manière de penser typiquement grahennoise, considéra-t-il.

— La Guerre des Rouages n'a-t-elle pas donné assez de leçons à ce sujet ?

Sophie songea aux déviances liées à l'âge d'or de ces objets magiques. Il y a soixante ans, les Horloges Prodigieuses avaient permis au royaume de Varhenne de créer une armée pratiquement immortelle grâce aux Nécro-Temps. Ces mécanismes précaires, fixés sur des corps morts, permettaient de les manipuler tels des pantins. Le seul moyen de les anéantir était de détruire l'horloge implantée à la place du cœur de l'hôte. Ainsi, ces soldats invulnérables avaient marché sur leurs voisins pour tenter de les conquérir. C'est d'ailleurs ce conflit entre la Varhenne, la Grahenne et la Fréhenne qui avait poussé douze Tisseurs de Temps à enclencher la Purge. Elle s'était déroulée sur plusieurs années et avait permis de mettre fin à la Guerre des Rouages en détruisant la majorité de ces objets jugés incontrôlables. On racontait que le Temps lui-même avait mandaté ces Tisseurs pour supprimer les Horloges Prodigieuses néfastes.

— Nous pouvons nous servir du passé pour améliorer l'avenir sans pour autant annihiler tout ce qui a fait sa prospérité.

— La paix règne grâce aux lois promulguées à l'encontre des Horloges Prodigieuses, contra Sophie.

— Certes, concéda Dimitri.

Les relations entre les trois nations avaient été quelque peu tendues à la suite de ce conflit. Mais depuis son couronnement, le roi Charles avait réussi à apaiser les rancœurs du passé, rendant les échanges commerciaux entre ces contrées beaucoup moins épineux qu'auparavant.

Sophie se racla la gorge et replongea son attention sur le réveille-matin. La débâcle d'une tempête se jouait en elle, entre son bon sens et ses désirs. Elle connaissait le risque d'une Horloge Prodigieuse, mais cet Engrange-Temps était sûrement le seul moyen de revoir son père et, peut-être, d'empêcher sa mort.

— Pourquoi être venu si vous aviez le réveil et la pierre ? demanda-t-elle. Il ne semblait pas brisé.

— Cet objet n'a rencontré aucun humain et encore moins un horloger depuis plusieurs années, selon toute probabilité. Impossible de le faire fonctionner. Seule l'énergie d'un Tisseur de Temps peut le réactiver.

— Je ne suis pas une Tisseuse de Temps, contesta-t-elle en secouant la tête.

Le frère du roi afficha une mine agacée. Sophie avait pourtant été claire, plus tôt dans la journée.

— J'ai de bonnes raisons de penser que votre hérédité seule peut permettre de remettre ce mécanisme en marche. Si, malgré tout, ça ne fonctionne pas, j'irai quérir l'aide de quelqu'un d'autre.

Pendant l'heure que Sophie avait passée à tenter de réparer le réveil, rien de surnaturel n'était survenu. Elle doutait vraiment que quoi que ce soit se produise, surtout avec ses simples doigts d'horlogère.

— Vous pensez que mes origines peuvent faire fonctionner cet Engrange-Temps ?

Sophie était sceptique. Elle provenait d'une longue lignée de Tisseurs de Temps, certes, mais elle ignorait ce que son héritage avait à voir là-dedans… La famille Delapointe possédait, surtout grâce à Astoria, une belle réputation dans les royaumes de Grahenne et de Fréhenne. Victor avait d'ailleurs gardé le nom de jeune fille de sa mère, au lieu de prendre celui de son père qu'il n'avait jamais réellement connu en raison de sa mort prématurée. Ainsi, le nom des Delapointe perdurait à travers le temps, en plus d'avoir donné son nom à l'horlogerie dont s'occupait à présent Sophie.

L'horlogère était au courant des péripéties de sa grand-mère à travers les récits rocambolesques de Victor. Malheureusement, la jeune femme n'avait jamais rencontré ce pilier familial, puisque chez les Delapointe, on préférait souvent l'aventure aux boutiques sans histoires. Ainsi, Astoria était morte bien avant la naissance de Sophie, lors d'une mission impliquant quelques débordements à Kelvi.

Au-delà de ce passé tumultueux, Sophie ne voyait pas en quoi son sang allait changer quelque chose. Car c'était ce qu'entendait Dimitri en requérant un Tisseur de Temps :

il souhaitait une personne capable d'insuffler à l'objet un peu d'énergie mystique.

— Voulez-vous le découvrir ? continua-t-il avec un sourire en coin.

— Écoutez, Votre Altesse…

Que voulait-il faire avec cet objet ? Elle sentait que cette discussion était en parfait désaccord avec sa profession. Elle ne pouvait faire taire la voix de son père, résonnant dans son esprit et lui intimant de mettre fin à cette dangereuse conversation. D'ailleurs, lorsqu'elle y songeait, Victor aurait tout de suite su, lui, qu'il s'agissait d'un Engrange-Temps.

— Sophie, j'ai simplement besoin de vous pour son premier voyage.

Et voilà la phrase qu'elle redoutait d'entendre.

— Hors de question ! s'exclamèrent Sophie et Églantine simultanément.

Cette dernière sonna 18 h 13 et Dimitri fronça les sourcils en glissant un regard suspicieux à la pendule placée à quelques centimètres de lui.

— Elle nous comprend ? demanda-t-il sévèrement.

— Absolument pas ! Elle est un peu cassée, comme tout ce qui se trouve dans cette boutique, d'ailleurs.

Dimitri se redressa et attrapa le réveille-matin.

— Je vous propose un voyage rapide, simple. Vous serez de retour ici le temps d'un battement de cœur.

Sophie réfléchissait à toute allure. Ses yeux se promenaient entre le réveil et le visage grave du frère du roi. La curiosité commençait à remuer ses entrailles. Aurait-elle un jour une autre occasion ? Où comptait-il l'emmener ? Cet objet constituait sûrement sa seule chance de revoir son père. Elle qui avait toujours voulu connaître autre chose que l'horlogerie... c'était sa chance. Elle serait revenue très vite. Personne n'en saurait jamais rien.

— Vous me rendez service en l'activant et je vous rends service en vous offrant le voyage le plus incroyable de votre vie, qu'en dites-vous ? marchanda-t-il en lui tendant la main.

— *Sophie !* s'exclama Églantine. *N'y songe même pas !*

— Une seule petite minute... murmura Sophie, tant pour elle que pour la pendule.

Ce que lui proposait Dimitri était au-delà de ses espérances. Combien d'horlogers pouvaient témoigner d'une expérience telle que celle-ci ? Elle serait la première de son ère à pouvoir relater un voyage temporel. Même d'une minute. Quelle était la sensation d'un saut dans le temps ? Est-ce que l'on sentait ses organes aspirés dans un puits sans fond, son corps partir en poussière de fée ou bien sa tête tourner comme une toupie infernale ?

De toute façon, elle n'était pas une Tisseuse de Temps, cela ne marcherait peut-être pas. Malgré tout, une petite voix dans sa tête lui murmurait : « Et si... » Et si elle était tout de même digne de faire marcher cette fichue antiquité ? Et si elle revoyait enfin son père ? Et si refuser cette invitation la remplissait de remords jusqu'à la fin de ses jours ? Dimitri avait peut-être raison : le sang de dizaines de Tisseurs de Temps Delapointe coulait dans ses veines, peut-être serait-ce suffisant.

— Cela ne prendra que quelques instants, insista-t-il.

— *Ouuuh, que c'est excitant!* tinta Farandole dans la poche de l'horlogère.

Glissant un regard à Églantine, Sophie remarqua que l'aiguille des secondes s'était arrêtée de tourner, signe que la pendule retenait son souffle.

La jeune femme n'accepta pas la main que Dimitri lui tendait, mais s'avança dans la boutique et se planta devant lui. Autour d'elle, le concert perpétuel des tic-tac l'oppressait étrangement et lui rappelait l'incartade qu'elle s'apprêtait à commettre.

— Que dois-je faire ?

— *Sophie, arrête! Je comprends ta curiosité, mais pense à ce que ton père dirait!* s'exclama Églantine.

Son père... Les mots de cet homme qu'elle chérissait tant l'avaient hantée toute sa vie. Et si, juste une fois, elle s'écoutait, elle ?

Un sourire fendit le visage de Dimitri, révélant des dents jaunies par les années et sûrement par la fumée âcre de sa pipe. L'homme tritura les couronnes à l'arrière du réveil pour régler la date et sortit une dague de sa botte.

— Pas de panique, une petite entaille sur votre doigt et le tour est joué, la rassura-t-il en remarquant ses yeux effrayés.

Il piqua l'index de la jeune femme et une perle rouge apparut.

— Si votre présence ne l'a pas fait, je pense qu'un peu de votre sang sera suffisant pour le réactiver. Contentez-vous d'appuyer sur le transverseur, dit-il en posant sa large main sur l'épaule de l'horlogère.

Elle balaya la boutique d'un dernier regard. Elle ne partirait qu'une minute. Qu'une toute petite minute. Inspirant à pleins poumons, Sophie appuya sur le rubis comme sur un simple bouton d'ascenseur.

Soudain, son environnement trembla jusqu'à devenir flou ; seul Dimitri restait net. La pièce tourna, les meubles rétrécirent et le sol se déroba. Sophie eut l'impression de sombrer. Un haut-le-cœur s'empara de sa gorge et un cri bref lui échappa. Dimitri et Sophie tombèrent, comme aspirés par une bouche immense et profonde. Un vide frétillant et insupportable lui donna envie de hurler. Il lui démangeait le cœur bien plus ardemment que la peine qu'elle avait éprouvée à la mort de son père. C'était un vide où résidait toute la misère du monde, du temps et de l'histoire.

Qu'avait-elle fait ?

Sous leurs pieds, une autre boutique, semblable à la sienne, se dessina. Finalement, ils s'effondrèrent à genoux sur le parquet de l'horlogerie. En pleine journée.

Elle avait réussi. L'horrible sensation qu'elle avait ressentie quelques secondes plus tôt fut remplacée par une douce euphorie. Son sang les avait transportés dans une autre époque ! Cependant, l'étrangeté de la boutique effaça le sourire de Sophie.

Se redressant avec peine, l'horlogère avisa des étagères reluisantes et bien dépoussiérées. L'éternelle musique des horloges s'élevait de manière cacophonique. Le soleil projetait l'ombre des carreaux sur le sol ciré, baignant la pièce d'une aura orangée. Il s'agissait de sa boutique, en beaucoup plus joli.

— Mais qu'est-ce qu'c'est que tout ce bazar ?! cria une voix.

Un homme apparut. Il passa la tête par la porte de l'arrière-boutique et son expression contrariée se figea pour se transformer aussitôt en un grand sourire commercial.

— Oh, b'jour, comment je peux vous aider ?

Des traits lisses, des yeux gris et des cheveux roux hirsutes. Sophie se pétrifia d'horreur lorsqu'elle le reconnut. Il s'agissait du vieux Jean… plus vieux du tout !

Chapitre 5

— À quoi vous attendiez-vous ? s'écria Dimitri en sortant en trombe de la boutique.

Tant bien que mal, il poursuivait Sophie qui s'évertuait à mettre le plus de distance possible entre elle et l'horlogerie.

— Combien d'années ? s'exclama-t-elle soudain en s'immobilisant si brutalement qu'il faillit la percuter.

L'homme la dévisagea un instant, sans paraître comprendre sa question.

— De combien d'années sommes-nous remontés ? s'impatienta-t-elle en tournant son visage vers lui.

Sophie était si ébranlée qu'elle tremblait. Le voyage lui avait retourné l'estomac. Dimitri lui avait promis un court saut temporel, sans plus d'indications. Comment avait-elle pu être si naïve ?

— Exactement quarante, mademoiselle Delapointe.

— Quarante ?! répéta-t-elle, horrifiée. Mais voyons, pourquoi ? Ne pouviez-vous pas nous transporter un an en arrière ?

Sophie reconnaissait à peine la grande avenue. Aigleport ne ressemblait en rien à la ville prospère où elle était née. Les rues paraissaient désertes et le peu de boutiques qui avaient pignon sur rue étaient ridiculement austères. La chaussée n'était plus pavée, mais simplement boueuse.

— Un an? s'exclama-t-il, surpris. Cela n'aurait pas été une brillante idée! Allez, suivez-moi, j'ai une course à faire.

— Une petite pièce, mam'selle?

Sophie cria d'effroi. Non que la dame fût terrifiante mais, voûtée et ridée, elle ressemblait à une sorcière. L'horlogère était si à cran que son cœur battait violemment, telle la trotteuse qui n'arrêtait jamais sa course folle.

— Laisse-nous tranquilles, toi, maugréa Dimitri en tirant l'horlogère par le bras.

— Attendez! s'indigna Sophie en se dégageant.

Fouillant dans un minuscule sac en cuir accroché à sa ceinture, Sophie en extirpa les pièces qu'elle aurait dû donner plus tôt à Mme Estelle. Elle les déposa dans la paume tendue de la mendiante.

— Vous êtes charmante, ma fille.

La femme balançait sa tête d'avant en arrière.

— Allez, venez! grogna Dimitri en la tirant par le coude. Plus on sera discret, mieux ce sera! ajouta-t-il en murmurant.

Dimitri et Sophie remontèrent l'avenue en direction du palais. Les tours ennuagées, au moins, n'avaient pas l'air bien différentes.

Leur marche sur le chemin limoneux fut peu agréable et, après avoir grimpé quelques marches, Dimitri fit passer Sophie par un sentier qu'elle ne connaissait pas. Elle se demandait ce qui lui avait pris de suivre ce parfait inconnu, frère du roi ou non. À présent, elle se retrouvait à gravir de vieilles marches usées sur le flanc droit du palais, ignorant tout de leur destination.

— Est-ce que vous allez finir par me dire où nous allons ? demanda-t-elle une nouvelle fois, hors d'haleine.

— Vous verrez par vous-même, répondit-il, pas le moins du monde essoufflé malgré son âge plus avancé.

Les marches montaient jusqu'à un antique portail en fer forgé qui débouchait sur une grande étendue d'herbe bordée d'arbres. Sophie connaissait vaguement cet endroit. Enfant, elle avait de nombreuses fois exploré les jardins.

— Peu de personnes connaissent ce passage. Je l'empruntais souvent dans ma jeunesse, pour me sauver en douce et descendre en ville.

Sophie acquiesça distraitement. Elle ne désirait pas connaître ses incartades d'adolescent. Certes, sa curiosité et son désir d'aventure l'avaient conduite ici, mais un mauvais pressentiment lui tordait à présent les entrailles.

Les deux intrus longèrent les arbres jusqu'à la bordure de la forêt, là où coulait un ruisseau. Sophie ne s'était jamais aventurée jusqu'ici. À part quelques privilégiés, les domestiques avaient interdiction de flâner aussi loin, sans surveillance, dans l'enceinte du palais.

Dimitri attrapa son bras et l'entraîna derrière un petit bosquet. Elle sursauta d'effroi, mais il posa simplement un genou à terre sans un regard pour la jeune femme. Son attention était toute dirigée vers le ruisseau.

— Qu'est-ce que vous faites ?

— Baissez-vous donc, ordonna Dimitri en lui tirant le bras pour qu'elle l'imite.

— On est venus pour épier des gens d'il y a quarante ans ? s'impatienta-t-elle.

Sophie fixa le même point que Dimitri. Il n'y avait rien. Pas un humain, pas un animal, pas même une feuille virevoltante. L'envie de riposter une nouvelle fois la démangeait, mais elle ravala sa frustration en se rappelant qu'elle était en présence d'un membre de la famille royale. Techniquement, il avait tout à fait le droit de se trouver ici avec elle.

Quelques minutes passèrent, puis, enfin, des voix s'élevèrent au loin. Sur leur gauche, deux enfants apparurent. L'un tenait dans sa main un bâton qu'il agitait dans les airs, l'autre une balle qu'il s'amusait à lancer au-dessus de sa petite tête chafouine. À mesure qu'ils avançaient, Sophie discerna deux garçons. Ils avaient les cheveux ébouriffés, des yeux aussi noirs que leurs tignasses et un petit nez en trompette.

— Il s'agit de votre frère et de vous ?

— En effet.

Leur ressemblance la frappa : à cet âge, il était impossible de les différencier. Les jumeaux frôlèrent le bosquet sans remarquer une seconde les deux adultes qui se cachaient parmi les branchages. Ils s'arrêtèrent non loin d'eux, au bord du ruisseau.

— Quel est l'intérêt de ce voyage ?

— J'ai un souvenir assez précis de cette journée-là. C'est pour cela que je l'ai choisie. Nous nous sommes levés assez tard, pas par accident, mais parce que nous ne voulions pas suivre notre cours de mathématiques. La veille, nous avions décalé toutes les horloges du palais de trois heures, ça nous avait pris un temps fou ! À cette époque, il n'y avait aucune Horanima dans le palais. Quand l'instituteur s'est présenté, toute la famille dormait encore. Charles et moi étions assez inventifs lorsqu'il s'agissait de briser les règles, surtout moi, en fait… Le professeur parti, nous avions quartier libre jusqu'à midi, aussi nous avons eu l'idée de nous rendre au ruisseau pour jouer.

Dimitri jeta un coup d'œil autour de lui : personne en vue.

— Je ne comprends pas où vous voulez en venir…

— *Il complote quelque chose, celui-là*, s'exclama Farandole dans sa poche.

Sophie sursauta : elle avait totalement oublié la montre à gousset ! Elle tapota sa robe pour lui signifier son approbation. Elle ne pouvait lui adresser la parole devant Dimitri, mais ce simple contact suffirait à l'Horanima.

L'horlogère avait la gorge nouée. Les yeux noirs et perçants de Dimitri détaillaient la scène. Il était sur le qui-vive et Sophie détestait ça. Pourquoi étaient-ils ici ?

Le prince tira alors la dague de sa botte et elle eut un mouvement de recul. Sans un mot, il se leva et s'extirpa du buisson pour se diriger droit vers les jumeaux.

— Mais qu'est-ce que…

La panique s'empara de l'horlogère. Allait-il s'en prendre aux enfants ? Le cœur battant, elle n'hésita pas une seule seconde et sortit de sa cachette. Dimitri était presque à leur hauteur mais les jumeaux n'avaient toujours pas remarqué sa présence.

— Fuyez! s'égosilla-t-elle, voyant Dimitri à deux pas des garçons.

Ils se retournèrent au moment où Sophie sautait sur le dos de l'agresseur. De toutes ses forces, elle l'entraîna avec elle. La chute lui coupa la respiration, mais elle ne desserra pas sa prise.

— Courez! hurla-t-elle.

Enragé, Dimitri se débattit et une douleur atroce se répandit soudain dans le flanc de Sophie, lui arrachant un cri. Sous le choc, elle lâcha son adversaire, qui tituba à côté d'elle et se releva avec maladresse. Le souffle court, il tenait dans sa poigne sa dague dégoulinante de sang.

— Si vous étiez restée tranquille, je ne vous aurais fait aucun mal, cracha Dimitri d'une voix rauque avant de tourner les talons vers sa cible.

Sophie porta une main tremblante à l'endroit où la douleur irradiait. La plaie à vif l'empêchait d'effleurer sa blessure, et sa respiration se coinça dans sa gorge lorsqu'elle réalisa l'ampleur de la coupure. Sa tête se mit à vaciller furieusement et une nuit étoilée s'étira comme de la brume devant ses yeux.

— *Sophie, reste avec moi!* s'exclama Farandole.

La jeune femme lâcha un faible couinement pour rassurer la montre à gousset. Pourquoi ce qui devait être un simple voyage se transformait-il en effusion de terreur et de sang? Comment réagirait Jean s'il ne la retrouvait pas? Il ne méritait pas de finir seul à l'horlogerie. Et Églantine? Elle serait capable d'aller la chercher aux confins du temps pour la houspiller!

Sophie devait trouver un moyen de fuir, de rentrer chez elle.

Soudain, quelque chose entra dans son champ de vision. Là, dans l'herbe, l'Engrange-Temps gisait, prêt à l'emploi. Il avait dû dégringoler de la poche de Dimitri lors de leur chute. C'était sa chance !

Sophie récupéra le réveil et s'attela à changer la date à l'aide des couronnes. La vision trouble, elle compta le nombre d'années qu'elle remontait, résistant corps et âme à la douleur qui lui donnait envie de crier.

— Sept, huit, neuf...

— C'est hors de question ! s'écria Dimitri, qui semblait avoir fini par remarquer que la jeune femme marmonnait dans son coin.

Il rebroussa chemin pour s'élancer vers elle. Le cœur battant, Sophie remonta à la hâte les informations temporelles du réveil.

Son bourreau sauta par terre et lui attrapa la cheville. Sophie lâcha l'Engrange-Temps, mais elle n'avait pas dit son dernier mot. Avec toute la force qu'il lui restait, elle envoya son talon dans le nez de Dimitri ; le cartilage craqua. Elle lui asséna un second coup dans l'arcade sourcillière. Libérée de son emprise, la jeune femme rampa pour récupérer son ticket de sortie. C'était maintenant ou jamais.

— Et puis tant pis... gémit-elle.

Elle agrippa le réveille-matin et appuya sur le transverseur pour fuir cette maudite époque – laissant le frère du roi derrière elle.

Chapitre 6

Charles fit irruption dans la chambre caverneuse de son frère sans prendre la peine de frapper. Il traversa la pièce en trombe et tira sans ménagement les lourds rideaux bleutés que sa mère chérissait tant.

Ébloui, Dimitri sursauta en grognant, réveillant deux autres dormeurs. À ses côtés gisaient une femme et un homme, tous deux beaux comme le jour. D'après les vêtements qui jonchaient le sol, il s'agissait de membres de la troupe qui jouait la veille au théâtre de la ville.

Dans un bâillement léger, la rouquine ouvrit les paupières avec difficulté, découvrant des yeux vert émeraude qui donnaient du charme à son visage constellé de taches de rousseur. Sa peau blanche et son corps rond contrastaient avec son camarade à la peau noire. Il avait le regard aussi bleu et profond que l'océan et, pendant un instant, Charles regretta de ne pas avoir assisté à la représentation.

Un seul pincement de lèvres et un regard sombre de sa part, et les deux amants récupérèrent leurs costumes à la hâte et, sans prendre le temps de les enfiler, quittèrent la chambre sans demander leur reste.

— Que tu es ennuyeux, souffla Dimitri en tirant ses draps sur son visage.

— Franchement, Dim, nous avions rendez-vous…

— Oui, à 11 heures, cher frère.

— Il est midi passé !

Dimitri se redressa d'un bond, ses cheveux noirs ébouriffés et le regard hagard. Il rampa dans son lit, les fesses à l'air, jusqu'à atteindre la petite pendule posée sur sa table de chevet.

— Nom d'un chien, grogna-t-il. Elle est encore cassée, Charles.

— L'as-tu remontée ?

— Si je l'ai… ?

Dimitri se laissa retomber sur son immense lit.

— Il faut la remonter cha…

— Chaque dimanche, oui, c'est vrai, continua Dimitri d'un ton las.

— L'as-tu fait ?

— Mais bien sûr que je l'ai fait !

Charles arracha l'horloge des mains de son frère, la remonta de quelques tours, puis attendit. La trotteuse recommença son trot musical comme si de rien n'était.

Sous l'œil accusateur de son frère, Dimitri se leva dans un grand bâillement dramatique, vint se poster face à Charles et attrapa fermement ses épaules. Le voir ainsi, c'était s'admirer dans un miroir et peut-être plus encore.

Mêmes cheveux noirs, mêmes yeux sombres, même peau lisse et blanche. Au-delà de ce voile d'apparence, Charles et Dimitri pouvaient même se ressentir mutuellement. C'était un lien si fort que s'éloigner trop longtemps l'un de l'autre créait un vide aussi profond qu'un puits qui se serait enfoncé jusqu'au centre de la Terre.

Dimitri jaugea quelques instants son jumeau d'un regard torve avant d'ajouter :

— Qu'est-ce que je ferais sans toi ? Allez ! Au boulot ! (Il ramassa ses affaires éparpillées sur le sol.) Franchement, remonter une stupide horloge ? On ne peut pas trouver quelqu'un pour le faire à notre place ?

Un faible sourire se dessina sur les lèvres de Charles pendant que son frère disparaissait dans la salle d'eau.

— On ne va pas employer quelqu'un pour tout accomplir à notre place, ricana-t-il.

— Sottises ! s'exclama Dimitri, sa voix résonnant dans l'exiguë pièce de marbre.

Il n'avait jamais essayé de se familiariser avec les conventions, et l'heure était un concept qui lui rappelait bien trop ses obligations. Il prenait à cœur les responsabilités dues à son rang, mais parfois la pression était trop intense à supporter.

— Dim, c'était une réunion importante. Heureusement que père n'était pas là pour être témoin de ton absence...

Charles entendit son frère gémir de frustration, entre les chuintements d'eau et les bruits de flacons sur le marbre.

— Je te promets que je ne l'ai pas fait exprès.

— Père t'a demandé de t'en occuper personnellement, tu sais ce que cela signifie...

— Oui, il me teste.

Dimitri leva les yeux au ciel. Le roi Emrald de Ferwell lui avait demandé de prendre en charge la logistique de la Cérémonie de Passation des Pouvoirs qui se tiendrait dans quelques jours. Cette tradition déterminerait qui de Charles ou de Dimitri serait le plus apte à gouverner à sa suite. Peu enchanté, il s'était tout de même conformé aux attentes de son père. Ce dernier n'appréciait pas qu'on lui tienne tête, ça, Dimitri l'avait appris à ses dépens.

Il tapota son visage avec une lotion, tira ses cheveux noirs derrière ses oreilles et sourit à son reflet comme il l'aurait fait à une jeune demoiselle.

— Suis-je présentable ? demanda-t-il à son frère.

Il portait une simple chemise blanche rentrée dans ses culottes bleu marine ; les lacets de ses bottes n'étaient pas noués jusqu'en haut. Ses yeux étaient déjà vifs et son visage ne portait plus aucune trace de sommeil.

— Est-ce une question piège ? ricana Charles.

Dimitri s'apprêtait à rétorquer lorsque trois coups furent frappés à la porte. Sur l'invitation de Charles, un homme chauve et moustachu apparut dans l'embrasure.

— Oui, Faust ? demanda Dimitri.

— Excusez-moi, Votre Altesse, mais nous avons trouvé quelque chose... dans les jardins...

— Quelque chose ? répéta le prince.

— Mmm... enfin, non... quelqu'un. Une jeune femme. J'ai pensé vous en parler avant d'alerter votre père.

Les jumeaux se lancèrent un regard intrigué et suivirent leur majordome sans plus attendre. Charles et Dimitri connaissaient le parc comme leur poche. Ils y avaient passé de nombreuses heures, enfants, à jouer entre les troncs, à escalader les arbres et à construire des cabanes de branches. Cependant, leurs visites, les années passant, s'étaient faites plus rares et ils n'y avaient plus mis les pieds depuis plus de deux ans.

Faust continua jusqu'au fond du parc, là où Charles avait tenté à plusieurs reprises d'enfouir le terrible souvenir de cette traumatisante attaque, survenue dix ans plus tôt. À l'aube de ses vingt ans, il avait presque réussi : seules quelques bribes de réminiscences se faufilaient dans ses rêves – et c'était mieux ainsi.

Allongée dans l'herbe et entourée de domestiques, se trouvait une jeune femme. Des cheveux blonds encadraient son visage angélique. Elle aurait pu être simplement endormie si une énorme tache rouge n'avait pas sali son flanc gauche.

— Est-elle morte ? demanda Dimitri, outré.

— Non, l'informa Faust, pas encore.

— Eh bien, transportez-la à l'intérieur ! s'impatienta Charles.

— Deux hommes sont déjà en route pour apporter un brancard, Votre Altesse.

Comme si ces mots avaient suffi à les faire apparaître, deux serviteurs surgirent avec une civière.

— Faites attention, exigea Charles.

Les deux hommes soulevèrent délicatement la jeune femme, qui poussa un gémissement plaintif. Charles se pencha un instant sur l'inconnue et un étrange sentiment le frappa. Son visage lui était familier. Sûrement l'avait-il déjà croisée dans le palais, parmi les domestiques qui y travaillaient. Ils étaient si nombreux!

Charles jeta un coup d'œil à son frère qui fronça les sourcils. D'un bref regard, Dimitri lui intima de ne pas s'en mêler, mais c'était plus fort que lui.

— Transportez-la dans la suite Clair de Lune, ordonna Charles.

— Nous ne la transférons pas au sanatorium? s'étonna Faust.

— Non. Demandez à Vivianne de la soigner.

— Bien, Votre Altesse, déclarèrent en chœur les deux domestiques.

— À quoi penses-tu, Charles? demanda Dimitri.

Pinçant les lèvres, Charles laissa son regard voyager du brancard aux immenses tours blanches du palais. D'innombrables fenêtres trouaient la façade immaculée. Là, quelque part, dans une de ces centaines de pièces inutiles, se trouvait son père. Bien trop de choses hantaient l'esprit du souverain pour que Charles y ajoute une complication supplémentaire.

— Père n'a pas besoin de se préoccuper de cela pour l'instant. La cérémonie l'accapare déjà assez.

— Tu comptes lui montrer qui est le plus responsable de nous deux afin de t'attirer ses bonnes grâces ? rétorqua Dimitri avec amertume.

— Je ne pense pas que lui cacher quelque chose me conduirait à ce résultat. Quoi qu'il en soit, s'il y a un criminel au palais, je préfère que nous restions discrets afin de l'appréhender sans esclandre.

N'ayant rien d'autre à ajouter, Dimitri s'éloigna de quelques pas en remuant l'herbe fraîche du matin.

— Qui l'a trouvée ? demanda Charles à Faust.

— Une cuisinière, Votre Altesse. Elle cueillait des herbes aromatiques.

— Qu'est-ce qui a bien pu arriver à cette jeune femme ?

Faust garda le silence. Il n'y avait rien à répondre, car personne n'avait encore d'explication. Cependant, Charles comptait bien découvrir ce qu'il s'était produit. Les rues d'Aigleport n'étaient pas des plus sûres et il était hors de question que les querelles d'en bas remontent jusqu'au palais. Bien sûr, ces murs avaient connu leur lot de complots et de meurtres. Toutefois, la violence n'y avait pas fait irruption depuis des années et il était inconcevable qu'elle resurgisse à quelques jours de la Cérémonie de Passation des Pouvoirs.

— Qu'est-ce que… ? marmonna Dimitri.

Charles fit volte-face et vit son frère accroupi. Il s'approcha et découvrit un réveil éventré. Il s'agissait d'une petite horloge bleutée et rouillée dont les engrenages se déversaient dans l'herbe.

— Un réveil ? souffla Charles en fronçant les sourcils.

— Il semblerait qu'elle aussi ait un problème avec ces machins-là, plaisanta Dimitri.

Qu'est-ce que cet objet pouvait bien faire sur une scène de crime ? Charles se serait attendu à trouver un couteau, des ciseaux ou même un fragment de verre tranchant, mais pas un simple réveil. Pouvait-il s'agir d'une Horanima ?

Le prince sortit un mouchoir de sa redingote et s'activa à ramasser les rouages, les vis, les aiguilles, le ressort. Enfin, il inspecta minutieusement chaque brin d'herbe et en conclut qu'il avait récupéré tous les morceaux.

— Bien, espérons qu'elle survive pour répondre à nos questions, conclut-il.

Chapitre 7

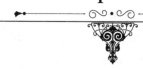

Sophie nageait dans la brume épaisse de ses songes. Elle fuyait tant bien que mal les mécanismes fous et les aiguilles pourfendeuses. Elle tombait, criait silencieusement et se rattrapait de justesse aux falaises de ses souvenirs. C'était dans ce genre de rêve qu'elle entrevoyait le visage de son père. Lorsqu'elle arrivait à fuir ses peurs pour se réfugier dans les doux souvenirs de son enfance.

Pourtant, cette fois, le visage de Victor n'était pas bienveillant. Debout derrière le comptoir de la boutique, il la fusillait du regard. Un faisceau de lumière éclairait l'horloger. Tout ce qui se trouvait dans la pénombre se déformait à sa guise : les horloges coulaient et les cadrans ondulaient.

Le cœur battant, elle avança avec difficulté, les semelles de ses bottines collées par une mélasse invisible. Le souffle court – quelque chose lui faisait mal, là, à l'intérieur d'elle. Pourquoi la regardait-il ainsi ? Avait-elle fait une bêtise ? Elle peinait à se remémorer ce qui l'avait amenée ici.

— Papa ? s'entendit-elle demander.

La bouche de l'horloger articula des mots inaudibles. Le cœur de Sophie se serra. Qu'avait-elle fait de si grave ?

Soudain, un timbre caverneux résonna dans son esprit. Les mots fourmillèrent comme une nuée d'insectes courant à l'intérieur de son crâne. Elle ressentit chaque syllabe avec désagrément.

Le Temps déteste que l'on joue avec ses aiguilles. Hors de sa portée, tu n'es plus sous sa protection.

Une vive douleur réveilla Sophie. Une douleur bien plus intense que tout ce qu'elle avait expérimenté dans sa courte vie. Bien sûr, elle avait déjà souffert d'un nez fracturé, ce qui avait laissé à celui-ci une petite bosse qu'elle détestait. Un jour, elle avait également failli perdre un doigt à cause d'un engrenage angoissé. Une autre fois, elle s'était cassé la cheville en tombant dans l'escalier du palais.

Cependant, ces souffrances passées n'étaient en rien comparables à ce qu'elle ressentit lorsqu'elle ouvrit les yeux. Lui avait-on retiré un rein ? Elle n'en avait aucune idée. Elle avait juste terriblement mal. Fébrile, elle porta ses doigts à son flanc pour vérifier l'état de sa blessure. Elle rencontra des draps, une chemise, et devina qu'un bandage lui enserrait la taille.

Sophie papillota des paupières et aperçut tout d'abord de longues tentures à fleurs enroulées sur une armature en bois : un lit à baldaquin. Autour d'elle, tout respirait le luxe. La pièce était encombrée de meubles, la soie et l'or se mêlaient.

Les murs, tapissés de motifs floraux, étaient recouverts de portraits de personnalités inconnues de la jeune femme. En face d'elle, deux hautes fenêtres laissaient entrer la lumière ; à l'extérieur, elle arrivait à distinguer des jardins.

Lorsqu'elle eut fini de balayer la scène du regard, elle remarqua enfin le jeune homme qui se tenait contre le chambranle de la porte. Prise par surprise, Sophie sursauta, ce qui lui arracha un gémissement de douleur et déclencha un tintement de métal. Elle porta son attention sur son poignet : on l'avait enchaînée.

— Simple précaution, l'informa son visiteur.

Sous son regard effaré, il avança, s'accota contre la massive table en chêne, les bras croisés et la mine hautaine. Il avait encore le visage lisse et pur de l'adolescence, mais ses mâchoires anguleuses indiquaient qu'il avait entamé sa vingtaine. Ses cheveux étaient noirs, ses yeux tout aussi sombres. Étrangement, il lui rappelait quelqu'un, mais la peur qui faisait vibrer ses tempes l'empêchait de raisonner convenablement.

— Où suis-je ?

Ces premiers mots lui firent l'effet d'une rapière au fond de sa gorge. Elle avait terriblement soif et l'angoisse l'empêchait de déglutir.

— On vous a trouvée dans les jardins, inconsciente et couverte de sang. Vous avez une sacrée entaille au flanc.

Des bribes de souvenirs s'entrechoquèrent alors dans l'esprit de Sophie. Dimitri l'avait tailladée. Elle revoyait le parc, les enfants et surtout : l'Engrange-Temps.

Elle se remémora ses derniers instants de lucidité. Elle avait appuyé au hasard sur le transverseur. À quelle époque avait-elle atterri ?

— Qui êtes-vous ? demanda son geôlier, les mâchoires serrées.

Elle fixa le jeune homme. Que pouvait-elle bien lui révéler ? Si elle lui contait les faits, il ne la croirait pas. Peu importait la véracité de ses dires, tout sonnerait comme de honteux mensonges.

— Vous, qui êtes-vous ? articula-t-elle enfin.

Son interlocuteur, agacé, respira profondément et repoussa quelques mèches noires qui lui tombaient sur le front.

— Charles de Ferwell, fils du roi Emrald et de la reine Madeleine.

Sophie écarquilla les yeux et recula d'un bond, faisant tinter ses chaînes. Terrorisée, elle ignora la douleur lancinante qui palpitait dans son flanc et plaqua son dos contre la tête de lit. Elle n'avait clairement pas réussi à retourner à son époque, ce Charles ne semblait pas plus âgé qu'elle ne l'était elle-même.

— Qu'est-ce qui vous prend ?

— Êtes-vous vraiment celui que vous prétendez être ?

Et s'il s'agissait de Dimitri ? Comptait-il s'en prendre encore à elle ?

Son souffle s'accéléra.

— Je vous demande pardon ?

— Êtes-vous Dimitri ?

Il fronça les sourcils, cette fois-ci parfaitement irrité. Elle ignorait si les desseins sinistres de Dimitri remontaient aussi loin dans son adolescence : celui-ci pouvait encore être un jeune homme inoffensif. Malgré tout, Sophie se méfiait.

— Quel intérêt aurais-je à me faire passer pour mon frère ?

Hésitante, elle pesa le pour et le contre, le détaillant avec suspicion. Bien sûr, ni Charles ni Dimitri ne connaissaient l'horlogère à cette époque. Si elle était bien remontée trente ans avant sa réalité, elle n'était pas encore née. Finalement, Sophie se laissa retomber parmi la multitude de coussins, détendant ses muscles et expirant l'air qu'elle comprimait dans ses poumons. Elle se sentit soudain bête d'être montée si sauvagement sur ses grands chevaux. De plus, avec le tintement de cette chaîne, elle ressemblait à un véritable animal apeuré.

— Est-ce que mon frère vous aurait porté préjudice ?

Sophie rougit.

— Absolument pas ! Je… j'ai entendu parler de votre ressemblance, voilà tout ! Je m'appelle Sophie… Carillet, capitula-t-elle enfin, pour changer de sujet et amadouer son interlocuteur.

L'horlogère ne pouvait se permettre d'impliquer le nom réputé de la famille Delapointe dans cette mascarade. Elle pensa donc à un patronyme au hasard.

— D'où venez-vous, mademoiselle Carillet ?

— De Fréhenne, mentit-elle précipitamment.

En Fréhenne, pays limitrophe, l'Horolurgie était une discipline réputée. C'était d'ailleurs dans ce royaume que les premières Horanimas avaient vu le jour, plusieurs siècles auparavant. La relation entre la Fréhenne et la Grahenne avait été tumultueuse durant la Guerre des Rouages, mais, considérant l'âge du prince, Sophie imagina que ces tensions s'étaient adoucies à l'époque où elle se trouvait actuellement. Elle espérait que cette réponse conviendrait au prince.

— Vous êtes une espionne.

Raté.

— Quoi ? Bien sûr que non !

— Comment expliquez-vous votre situation ?

Sophie souffla bruyamment. Dans quoi s'était-elle fourrée ?

— Mauvais endroit, mauvais moment.

— Votre réponse ne me satisfait pas.

— Je ne suis pas une espionne.

— Alors qui êtes-vous ?

— Je vous l'ai dit, je m'appelle…

— Que faisiez-vous, couverte de sang, dans le parc du palais ?

Sophie serra les dents et se mura dans le silence. Charles se gratta l'arrière de la tête et se redressa. Il récupéra un mouchoir sur la commode à la décoration excentrique, s'avança prudemment vers elle et le déposa sur les draps. En écartant les pans du tissu, Sophie découvrit l'Engrange-Temps éventré. Le ressort pendait, les rouages étaient dissociés et la vitre, fissurée, était tachée de sang.

La jeune femme ravala ses larmes, mais ne put retenir un fugace gémissement. Le seul moyen de rentrer chez elle était réduit en pièces. De plus, le transverseur avait disparu. C'était une catastrophe !

— Pourquoi cet objet se trouvait-il à vos côtés lorsque nous vous avons découverte ?

— Il s'agit... d'un simple réveille-matin.

— Il est tout à fait commun de voir quelqu'un se promener avec ce genre d'objet, ironisa le prince.

— Je suis horlogère, ne put s'empêcher d'avouer Sophie.

Charles haussa un sourcil et la scruta, comme si ses traits pouvaient parler à la place de sa bouche.

— Vous me direz ce que je veux savoir, tôt ou tard.

Il attrapa ce qu'il restait de l'Engrange-Temps et tourna les talons. Sophie tendit la main dans un effort désespéré pour le retenir.

— Vivianne passera changer vos bandages et vous apporter de quoi vous nourrir, dit-il avant de refermer la porte et de la laisser seule.

C'est en effet ce que la dénommée Vivianne fit. Après quelques heures à tourner dans son lit et à faire chanter la chaîne qui la maintenait prisonnière, Sophie vit une jeune femme apparaître, les bras chargés de linge. Sa robe bleu marine lui indiqua que Vivianne était une employée du palais. Elle avait la peau et les cheveux noirs ; ces derniers, tirés en chignon serré, découvraient un visage rond et lisse. Lorsqu'elle posa son regard sur la longue chemise de toile blanche de Sophie – sa robe lui avait été retirée dans son sommeil –, elle remarqua la tache rouge qui maculait le tissu.

— Vous avez rouvert votre blessure, constata-t-elle. Vous devez vous tenir tranquille.

— Je meurs d'ennui dans ce lit.

— Permettez ? demanda la nouvelle arrivante en s'approchant.

Prise au dépourvu, Sophie hocha la tête. Sans ménagement, la jeune femme releva le linge qui l'habillait pour inspecter sa plaie. L'horlogère n'était pas du genre pudique. Son corps était un outil, une enveloppe qui la servait au quotidien. Elle n'avait jamais fait attention à l'image qu'elle pouvait renvoyer aux autres car, finalement, elle était invisible. Ça avait toujours été le cas et c'était d'ailleurs à ses yeux sa plus grande qualité.

— Bien. C'est ce qui me semblait, deux points ont cédé. Acceptez-vous que je referme la plaie ?

— Vous êtes une sorte de guérisseuse ?

— Ma mère l'était. Pour ma part, j'apprends encore.

Sophie frissonna. On avait donc mis sa vie entre les mains d'une apprentie. Cependant, à bien y réfléchir, les points semblaient, de son point de vue d'amateur, très bien exécutés.

— Le roi n'a pas souhaité mettre son meilleur guérisseur sur le coup, comprit-elle à voix haute.

— Non, en effet, reconnut Vivianne.

Sophie le savait, mais cette idée la contrariait tout de même.

— Enfin… Sa Majesté n'est certainement pas au courant, ajouta Vivianne en se levant et en fouillant dans les draps qu'elle avait apportés.

L'horlogère fronça les sourcils.

— C'est le prince Charles qui a ordonné votre transfert ici et m'a demandé de vous soigner.

— Pourquoi ?

— Je vous demande pardon ?

— Pourquoi ne pas m'avoir simplement transférée au sanatorium Rose-Marie ?

Vivianne haussa les épaules et se remit à genoux pour soulever la tunique de sa patiente.

— Vous n'êtes pas une simple blessée, mais une prisonnière. Estimez-vous heureuse de ne pas vous retrouver dans une cellule miteuse, entourée de criminels.

— Tout ça n'est qu'un simple malentendu…

— Ce sera au prince d'en juger, ou même au roi si votre cas est plus important qu'il n'en a l'air.

Sans ménagement, Vivianne planta son aiguille dans le flanc de Sophie et cette dernière hurla.

— Eh oui, ça fait mal.

L'horlogère soupçonnait la guérisseuse de l'avoir fait exprès.

— Dites-moi... les princes... ont-ils subi une attaque... il y a quelques années ? demanda-t-elle en haletant sous la douleur.

Sophie y avait songé tout l'après-midi. Aucun événement de la sorte ne s'était produit dans le passé qu'elle connaissait. L'attaque perpétrée par le vieux Dimitri avait pour but de changer l'avenir, elle en était certaine. Mais pourquoi retourner dans le passé pour s'en prendre à son frère ?

— Oui, en effet... Pourquoi ? répondit Vivianne, avec une pointe de méfiance.

— Qu'est-il arrivé à l'agresseur ?

Sophie devait savoir. Devait-elle se méfier, craindre pour sa vie ? Est-ce que le vieux Dimitri attendait le retour de Sophie pour finir le travail ?

— Il a été arrêté et il croupit dans les cachots.

Cette révélation soulagea Sophie, qui se détendit. Vivianne tira sur le fil et la jeune femme poussa un juron.

— Un peu de tenue, voyons.

Vivianne étala sur la couture une pâte verte et visqueuse dont les effluves donnaient à Sophie l'envie d'éternuer.

— Cet onguent va vous faire du bien, il anesthésiera légèrement la douleur et accélérera la guérison.

— Merci...

— Mais dites-moi plutôt, pourquoi une telle question sur cette tentative d'assassinat ?

Sophie haussa les épaules sans répondre. Sa gorge s'était nouée quand elle avait réalisé l'importance de cette information. Elle n'avait passé que quelques minutes à travers le temps et voilà qu'elle venait déjà de modifier son cours !

En tant qu'horlogère, elle était une gardienne du temps, son père le lui avait toujours répété. Ce qu'elle venait de faire était en parfaite opposition avec l'éducation prodiguée par Victor. Elle rougit de honte : elle avait succombé à la tentation d'une Horloge Prodigieuse. Elle comprenait maintenant pourquoi ces objets avaient été interdits. Leur utilisation pouvait être dévastatrice, même sans de mauvaises intentions. Accepter l'invitation de Dimitri venait de provoquer le basculement du temps, entraînant le monde dans son sillage. Sophie avait l'impression d'avoir la tête à l'envers, comme coincée dans une boule à neige que l'on aurait renversée et secouée.

Si l'avenir venait à changer de manière radicale, annihilerait-il sa propre existence ? Cette idée provoqua un frisson incontrôlé et Vivianne la dévisagea, toujours suspicieuse.

Il fallait absolument que Sophie reparte avant de causer de plus amples variations !

Chapitre 8

Vivianne avait abandonné Sophie dans sa chambre après l'avoir soignée, lavée et rhabillée. L'horlogère arborait à présent une robe bleue, semblable à celle qu'elle portait durant ses rondes au palais. Étrangement, cette similitude avec sa vie d'avant l'apaisa. Il ne s'agissait que d'une simple robe, mais l'étoffe lourde était la première chose familière ici. Du moins, si l'on écartait le palais en lui-même.

Le port du corset lui avait été épargné à cause de sa blessure. Elle n'avait jamais ressenti le besoin d'en porter un puisque sa petite poitrine ne requérait que peu de support. En l'absence de sa mère, c'était son père qui s'était occupé de l'éducation de l'horlogère ; elle s'était donc tenue loin des manières et des modes féminines. Victor Delapointe avait toujours imaginé l'avenir de sa fille à la boutique et il n'avait jamais cru bon de l'initier aux manières de la Cour. Pour lui, le plus important était d'apprendre à sa fille à se faire petite, telle une souris, et silencieuse, comme un papillon. Cependant, cette propension à garder Sophie loin du monde avait développé chez elle le besoin d'aventure qui la mettait aujourd'hui dans cette terrible situation.

La jeune femme passa le reste de la journée à tourner en rond dans sa prison de tapisseries, aussi loin que le permettait la chaîne de ses menottes. Le repas qu'on lui apporta fut une distraction de courte durée et elle retomba vite dans un ennui profond. Sans aucun livre pour s'occuper, contempler les jardins restait sa seule distraction en attendant une nouvelle visite.

Sophie ressassait les heures précédentes, s'imaginant refuser l'invitation de Dimitri. Elle se maudissait, grognait, son humeur devenait orageuse. Les yeux fixés sur les jardiniers sans réellement les voir, Sophie complotait en marmonnant. Elle ne pouvait même plus fuir cette époque, l'Engrange-Temps semblait fichu. Visualiser son mécanisme éventré déclenchait chez elle une moue de dégoût.

Sa vie d'horlogère sans problème commençait à lui manquer. Et si elle ne revoyait plus jamais Églantine et le vieux Jean ? Cette idée lui fendait le cœur. Elle s'était interdit de pleurer, mais penser à ses proches provoqua la chute d'une énorme roche dans son estomac.

Sans surprise, aucune Horanima ne décorait encore le palais. Aucun Barnabé dans les mains immobiles d'une statue, aucune Épine ensommeillée pendue à un arbre. Le parc, depuis sa fenêtre, était d'une banalité déconcertante !

Quelques heures après le départ de Vivianne et plusieurs épisodes de somnolence plus tard, la serrure de la chambre cliqueta et la porte couina. Sophie s'attendait à revoir la guérisseuse, mais ce fut Charles qui apparut.

— Bonjour, mademoiselle Carillet.

La jeune femme n'arrivait pas à associer le visage du souverain qu'elle connaissait avec celui du jeune homme qui se tenait devant elle. La dernière fois qu'elle avait croisé Charles de Ferwell, il avait une cinquantaine d'années, des cheveux grisonnants, une épouse et deux filles de l'âge de Sophie. Elle se remémora même les yeux pénétrants du roi, qui lui avaient glacé le sang dans le salon Opale. Face à ce double juvénile, Sophie ne ressentait aucune animosité. Derrière son air suspicieux, elle le trouvait même beau. Sa gorge se noua à la simple idée de juger la beauté de son futur roi ; elle baissa aussitôt les yeux et se sentit rougir.

— Comment vous sentez-vous ?

Si Charles fut irrité de ne pas la voir exécuter une révérence, il ne fit cependant aucune remarque.

— Comme une prisonnière... répondit-elle amèrement après avoir chassé son malaise passager.

— Pardonnez ces précautions, mais considérez que votre... situation est pour le moins étrange.

Sophie se contenta de pincer les lèvres. Elle ne pouvait le nier.

— Pouvez-vous à présent m'en dire un peu plus ? Comment êtes-vous arrivée dans ces jardins ? Qui vous a attaquée ? S'agit-il d'un de nos domestiques ?

Toutes ces questions lui firent froncer les sourcils. Le ton de son interlocuteur était plus posé que lors de sa visite précédente. S'était-il questionné sur sa façon de mener à bien son interrogatoire ? Pensait-il que Sophie se livrerait plus aisément à lui si elle se sentait en sécurité ?

Quoi qu'il en soit, elle ne savait pas par où commencer. Elle avait eu le temps de réfléchir à un semblant d'explication concernant sa situation. Mais, malheureusement, son histoire se développait autour de mensonges et de quelques vérités. Elle ne pouvait se permettre de dévoiler qu'elle venait du futur et encore moins de lui avouer l'identité de son ravisseur. Comment déclarer au prince que son frère désirait sa mort ?

Non, elle devait garder cela pour elle. Si jamais elle osait être honnête, elle se retrouverait sûrement enfermée, et cette fois ce ne serait pas dans une belle chambre mais plusieurs étages plus bas, aux oubliettes, comme l'avait mentionné Vivianne. Qui sait si elle croiserait le vieux Dimitri dans les cachots ?

Sophie devait mentir coûte que coûte, et cela n'avait jamais été son fort. Plus jeune, ses maigres tentatives pour cacher ses frasques se soldaient toujours par un échec. Son père découvrait le mensonge éhonté à travers ses paroles hésitantes.

— J'ai retourné cette situation dans ma tête toute la journée, mais je n'ai aucune explication cohérente à vous offrir, lâcha-t-elle finalement.

Charles leva les yeux au ciel. Il n'en croyait pas un mot. C'était malgré tout la chose la plus sensée qu'elle pouvait formuler.

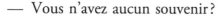

— Vous n'avez aucun souvenir ?
— Des bribes… Votre Altesse.

Sophie vit Charles tiquer. Il n'appréciait guère ses réponses évasives.

— Alors, commençons par une question plus simple : pouvez-vous me donner une explication pour ceci ?

Le prince brandit le linge où reposaient les morceaux de l'Engrange-Temps. Le cœur de Sophie se serra.

— Il s'agit d'un présent de feu mon père.

Charles semblait encore méfiant.

— Donc cette chose n'est pas une Horanima ?

Elle fut surprise de l'entendre prononcer ce mot. C'était donc l'Engrange-Temps qui lui faisait penser qu'elle pouvait être une espionne. Comme les restrictions et les sceaux sur les Horanimas avaient été imposés peu après son couronnement, il n'avait aucun moyen de découvrir la véritable nature d'une horloge s'il n'avait pas appris la chronolangue.

— Non.

— Les Horanimas sont des objets assez rares ici, mais la Fréhenne en regorge.

Sophie battit des cils, signe qu'elle feignait de ne pas comprendre.

— Si vous venez de là-bas, ce simple objet peut être considéré comme une arme.

Il revint en mémoire à la jeune femme que la démocratisation des Horanimas dans la ville d'Aigleport était assez récente. Avant cela, la Grahenne n'était pas réputée pour leur fabrication en raison du traumatisme qu'avait engendré la Guerre des Rouages. En revanche, ce conflit meurtrier n'avait pas grandement effrayé la population fréhnienne au sujet des Horanimas puisqu'elle les côtoyait depuis des siècles.

Maintenant qu'elle y réfléchissait bien, évoquer la Fréhenne n'était pas une si bonne idée.

— Ce réveille-matin est la seule chose qu'il me reste de mon père.

— Vous m'avez dit être horlogère, êtes-vous une chronolangue ? persévéra-t-il.

Malgré le récit falsifié que Sophie avait préparé, elle se refusait à mentir sur ses aptitudes. Un poil superstitieuse, elle ne souhaitait pas renier son savoir de chronolangue sous peine de voir s'abattre sur elle le courroux de quelconques Horanimas divines.

— Oui, en effet, je les comprends, avoua-t-elle finalement.

— Donc une chronolangue venant de la Fréhenne qui se balade dans les jardins du palais de Vitriham avec une horloge suspecte n'est pas une espionne ?

Sophie se sentit misérable : elle était en train de creuser sa propre tombe. Il fallait donc qu'elle débite l'énorme mensonge qu'elle préparait depuis plusieurs heures.

— Écoutez, Votre Altesse, il s'agit d'un terrible malentendu… Je… je me suis fait piéger.

Charles la toisa et croisa les bras sur sa poitrine.

— Je vous écoute.

— Ce réveille-matin était brisé bien avant que je foule les terres de Grahenne. Je ne suis en aucun cas une espionne, je suis une simple visiteuse. Je venais d'arriver en ville et je cherchais l'horlogerie Delapointe, dans l'espoir que l'on répare le seul souvenir qu'il me reste de mon père. Cependant, ne connaissant pas Aigleport, je me suis laissé guider par un homme… un scélérat, en réalité. Il m'a proposé son aide pour me conduire à l'horlogerie ; à partir de là, je ne me souviens de rien.

Le prince avait écouté attentivement. Sophie avait pris sa voix la plus assurée, trempée dans une pointe de culpabilité afin de faire plier son interrogateur, espérant que cela calmerait la situation.

— Si vous êtes horlogère, pourquoi ne pas réparer ce réveil vous-même ?

— Je pourrais… Cependant, mon père m'ayant toujours parlé de l'horlogerie Delapointe avec admiration, je voulais lui rendre hommage en allant le faire réparer là-bas.

— Je vois… marmonna le prince.

Un silence s'installa dans la pièce. Charles posa l'Engrange-Temps sur la table et enfonça ses poings dans ses poches. Il fit quelques pas dans la pièce sans jeter un seul regard à Sophie et avança jusqu'aux fenêtres. Cherchait-il un signe, dans les jardins, qui lui indiquerait si oui ou non la jeune femme était coupable ?

Finalement, il se racla la gorge et replaça ses cheveux derrière ses oreilles.

— Victor est jeune, mais c'est un très bon horloger. La famille Delapointe sert les Ferwell depuis plusieurs années. Si nous nous rendons à l'horlogerie, M. Delapointe pourra authentifier ce réveil et corroborer vos dires. Une petite visite dans sa boutique ne vous pose donc aucun problème ?

Sophie inspira un grand coup. Elle ignorait sur qui ils pouvaient tomber à l'horlogerie. Son père ? Le vieux Jean ? Peut-être même Astoria ? Ou un apprenti qui, comme elle, n'aurait aucune idée du réel potentiel du réveille-matin ?

Elle ne connaissait pas les peines encourues pour la possession d'un Engrange-Temps à cette époque particulière. Existait-il une loi spécifique ? Quelques heures plus tôt, elle pensait encore que toutes les Horloges Prodigieuses avaient été détruites durant la Purge.

Il fallait maintenant qu'elle prie pour que cette visite n'aggrave pas son cas.

Chapitre 9

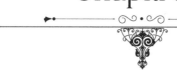

Aucun garde n'accompagna Charles et Sophie. Leur surveillance ne semblait pas se déployer en dehors des murs royaux et Sophie s'en étonna. Elle avait autrefois entendu Victor mentionner son soulagement à propos de la sécurité d'Aigleport depuis le règne de Charles de Ferwell. À présent, elle comprenait que le zèle du roi Emrald se concentrait sur le palais, et rien d'autre.

Le prince avait consenti à retirer les lourdes menottes de Sophie, signe qu'il ne voyait pas en elle une réelle menace. Toutefois, l'arme à feu sanglée à sa ceinture ne lui avait pas échappé.

— Je vous ai à l'œil et je tire très bien, avait-il déclaré en remarquant le regard de Sophie. Faites les bons choix, et j'en ferai autant.

— Je ne cherche pas à vous nuire, Votre Altesse, avait-elle dit en frottant son poignet meurtri par ses chaînes.

— C'est ce que nous allons découvrir.

À présent, ils commençaient la descente des interminables escaliers de pierre. Le soleil déclinait à l'horizon, peignant le ciel de son pinceau de feu. L'air frais faisait un bien fou à Sophie, mais sa blessure encore douloureuse la ralentissait ; elle laissa Charles ouvrir la marche.

Le paysage d'Aigleport avait encore changé depuis sa dernière excursion dans le passé. Si Sophie se fiait à ce qu'elle voyait, elle n'avait dû avancer l'Engrange-Temps que d'une décennie.

Sur la grande avenue, quelques pavés commençaient à recouvrir la terre boueuse et davantage de boutiques avaient pignon sur rue. Des calèches zigzaguaient dangereusement entre les passants qui traversaient à tout-va. Il ne s'agissait pas tout à fait de l'avenue qu'elle connaissait si bien, mais elle allait bientôt lui ressembler. Au loin, elle pouvait distinguer les quais et les grands trois-mâts qui mouillaient au large.

— Vous venez ? demanda le prince, quelques pas devant elle.

Sophie s'était immobilisée pour contempler sa propre ville. La jeune femme décrocha son regard de l'horizon pour fixer Charles qui l'observait d'un drôle d'air, entre curiosité et amusement. Un fin sourire étirait sa bouche, creusant une charmante fossette dans sa joue. Il se détourna et tous deux s'engagèrent dans la rue jusqu'à l'horlogerie Delapointe.

Sophie se contenait, ralentissant le pas. Elle connaissait par cœur le chemin qui menait chez elle et avait déjà hâte de retrouver un semblant de familiarité dans cette époque qu'elle ne connaissait guère.

Du coin de l'œil, elle avisa la boulangerie L'Esperluette. Le cœur de Sophie se gonfla et ses yeux cherchèrent quelques instants – derrière son reflet que lui renvoyait la vitre – le visage de Mme Estelle. Elle désirait s'emparer de la moindre miette de son passé qui pouvait l'appuyer dans sa solitude.

La devanture de l'horlogerie était bien plus belle qu'à son époque. Son nom de famille y était inscrit en lettres d'or, les vitrines étaient parfaitement astiquées, offrant à la vue des passants des horloges, pendules et autres comtoises.

Charles poussa la porte, et ils entrèrent. Des effluves de bois et d'acier enveloppèrent les visiteurs d'un voile réconfortant : ces odeurs, Sophie les chérissait. Sur les étagères et contre les murs, les horloges exposées n'étaient pas les mêmes, cependant la mélodie restait inchangée. La sérénade enivrante de tic et de tac, pourtant cacophonique, donnait à la boutique des allures de boîte à musique. Sur le comptoir trônait la même grosse caisse enregistreuse en métal et, avec émerveillement, Sophie découvrit Églantine, son horloge de compagnie.

— Églantine... souffla-t-elle.

— Qu'avez-vous dit ? demanda Charles.

Sophie se figea et bafouilla :

— Rien, rien, cette boutique est telle que je me l'imaginais...

Charles émit un grommellement et s'avança jusqu'au comptoir. Au même instant, Églantine sonna et sa voix s'éleva, inaudible pour Charles :

— *Sophie ? Sophie ! Est-ce bien toi que je viens d'entendre à l'instant ?*

— Bonjour, s'exclama une voix dans l'arrière-boutique.

La pendule se tut lorsqu'un jeune homme, à peine plus âgé que Charles, émergea de l'arrière-boutique. La tête de Sophie fut soudain plongée dans une eau glacée, ses oreilles se bouchèrent, hermétiques aux sons de la boutique. Plus rien n'existait désormais que cette apparition divine qui s'avançait vers elle. Malgré la jeunesse qui agrippait ses traits, Sophie le reconnut.

L'horloger possédait des cheveux blonds et une barbe se hérissait sur ses joues. Il avait les mêmes yeux dorés que sa fille. Victor Delapointe se tenait bel et bien devant elle.

Des larmes piquèrent les yeux de Sophie, et elle tenta vainement de les contenir. Il ne lui restait plus qu'à baisser la tête pour que les deux hommes ne remarquent pas son trouble.

Lorsque Victor réalisa que le prince en personne était venu lui rendre visite, il perdit quelque peu contenance.

— Oh… bonjour, Votre Altesse, que me vaut cet honneur ? dit-il en effectuant une révérence maladroite.

— Bonjour, monsieur Delapointe, comment allez-vous ?

— Eh bien, à merveille ! répondit l'horloger en essuyant ses mains huileuses sur une guenille. J'espère que Marguerite se porte bien. Vous ne m'apportez pas une funeste nouvelle ?

— Marguerite se porte comme un charme, grâce à vous d'ailleurs. Non, à vrai dire, je souhaite obtenir quelques informations au sujet d'un réveille-matin quelque peu étrange, ainsi que sur cette montre.

Charles sortit de sa veste le mouchoir où reposaient le réveille-matin ainsi qu'une montre à gousset.

Farandole!

La jeune femme s'extirpa de sa torpeur. Pourquoi diable Charles avait-il omis de mentionner Farandole? Sophie avait oublié jusqu'à son existence! Victor allait assurément confirmer au prince qu'il s'agissait d'une Horanima et elle se retrouverait condamnée pour espionnage sans plus de cérémonie. Si bien sûr elle n'était pas emprisonnée pour possession d'Engrange-Temps!

— J'aimerais savoir si l'une de ces choses est une Horanima.

Le cœur de Sophie battait à tout rompre et le feu lui montait aux joues. Devait-elle fuir maintenant? Attendre le verdict? Est-ce que révéler à Victor qu'elle était sa fille lui sauverait la mise?

Elle réalisa qu'elle venait de retrouver son père et qu'elle allait le perdre de nouveau.

— Très bien, je vois… répondit l'horloger en glissant un regard interrogateur vers la jeune femme qui n'avait pas prononcé un seul mot.

Victor fouilla dans un tiroir du comptoir et sortit ses loupes binoculaires; les mêmes qu'elle utilisait avant (ou après?). Sophie entendait le bruit assourdissant de son cœur dans ses tympans tandis que son père ouvrait les pans du mouchoir pour découvrir le réveille-matin. À la grande surprise de l'horlogère, Farandole n'avait pas prononcé un seul mot, ce qui, venant de lui, était étrange. S'était-il brisé durant le voyage ? L'âme d'une Horanima pouvait-elle disparaître en voyageant à travers le temps ?

Sophie vit les doigts de Victor se crisper, le regard rivé sur l'Engrange-Temps. Avait-il si aisément découvert ce qu'était cet objet ?

— *Victor,* souffla soudain Églantine à voix basse, comme si elle tentait de ne pas se faire entendre du prince, bien que cela soit impossible. *Ne dis rien à propos de cet objet ni à propos de la montre à gousset.*

Victor fronça les sourcils et jeta un rapide coup d'œil à la pendule, puis se racla la gorge.

— Je vois… répéta-t-il seulement.

Il repoussa le mouchoir et ouvrit le capot de Farandole. La montre n'avait toujours pas prononcé un seul mot et Sophie en eut le cœur brisé. L'Horanima adorait parler dans les moments les plus inopportuns, pourquoi ne le faisait-elle pas maintenant ? L'horloger ouvrit l'arrière de la montre afin d'inspecter les rouages, puis il fronça une nouvelle fois les sourcils. Heureusement, Jean n'avait pas encore apposé de sceau sur son capot, rendant la nature de Farandole indiscernable aux yeux inexpérimentés. Même si, à bien y réfléchir, une marque d'identification ne signifiait rien à cette époque.

— *Victor,* continua Églantine, *dis au prince que tout va bien et renvoie-le. Fais-moi confiance !*

Sophie savait que son père avait une foi aveugle dans les dires d'une Horanima. Sans capacité à mentir, tout ce qu'elles débitaient était d'une parfaite véracité. Imprégnée par Astoria, Églantine avait une influence supplémentaire, une autorité maternelle que Victor respectait avec soin.

— Bien, Votre Altesse. Je ne vois rien d'anormal. Ces deux objets sont tout à fait ordinaires.

Sur ces derniers mots, Victor fixa Sophie. Elle connaissait ce regard stoïque : il se contenait. Le mensonge ne faisait en effet pas partie des compétences d'une Horanima, mais inciter les humains à pécher était une possibilité étonnamment réjouissante pour elles.

— Vous en êtes sûr et certain ? insista Charles.

— Aussi sûr qu'une montre fait tic et qu'un coucou fait tac.

Charles pinça les lèvres. Le prince connaissait Victor depuis plusieurs années. Le jour où le roi avait offert Marguerite à sa femme, il avait bien fallu engager un horloger pour répondre aux exigences de l'Horanima. Certes, la reine Madeleine avait appris la chronolangue ; cependant, ses connaissances ne s'étendaient pas à l'entretien des engrenages. Victor montait donc plusieurs fois par mois au palais pour visiter la pendule, ainsi Charles avait confiance en cet homme. Si celui-ci estimait que ces deux objets étaient ordinaires, c'était qu'ils l'étaient. Et cela arrangeait bien Sophie !

Capitulant avec une pointe de déception, le prince se tourna vers elle.

— Bon, mademoiselle Carillet, il semblerait que je me sois fourvoyé.

Charles se tenait droit comme un piquet. Son sourire satisfait s'était effacé. S'être trompé le mettait apparemment mal à l'aise ; si seulement...

— Vous n'avez fait que votre devoir, Votre Altesse.

— Cependant, mademoiselle, je vais continuer à enquêter sur la personne qui vous a agressée. Je tiens aussi à ce que vous ne quittiez pas la ville. Passez au palais une fois par jour afin que Vivianne change votre bandage, cela me permettra de veiller à ce que vous restiez dans les parages. Avez-vous un endroit où loger, une auberge peut-être ?

Sophie plissa le nez. Cela ne l'arrangeait guère, mais c'était bien mieux que de rester enchaînée à un lit toute la journée. En ce qui concernait le logis, toutefois...

— *Victor*, rouspéta Églantine.

L'horloger fit les gros yeux à la pendule, mais obtempéra. Sophie reconnaissait bien là le pouvoir que pouvait avoir une mère sur son fils. Sophie réalisa soudain que si Églantine était bien là, cela voulait dire que sa grand-mère était déjà partie pour d'autres horizons. Peut-être que, même dans cette temporalité, elle ne la rencontrerait jamais ?

— J'ai une chambre libre à l'étage. En échange d'un coup de main, elle pourrait rester ici quelque temps, dit-il à contrecœur.

— À la bonne heure ! s'exclama le prince. Je savais que je pouvais compter sur vous, Victor. Sur ce, je vous donne rendez-vous demain, mademoiselle Carillet. Disons 10 heures ?

Sophie acquiesça. Charles s'élança vers la porte mais s'arrêta sur le seuil, sans se retourner.

— Si vous disparaissez, je vous retrouverai, tenez-vous-le pour dit.

Le prince sortit et son corps disparut, dévoré par les passants.

— Mais qui êtes-vous, bon sang ?

Sophie se retourna : son père lui faisait face, les joues rouges de colère. Il avait gardé un visage impassible devant le prince, mais à présent il était écarlate.

— Un Engrange-Temps ! Dans MA boutique ? Mais vous êtes folle ! M'obliger à mentir au prince, en plus de cela ! Qui êtes-vous ?

— *Victor, calme-toi !* s'indigna Églantine.

— Et toi ? s'exclama-t-il à l'intention de la pendule. Peux-tu m'expliquer comment tu connais cette jeune femme ?

— Écoutez… souffla celle-ci, les mains tendues en signe d'apaisement. Je m'appelle Sophie.

Le teint de Victor restait érubescent, ses yeux dorés étaient de petits morceaux d'ambre luisants qui tentaient de percer les secrets de l'inconnue. Rares étaient les fois où Sophie avait vu son père en colère. Ses frasques se soldaient souvent par des punitions, mais le stoïcisme de Victor l'avait toujours impressionnée. Là, sa colère noire lui fit l'effet d'une gifle.

S'était-elle attendue à ce qu'il l'accueille à bras ouverts? Pas vraiment. Mais avait-elle imaginé un tel déferlement de fureur? Jamais.

Lorsqu'il avisa le visage troublé de la jeune femme, Victor déplia son ombre menaçante, tira ses cheveux en arrière dans un reniflement sonore et retourna se cacher derrière son comptoir.

— Très bien, Sophie, qui êtes-vous? Et d'où venez-vous? Ou peut-être devrais-je formuler ma demande autrement: de quand venez-vous?

Elle recula de quelques pas. Comme elle l'avait escompté, son père était bien plus doué qu'elle: rien qu'en regardant les rouages de l'Engrange-Temps, il avait compris. Pouvait-elle lui avouer qu'elle était sa fille? Serait-il déçu d'apprendre qu'elle avait fait l'énorme erreur d'utiliser un objet si dangereux?

Victor lui avait appris à faire face à ses erreurs. À prendre ses responsabilités, quelle que soit la gravité de ses actes.

— Mon vrai nom est Sophie Delapointe... et je suis votre fille.

Chapitre 10

Victor Delapointe se remettait doucement de cette révélation. L'horloger avait disposé deux tasses de thé brûlant sur la table de la cuisine. Sophie ignorait si elle venait de briser la plus importante des lois temporelles en lui avouant la vérité. Si elle se remémorait le conte pour enfants *Ariane à la poursuite du temps,* révéler que l'on venait du futur n'était pas une brillante idée. Malgré tout, elle ne pouvait pas agir comme une étrangère face à son père, pas après avoir tant rêvé de le revoir un jour.

Victor avait le regard rivé sur les herbes qui flottaient dans sa tasse. Il n'avait prononcé que quelques mots d'usage, avant de se laisser tomber comme une pierre sur une chaise et d'écouter la jeune femme. Elle avait rarement vu une telle expression sur le visage de son père; il semblait tout simplement perdu. De plus, cela la troublait considérablement de le voir si jeune, elle qui connaissait son visage strié de rides et ses cheveux opalins. À présent, il arborait des traits encore lisses, les joues parsemées de poils blonds, et les yeux vifs d'un jeune homme dans sa vingtaine.

Pendant le récit de Sophie, il avait par instants entrouvert les lèvres, mais aucun mot n'était sorti de sa bouche.

— Je suis désolée, dit-elle enfin.

Victor battit des cils comme s'il remarquait enfin sa présence, puis il leva les yeux sur l'étrange inconnue qui occupait sa cuisine.

— Tu sembles avoir le chic des Delapointe pour te mettre dans l'embarras.

Sophie déglutit. S'il y avait bien une chose que son père avait essayé de ne pas transmettre à sa fille, c'était le goût prononcé d'Astoria pour les problèmes – malgré tout le respect qu'il avait pour elle. Au contraire, Victor avait inculqué à Sophie le plaisir de la minutie, de la découverte et du temps, en aucun cas les penchants pour l'aventure qui semblaient avoir davantage caractérisé Astoria. Balayant ses désirs d'ailleurs, Sophie avait travaillé corps et âme, depuis sa plus tendre enfance, pour prouver à Victor qu'elle était digne de reprendre les rênes de la boutique.

Maintenant qu'elle y réfléchissait, peut-être n'en était-elle pas si digne que ça.

— Écoute, papa, je…

— Ne m'appelle pas comme ça.

Sophie se rembrunit et se racla la gorge.

— Victor… j'ai commis une terrible erreur en acceptant de suivre cet homme.

— Les Engrange-Temps sont des objets dangereux. Il n'y avait personne pour t'empêcher de suivre cet homme ? s'insurgea-t-il.

Sophie entrouvrit la bouche. Églantine avait bien essayé de la prévenir, mais l'optique de revoir son père vivant avait brouillé son jugement. Son nez commença à piquer et elle détourna les yeux. La honte enveloppait ses joues, mais étrangement, aucun regret ne l'animait. Victor était enfin là, devant elle. Dans une version plus jeune, quasiment inconnue, certes, mais elle s'en contenterait. Pouvait-elle en profiter pour l'informer de son funeste destin… ?

— Victor, il y a quelque chose que tu dois…

— Ah non ! s'exclama-t-il soudain, lorsqu'il comprit où elle voulait en venir. Je ne veux rien savoir de mon futur ! Je ne t'ai jamais lu les contes qui mettaient en garde contre les Horloges Prodigieuses ?

— Si…

— Eh bien, ne tente pas de me prévenir !

Victor avait toujours été un brin superstitieux, contaminant sa fille par la même occasion. Sophie savait qu'il existait des forces supérieures et divines. Les légendes à propos des sorcières recluses dans les Landes avaient bien leur part de vérité, non ? La magie flottait autour d'eux et s'immisçait dans le monde, Sophie l'expérimentait à travers la profession de son père depuis sa plus tendre enfance. La Grahenne, peu friande de ce genre d'excentricité, aimait considérer l'Horolurgie comme une science, mais Sophie savait que c'était un mot que les personnes craintives – ou ignorantes – préféraient employer à la place du dangereux terme *magie*.

— Donc, tu me dis que tu as inspecté ce réveil et que tu n'as pas un seul instant compris qu'il s'agissait d'une Horloge Prodigieuse ? reprit Victor, qui tentait de démêler cette histoire.

Le cœur de l'horlogère se serra lorsqu'elle entendit ces mots. Il était déçu, et c'était horrible.

— Tu as suivi Dimitri de Ferwell, il a tenté de s'en prendre à son frère et, alors que tu essayais de l'arrêter, il t'a poignardée ?

Sophie hocha la tête.

— Pourquoi t'avoir emmenée avec lui ?

— Il avait besoin d'un Tisseur de Temps pour réactiver l'Engrange-Temps, mais, lorsque je lui ai dit que je n'en étais pas un, il m'a expliqué que mon hérédité pourrait probablement le faire marcher.

Victor se frotta la barbe en réfléchissant, produisant un bruit de paille sèche.

— L'attaque a eu lieu il y a dix ans. Le pays a été bouleversé lorsque c'est arrivé…

— La guérisseuse du palais m'a dit que le coupable avait été appréhendé.

— Oui, de mémoire, ils ont enfermé quelqu'un. Je ne me suis pas trop penché sur cette histoire à l'époque, mais tout le monde en parlait en ville. Tu étais donc là… tu les as sauvés, ces petits.

Sophie leva la tête en direction de son père. La fierté avait pris le pas sur la déception.

— Je ne pouvais pas le laisser faire... Ce n'étaient que des enfants.

Victor esquissa un faible sourire. Même s'il était un peu plus âgé qu'elle, Sophie restait ébahie par la jeunesse de ses traits. Les rides n'avaient pas encore creusé sa peau et son crâne n'était pas encore dégarni. Sophie réalisa alors combien elle lui ressemblait. Victor avait souvent soutenu qu'elle tenait beaucoup de sa mère, mais la jeune femme savait à présent qu'elle avait hérité de lui aussi.

Avait-il rencontré Lucile à cette époque ? Aucune trace dans la boutique ne laissait penser qu'une femme habitait ici. Si Sophie se fiait au jeune âge de Victor, leur rencontre n'avait pas encore eu lieu. Même si l'envie de lui poser la question la démangeait, Victor avait été clair : il ne désirait rien connaître de son avenir.

— Un Engrange-Temps... marmonna Victor, qui n'en revenait toujours pas. Je n'imaginais pas un jour en voir un.

— Mais comment est-ce possible ? Les Horloges Prodigieuses ne devraient-elles pas toutes avoir été détruites ? Si on exclut les Horanimas, bien sûr.

Victor fixa Sophie avec douceur.

— Il y en a tellement eu, Sophie. L'âge d'or de l'Horolurgie a permis la multiplication de ces objets. La Guerre des Rouages en a façonné beaucoup aussi.

— Les Nécro-Temps... souffla-t-elle.

— Oui, surtout les Nécro-Temps.

Sophie réprima un frisson en repensant aux histoires horribles qu'elle avait déjà entendues à ce sujet. Même le vieux Jean possédait quelques anecdotes douloureuses qu'il narrait quand il avait un verre de trop dans le nez.

— Donc il en existe encore ?

— Si tu as mis la main sur un Engrange-Temps, c'est qu'il doit y en avoir d'autres...

Sophie imagina alors toutes les horloges qui pouvaient subsister encore dans la nature. Le pouvoir d'une Horloge Prodigieuse n'avait de limite que la folie de son inventeur.

— Que comptes-tu faire, à présent ? demanda Victor, chassant les rêveries de Sophie.

Elle inspira une longue bouffée d'air.

— Il faut que je reparte... Je ne sais pas comment, mais je ne peux pas rester ici.

— Sage décision. Ta présence ici est une anomalie et le temps déteste qu'on échappe à ses règles... Plus tu resteras ici, plus tu seras en danger.

Entendre Victor prononcer ces mots soutenait ses propres hypothèses. N'appartenant pas à cette époque, elle pouvait retourner le monde rien qu'en écrasant une mouche.

— Le prince a l'air bien décidé à garder un œil sur toi.

Charles, effectivement, avait pris son rôle très à cœur et elle commençait à craindre qu'il se mêle bien trop de ses affaires.

— Tout ce que j'espère, c'est que ma disparition ne t'apporte pas d'ennuis.

— Je lui dirai de revenir dans trente ans, ricana Victor.

Sophie pouffa de rire : l'entendre plaisanter signifiait qu'il commençait à reprendre le contrôle de la situation, ce qui était une bonne chose. Elle connaissait deux aspects de la personnalité de son père, l'un intransigeant, l'autre plus tendre et taquin.

— Je t'aiderai, conclut-il en la fixant.

— Merci.

Sophie plongea ses lèvres dans le thé. Soudain, la cloche de la boutique retentit à l'étage inférieur et la jeune femme sursauta.

— Voyons, Victor ! s'exclama une voix éraillée. Pourquoi l'échoppe est-elle fermée ?

L'horlogère aurait reconnu cet accent entre tous. Il grignotait déjà les mots à cette époque. Descendant à la boutique, elle découvrit le vieux Jean qui ôtait son haut-de-forme, son manteau et sa canne pour les jeter sur le comptoir.

Le qualificatif « vieux » n'était plus du tout adapté. Quelques fines rides griffaient le coin de ses yeux, mais la vieillesse ne l'avait pas encore gagné. Sophie le connaissait avec des cheveux blancs, mais pour l'instant des mèches de feu se dressaient sur son crâne.

— Oh, bonjour, dit-il lorsqu'il la découvrit derrière Victor.

Pendant un instant, Jean plissa les yeux et Sophie se demanda s'il se souvenait de leur courte rencontre, dix ans plus tôt.

— Jean, déclara Victor, je te présente Sophie : elle va nous aider à la boutique pendant quelque temps.

— Bien le bonjour, Sophie, dit-il en lui tendant une main squelettique qu'elle serra aussitôt.

— *Bon, est-ce que quelqu'un peut enfin m'expliquer ce qui se passe?* s'exclama une petite voix sur le comptoir.

Sophie se rua sur la montre à gousset, qui s'était enfin animée.

— Farandole! Tu es vivant!

— *Non, Sophie, je ne suis pas tout à fait vivant, à dire vrai.*

La jeune femme ricana et prit la petite montre entre ses mains. Elle avait peut-être oublié sa présence le matin même, mais elle était contente de le retrouver: il s'agissait du seul être qui venait de son époque.

— *Je me suis retrouvé tout seul, sans personne à qui parler…* se plaignit la montre. *Ce n'était pas du tout amusant…*

— Je suis là, maintenant, le rassura-t-elle, je ne te quitte plus.

Sophie glissa Farandole dans sa poche et sentit un baume envelopper son cœur. Au moins, les êtres qui l'entouraient en ce moment-même lui étaient familiers.

Chapitre 11

Les nuits sans lune étaient certes les plus sombres, mais aussi les plus propices pour se soustraire à la surveillance des sentinelles. Sorti par l'aile des domestiques, une cape sur les épaules et une capuche dissimulant ses traits, Charles se faufilait hors du château pour rejoindre les docks.

Les rues d'Aigleport n'étaient jamais tout à fait silencieuses. Charles savait qu'elles n'étaient pas non plus très sûres, mais il ne craignait pas pour sa vie. Son arme à la ceinture et une dague glissée dans sa botte lui assuraient une pleine protection ; sans oublier ses années d'entraînement au combat.

Il savait que la Couronne devait remédier au plus vite à ce problème de banditisme. La Grahenne souhaitait enfin s'ouvrir sur le monde et, avec le port et les échanges commerciaux grandissants, des étrangers, des pirates et des malfrats foulaient les rues chaque jour. Un corps avait encore été retrouvé ce matin dans une ruelle et l'agression de Sophie, au sein même du palais, l'angoissait.

Il serait capable d'endiguer cette montée de violence si jamais il devenait roi, il en était convaincu. Car, oui, dans un peu plus d'une semaine, il allait enfin savoir qui, de lui ou de son frère, occuperait le trône. Dimitri était venu au monde en premier, cependant le roi avait toujours mis un point d'honneur à placer les deux frères sur un pied d'égalité, sans faire état des quelques secondes qui les séparaient.

Le prince s'engagea dans une ruelle sombre qui empestait l'urine. Relevant son foulard sur son nez, il continua d'avancer. Il détourna le regard devant un couple collé contre le mur humide et déboucha à côté de l'établissement qu'il connaissait si bien. Faisant face au port et à la mer, la vieille taverne La Sirène Ondoyante accueillait toutes sortes de matelots en perdition et autres soûlards. Il ne s'agissait pas de son endroit préféré, mais ce lieu avait l'avantage de voir passer une kyrielle de monde.

Se frayant un chemin parmi les tables bondées et slalomant entre les flaques de bière, Charles arriva presque sans encombre au bar, même s'il n'avait pas réussi à échapper à quelques giclées d'hydromel.

Le comptoir était lui aussi garni d'une belle brochette de gabiers enivrés et bruyants. Tant mieux pour Charles : grâce à eux, il passait inaperçu. Jetant un regard de l'autre côté du bar, il trouva enfin ce qu'il cherchait en la personne d'Astrid.

La tenancière, à plusieurs pas de lui, discutait avec un inconnu au regard baladeur. Charles n'eut pas besoin de manifester sa présence, Astrid avait dû le voir arriver dès qu'il avait posé un pied dans la taverne. Après tout, elle savait ce qu'il se passait dans chaque recoin de son établissement, et c'était d'ailleurs pour cette raison que le prince lui rendait visite.

D'un geste adroit, elle servit une nouvelle fois l'habitué. Elle lâcha ensuite un rire gras en réponse à un compliment maladroit et avança d'un pas lourd vers le prince. Un seul mouvement de tête suffit pour qu'il la suive silencieusement dans les cuisines. La patronne continua sa route et ouvrit une petite porte qui donnait sur une sorte de cave remplie de tonneaux et de saucissons suspendus au plafond.

— Altesse, que me vaut cet agréable honneur? s'exclama-t-elle en posant ses larges fesses sur une futaille.

— Ta délicieuse compagnie me manquait terriblement, répondit-il avec un sourire charmeur.

Astrid gloussa, pas du tout impressionnée par ses flatteries, auxquelles elle était habituée.

— Que souhaitez-vous savoir? demanda-t-elle avec un peu plus de sérieux.

— As-tu remarqué quelque chose de particulier, ces derniers jours? N'importe quoi.

Astrid gratta son menton en galoche et réfléchit quelques secondes.

— Hormis la gamine retrouvée blessée dans vos jardins, j'imagine?

Charles esquissa un sourire; elle était déjà au courant et cela ne l'étonnait point.

— Excepté cela, en effet.

— Il y a beaucoup de choses qui sortent de l'ordinaire, ici. Parfois, les marins reviennent avec de drôles d'histoires à propos de monstres des mers ou d'îles enchantées.

— Ce n'est pas de cela que je te parle. Je parle de choses concrètes, pas de balivernes de comptoir.

— La magie n'est pas une baliverne, vous devriez le savoir mieux que quiconque.

Il grimaça. Il connaissait les rumeurs concernant sa conception surnaturelle. Le peuple s'imaginait qu'une sorcière était à l'origine de sa ressemblance bien trop parfaite avec son frère. Certains accusaient même la reine Madeleine d'en être une. C'étaient des boniments que Charles détestait entendre.

— Je n'apprécie absolument pas ton sous-entendu.

Astrid passa sa langue sur ses dents et scruta de haut en bas le jeune prince en se tortillant sur son tonneau. Elle n'allait pas s'excuser pour si peu, et il avait bien trop besoin d'elle pour l'embêter avec cela.

— Rien n'est sorti de l'ordinaire ; les mêmes matelots et les mêmes bateaux en provenance de la Talonie arrivent encore et encore, dit-elle finalement pour changer de sujet.

— Un navire est-il arrivé il y a quelques jours, en provenance de la Fréhenne ?

— Fréhenne ? Non. Les navires fréhniens ne mouillent plus qu'une fois par mois à Aigleport depuis que votre père a arrêté l'importation de blé. Vous savez comme moi que le roi Frédéric et votre père ne s'entendent pas très bien.

Charles tiqua. *En effet.* C'était d'ailleurs un sujet qu'il souhaitait régler une fois la Passation des Pouvoirs terminée.

Rétablir les relations avec la Fréhenne et la Varhenne était primordial afin de reformer le triumvirat qu'ils étaient autrefois, que cela passe par lui ou par son frère.

Les échanges commerciaux les plus importants se faisaient avec la Talonie, le pays par-delà la mer Érhiée. Et quelquefois, le roi Emrald consentait à frayer avec la Fréhenne ou la Varhenne, bien que ce fût occasionnel. Son père était un homme fier, mais ces relations n'étaient plus acceptables entre trois pays limitrophes. Dans quelques jours, la cérémonie laisserait pénétrer les ambassadeurs de ces pays, et il était peut-être temps d'enterrer la hache de guerre.

— Aucun bateau touristique ?

Astrid pouffa, comme si Charles venait de sortir la chose la plus stupide qu'elle avait entendue de la journée.

— Je ne vois pas ce que les Fréhniens auraient envie de voir en Grahenne ! Ils ont quoi… trente ans d'avance sur nous ? se moqua-t-elle amèrement.

Charles leva les yeux au ciel.

— La fille vient de Fréhenne, reprit-il.

Astrid était tout ouïe. Elle raffolait des nouveaux ragots et, potentiellement, des nouveaux complots.

— Ah ! Elle n'est donc pas morte ?

Charles secoua la tête négativement.

— Non, elle a survécu… Son histoire ne tient pas vraiment la route, mais mes soupçons n'étaient pas fondés. J'essaie de comprendre ce qu'il s'est passé.

— Ah ça ! Charles de Ferwell, le sauveur du peuple ! ricana Astrid.

— Ne dis pas ça, je tente simplement de rendre ces rues moins dangereuses. Si je peux faire arrêter l'agresseur de cette fille, cela fera un criminel de moins dans mon royaume.

— Il est drôle de voir à quel point vous ne ressemblez pas à votre père. Là où le roi aurait balayé d'un revers de main cet incident, vous, Altesse, vous vous évertuez à élucider chaque crime qui vous tombe sous la dent. Votre vocation n'est pas d'être souverain, mais inspecteur !

— Crois-moi, lorsque je serai roi, je ferai tout ce qui est en mon pouvoir pour nettoyer ce royaume, à commencer par cette ville. Mon père est vieux et malade, mais en cinquante ans de règne il n'a jamais levé le petit doigt pour son peuple. La seule preuve d'amour qu'il ait donnée à ce pays fut la trêve avec la Varhenne et la Fréhenne, à la fin de la Guerre des Rouages.

Le roi Emrald, malgré ses nombreux défauts, était celui qui avait exigé un armistice lorsque la Varhenne avait perdu la guerre. La signature d'un traité de paix entre les trois nations – à Kelvi – avait permis aux citoyens de reprendre leur souffle et d'espérer un avenir plus radieux.

— C'est ce que je dis, vous êtes bien différent de votre père… radota-t-elle. Et votre frère, qu'en pense-t-il ? Car votre place n'est pas irrévocable.

Charles inspira un grand coup et, pour la première fois, retira la capuche qu'il avait sur la tête, découvrant ses cheveux noirs en bataille et son visage carré.

La santé du roi se dégradait et il avait éprouvé le désir d'abdiquer. Même si Charles le peignait sous un jour rude et cruel, son père n'était pas vaniteux au point de mourir sur le trône. Il avait pleine confiance en la capacité de ses fils à gouverner.

— Je ne doute pas des bonnes intentions de mon frère, mais je ne pense pas que nous ayons les mêmes priorités. Il semble vouloir suivre les pas de notre paternel, mais ce n'est plus une solution viable pour notre pays. Chaque jour, des gens meurent sous l'assaut de leur voisin, d'autres sont enrôlés par des pirates, assoiffés de gloire et d'or. Le roi nous garde à l'abri de la famine, mais est-ce suffisant, à présent ?

Astrid fixait Charles telle une mère résignée, compréhensive mais impuissante. Ils se connaissaient depuis plusieurs années maintenant, et le prince savait que cela plaisait à la tenancière d'être dans les petits papiers de la Couronne. Même si Charles cherchait la justice, il lui avait promis de laisser la clientèle de La Sirène Ondoyante tranquille.

Les années passant, Charles avait commencé à se confier à Astrid. Il ne livrait pas ses secrets, bien sûr, car il savait qu'elle récoltait les informations comme elle récoltait les pièces d'or. Non, il se confiait sur ses espoirs et ses rêves, sur des choses si insignifiantes qu'elles n'étaient pas monnayables. Malgré tout, Charles continuait à parler, car Astrid était une oreille attentive et c'était ce dont le prince manquait parfois.

— Peut-être vous évertuez-vous à trouver un coupable après ce qui est arrivé à votre frère et vous lorsque vous étiez plus jeunes ?

— Tu parles de l'homme qui a tenté de nous tuer quand nous avions dix ans ?

Astrid hocha la tête en croisant ses bras sous sa poitrine. Charles haussa les épaules.

— L'homme ne s'est pas enfui bien loin et ils l'ont retrouvé facilement. Il détonnait presque dans le paysage. Mon père l'a fait enfermer et j'ai assisté à des choses dont j'aurais préféré être préservé.

Le traumatisme de cet événement restait présent dans sa mémoire. Il avait déclenché beaucoup de choses dans son existence, dont ce désir impérieux de résoudre chaque problème rencontré.

— J'aurais pensé que votre père l'aurait fait exécuter.

Charles pouffa.

— Oh non ! L'homme qui a eu l'audace de s'en prendre à ses fils peut faire une croix sur toute forme de liberté. Pour mon père, la mort est une libération, donc ce criminel croupira au palais jusqu'à la fin de ses jours…

— Vous avez tout de même eu de la chance de lui échapper.

Charles haussa les épaules. Oui, ils avaient eu de la chance. En réalité, cela n'avait rien à voir avec la chance, car, maintenant qu'il y songeait, son frère et lui avaient été sauvés par une femme. Sa robe bleue et ses cheveux blonds comme les blés étaient la seule image d'elle qui restait imprimée dans sa mémoire. Pourtant, elle avait disparu aussi vite qu'elle était apparue. Ni Dimitri ni lui n'avaient jamais parlé de ce phénomène à personne. Quelques fragments de cette journée persistaient dans sa mémoire, devenue floue avec le temps et le choc.

— On n'a jamais su ce qu'il voulait, ce malfrat ? ajouta Astrid, toujours désireuse de nourrir son esprit de nouveaux ragots.

— Non, on ne connaît même pas son prénom. Personne n'a jamais su qui il était ni d'où il venait.

— C'est tout de même étrange, cette histoire ! Il me semble que quelques témoins l'avaient aperçu avec une jeune femme.

Charles fronça les sourcils. La mémoire d'Astrid fonctionnait comme une immense bibliothèque soigneusement rangée. À peine l'époque évoquée, elle se déplaçait dans sa librairie mentale pour extirper le livre de commérages qui y correspondait.

Oui, en effet, maintenant que la tenancière en reparlait, une vieille mendiante avait relaté une altercation avec deux étrangers. L'un correspondait à la description physique du criminel, l'autre était *a priori* une jeune femme. Charles ignorait pourquoi cette piste l'intriguait tant. Une intuition le poussait à creuser.

— Astrid, dit-il avec un sourire espiègle, tu es vraiment une mine d'informations précieuse.

Son esprit échouait à démêler le vrai du faux. Une rencontre avec cet étrange homme enfermé dans les cachots depuis tant d'années devenait une nécessité.

Chapitre 12

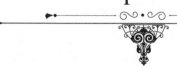

Sophie détestait ces maudites marches.

Deux cent seize...

Deux cent dix-sept...

Quelques pas encore et elle serait enfin arrivée. Qui diable avait eu l'idée de placer le palais si haut sur la colline ? Il dominait fièrement tous les autres édifices du pays et ses tours blanches léchaient le ciel lorsque celui-ci était bas. Elle avait gravi ces marches toute sa vie, mais sa blessure lui compliquait la tâche, rendant chaque enjambée plus douloureuse que la précédente.

Toute la nuit, elle n'avait fait que se retourner sur sa couche, tentant en vain de trouver une position indolore. Malgré tout, elle devait bien avouer que sa souffrance était plus supportable que la veille. L'onguent de Vivianne faisait-il déjà effet ?

Lorsqu'elle posa finalement le pied sur la dernière marche, Sophie dut s'asseoir, à bout de souffle, la main plaquée sur son flanc. Si elle avait rouvert ses points, la guérisseuse ne serait pas contente. Elle maudissait le prince

Charles de l'avoir laissée monter seule avec une pareille blessure !

— *Déjà fatiguée ? On vient à peine de commencer la journée, Sophie !* s'exclama Farandole.

La jeune femme avait décidé de ne plus se séparer de la montre à gousset. Elle éprouvait envers cet étrange compagnon une tendresse particulière. Il était le seul à venir de son époque et demeurait un point de repère qui lui prouvait que tout ceci n'était pas un songe.

— Si tu possédais des jambes, tu comprendrais mon désarroi, grogna-t-elle.

— *Cela semble tout à fait inapproprié pour une montre à gousset.*

— J'en conviens, répondit-elle, essoufflée.

En contrebas, la ville vibrait déjà. Au large, plusieurs bateaux filaient vers l'horizon à la recherche de vivres, les mouettes chantant leur départ. Sophie se sentit soudain chanceuse de pouvoir témoigner en personne de l'évolution qu'avait connue Aigleport.

Elle se retrouvait, certes, dans une situation fâcheuse, coincée trente ans en arrière, mais elle réalisait égoïstement que cet étrange voyage lui avait permis de revoir son père. Mais leur relation était bien différente, plus distante, et elle qui avait l'habitude de le prendre dans ses bras en permanence en souffrait.

L'horloger s'était montré très discret, ce matin, le nez plongé dans ses commandes. Il avait adressé un bref salut à la jeune femme. Bien sûr, elle s'était sentie blessée ;

pouvait-il au moins la regarder ? Elle l'avait perdu depuis plusieurs mois et rien que le son de sa voix appliquait tout de même un baume sur la plaie qui s'était formée dans son cœur depuis.

La veille, elle avait eu la confirmation de la part de Jean que Victor n'avait personne dans sa vie. Sa rencontre avec Lucile n'avait pas encore eu lieu et Sophie regrettait presque de ne pas avoir voyagé quelques années plus tard pour enfin rencontrer sa mère.

Dans un énième râle, elle se remit sur ses jambes, grimaçant de douleur. Elle soupçonnait le prince d'utiliser ces affreuses marches pour la punir. Elle passa sous l'arche d'entrée du palais pour déboucher dans la cour qui entourait les hautes portes. Là, deux gardes étaient plantés, aux aguets. Sophie ignorait s'il fallait qu'elle se présente, qu'elle demande Vivianne ou le prince. Alors qu'elle avançait pour s'annoncer, deux hommes sortirent en discutant vivement. L'un était vieux et chauve et, à en juger par son uniforme – similaire à celui de Gérald, à son époque –, il devait s'agir du chef de la logistique. À ses côtés, elle reconnut immédiatement Charles, ses cheveux tirés en arrière.

Sophie s'avança à leur rencontre et les deux hommes s'arrêtèrent pour la fixer.

— Oui ? s'impatienta le chauve.

Le prince tourna la tête vers elle. À sa façon étrange de la scruter, elle réalisa qu'il ne s'agissait pas de Charles. Dimitri ? Comment était-il possible qu'ils se ressemblent autant ? Ces yeux noirs, ce nez droit, ces lèvres charnues et ces pommettes saillantes : la nature avait reproduit à l'identique deux visages à la beauté saisissante. À l'époque de Sophie, la vieillesse et le temps avaient affecté différemment le visage des deux frères, mais là, seul un point lui confirmait qu'il ne s'agissait pas de Charles : l'air suffisant qu'arborait Dimitri.

Elle recula d'un pas, une peur viscérale lui broyant les entrailles.

— Oh! C'est vous! s'exclama le prince avec ferveur. Vous êtes en forme, nettement plus que la dernière fois que je vous ai vue.

Sophie entrouvrit la bouche pour parler, mais aucun son n'en sortit. Elle était pétrifiée, mais il ne sembla pas s'en émouvoir.

— Quel que soit le pays, je fais constamment cet effet aux femmes, on dirait, ricana-t-il.

— Je vais vous laisser, Votre Altesse, déclara alors le chef de la logistique.

— Bien, merci, Faust. Nous reparlerons des invités demain.

Le dénommé Faust exécuta une révérence, tout en glissant un bref regard vers la jeune femme. Il se dirigea ensuite à grandes enjambées vers la porte qui menait à l'aile des domestiques : le tunnel que Sophie empruntait lorsqu'elle venait travailler.

— Mademoiselle Carillet, s'exclama Dimitri en lui proposant son bras. Vous êtes à la recherche de mon frère, n'est-ce pas?

Sophie prit sur elle pour sortir de sa torpeur et s'empêcher de fuir à toutes jambes. Après tout, le garçon qui se trouvait devant elle n'était pas l'homme qui l'avait attaquée.

— Tout à fait, Votre Altesse, répondit-elle d'une voix éraillée.

Elle accepta à contrecœur le bras qu'il lui offrait et, ensemble, ils pénétrèrent dans le palais par la grande porte. L'entrée monumentale donnait sur une immense rotonde ; au-dessus de leur tête, une coupole en verre laissait filtrer la lumière du matin.

— Drôle d'histoire, dit-il. Savoir qu'un tueur rôde peut-être entre ces murs est assez effrayant.

Rien dans ce qu'il disait ne semblait réellement l'émouvoir. Il débitait ces mots par simple politesse.

— Certainement, Votre Altesse.

— Mon frère se sent investi d'une mission : vous êtes entre de bonnes mains avec lui. Ce passe-temps est un peu douteux, mais je crois qu'il est doué.

Est-ce que Dimitri parlait du désir de Charles de trouver l'agresseur de Sophie ? Appelait-il vraiment cela un « passe-temps » ?

— J'espère de tout cœur que vous retrouverez cet homme, répondit-elle par automatisme.

— Vous n'avez donc aucune idée de qui a pu vous faire cela ?

— Aucune, Votre Altesse.

— C'est bien curieux... Suivre un homme que l'on ne connaît pas, sans savoir où l'on va...

Sophie fronça les sourcils et releva la tête. De ce point de vue, elle pouvait détailler à merveille la mâchoire carrée et les boucles noires du prince. Réalisant leur proximité, elle baissa immédiatement la tête alors que le rouge lui montait aux joues.

— Je n'ai pas été très prudente, en effet.

Son sang pulsait si fort dans ses tympans qu'elle l'entendit à peine répondre :

— Quoi qu'il en soit, comptez sur mon frère pour retrouver celui qui vous a fait cela.

Il se trouve à côté de moi ! pensa-t-elle, les dents serrées.

— *Il est drôle, lui, s'il savait que tout ça, c'est sa faute, il en serait tout retourné, le pauvre prince*, grinça Farandole, qui n'appréciait pas non plus Dimitri.

Ils passèrent d'un pavillon à l'autre : Sophie détaillait la décoration. Les tapisseries étaient les mêmes, mais les motifs floraux qui s'élevaient sur les murs étaient bien plus vifs que dans son souvenir. Les lourds rideaux en velours étaient toujours bleus, les boiseries dorées. Le mobilier était semblable, même si Sophie connaissait ces lieux avec bien plus d'Horanimas. Voilà ce qui manquait à ces murs : un peu de vie.

Alors qu'elle craignait que le prince ne la promène dans tout le château, il s'immobilisa à l'entrée de la bibliothèque. Les portes étaient grandes ouvertes et l'on pouvait distinguer les hautes étagères en bois remplies de livres.

Si Sophie n'avait jamais connu cette pièce, elle aurait pu rester bouche bée devant sa splendeur.

— Charles ! s'exclama Dimitri, tu as de la visite.

Son jumeau, avachi dans un large fauteuil rouge, une jambe relevée sur l'accoudoir, avait le nez plongé dans un livre. Lorsque son frère le héla, il sursauta, provoquant un léger souffle de moquerie de la part de son double.

Charles reprit contenance, se redressa, lissa son gilet et se racla la gorge.

— Je vous laisse, ma chère, déclara Dimitri à l'intention de Sophie. Il n'est pas très drôle, mais il n'est pas méchant.

D'un léger signe de tête, il la salua et tourna les talons. Certes, pour l'instant il ne semblait pas malveillant, mais elle s'était déjà fait berner : elle ne referait pas deux fois la même erreur.

— Bonjour, mademoiselle Carillet, dit Charles lorsque la jeune femme pénétra dans la pièce.

— Bonjour, Votre Altesse, répondit-elle dans une révérence. Si je peux me permettre, appelez-moi Sophie.

Entendre ce nom de famille inventé était pour le moins déplaisant. Il lui rappelait sans cesse les mensonges qu'elle avait débités pour se sortir d'affaire.

— Bien, Sophie. Dans ce cas, permettez-moi de vous demander en retour de m'appeler Charles.

— Je ne suis pas bien sûre que ce soit une bonne idée, Votre Altesse...

Après tout, c'était un prince et elle n'était qu'une horlogère.

— À chaque «Votre Altesse», je vous appellerai Mlle Carillet, dans ce cas.

Sophie se mordit la lèvre pour s'empêcher de sourire. Charles se releva d'un bond et posa son livre sur une étagère qu'il sembla choisir au hasard.

— C'est une magnifique bibliothèque !

— *Arrête d'exagérer, Sophie !* s'exclama Farandole.

Elle s'avança dans la grande salle, détailla les étagères en bois, les tableaux, l'immense cheminée, les hautes fenêtres. Il fallait bien qu'elle montre que c'était la première fois qu'elle mettait les pieds au palais.

— N'est-ce pas ! C'est une de mes pièces préférées. N'hésitez pas à venir y faire un tour si vous le souhaitez. La lecture est faite pour être partagée.

Étonnée par cette proposition, Sophie ne put s'empêcher de sourire franchement. Elle avait toujours aimé les livres, surtout ceux qui narraient des aventures extraordinaires.

— Je ne sais pas si j'oserai, Votre Altesse, répondit-elle par politesse, alors que l'envie ne lui en manquait pas.

— Comme il vous siéra, mademoiselle Carillet, mais ces portes vous seront toujours ouvertes.

— Merci beaucoup !

Charles avança vers elle, les mains dans le dos. Il portait une simple chemise blanche aux manches retroussées jusqu'aux coudes. Par-dessus, un gilet de brocart bleu serrait son torse. Une chaîne pendait de son gousset, indiquant qu'une montre s'y cachait.

— Comment allez-vous ?

Il avait décidément la même allure que Dimitri, la même façon de marcher.

Sorcellerie, pensa Sophie.

— Je vais bien. Mais les nombreuses marches ont réveillé la douleur.

— Ces marches sont un vrai calvaire, j'en conviens. Je devrais peut-être penser à un moyen mécanique pour soulager le peuple... Il me semble que ce genre d'invention existe en Fréhenne, non ?

Sophie n'en avait pas la moindre idée. Elle n'avait jamais quitté Aigleport et ses connaissances des autres contrées étaient limitées.

— Je viens d'un petit village, Votre Altesse. Je ne connais pas les inventions des grandes villes.

Et voilà un énième mensonge qu'elle devait ajouter à sa longue liste de boniments.

— Je vois, mademoiselle Carillet.

Charles tendit la main vers la sortie et ils s'engagèrent dans les couloirs. Ils se tenaient à bonne distance l'un de l'autre : cela ne ressemblait pas à la promenade qu'elle venait de faire avec Dimitri.

— Avez-vous avancé dans votre enquête ? demanda-t-elle.

— Rien de probant. Je suis allé quérir quelques informations, sans succès. D'ailleurs, pouvez-vous me dire sur quel navire vous êtes venue jusqu'ici ?

Sophie tenta de garder son calme, mais elle ne connaissait ni les correspondances ni les cargaisons des navires.

— Pour être honnête, je n'ai pas vraiment fait attention. J'ai pris le premier vaisseau qui se rendait à Aigleport. Avec le port et le va-et-vient des bateaux, ce n'était pas bien compliqué.

Sophie savait pertinemment que Charles ne la croyait pas une seconde. Elle-même n'aurait pas avalé un seul mot de ses balivernes. Malgré cela, le prince ne poussa pas plus loin son investigation.

— Vous savez, je tiens beaucoup à la sûreté de ce pays et de cette ville. Chaque jour, la cité s'étend un peu plus, sans pour autant que ses nouveaux habitants soient en sécurité.

Jamais l'horlogère n'avait arpenté les rues de la cité avec la peur au ventre ; personne ne s'y livrait à la débauche, mis à part les matelots soûls – mais inoffensifs – qui peuplaient le port. Cependant, elle connaissait l'histoire d'Aigleport et ses heures sombres. Ouvrir pleinement les frontières avait provoqué quelques dérives, poussant le roi Charles à démocratiser les Horanimas.

— Pour être honnête, continua-t-il, je songe beaucoup aux Horanimas.

Sophie sursauta imperceptiblement.

— Ah oui ?

— Ce sont des objets fascinants. Et certains pays s'en servent déjà comme sources d'informations précieuses.

— *C'est peu dire !* s'exclama Farandole.

— Je sais que la Grahenne est réticente à l'égard de ce genre de science depuis la Guerre des Rouages, mais cela pourrait rendre le pays plus sûr, continua-t-il.

Sophie tiqua à propos du mot « science ». Charles faisait donc partie des gens qui appelaient cela ainsi. Pour elle, l'Imprégnation n'était pas une science, ni les Tisseurs de Temps des scientifiques. L'Horolurgie s'apparentait à de la magie, au même titre que le savoir des sorcières des Landes. Cependant, elle ne souhaitait pas contredire le prince pour si peu.

— Je pense que c'est une excellente idée, Charles. Peut-être arriveriez-vous à déjouer des complots, ou même des attentats envers la Couronne.

— Je le pense aussi, Sophie.

Elle esquissa un sourire. Ce que le prince souhaitait allait se produire dans quelques décennies, sous son règne.

— Je suis sûre que vous y parviendrez, une fois roi.

Charles eut un rire amer et enfonça ses poings dans ses poches. Il flottait sur son visage un air de mélancolie. Sophie n'avait pas de mal à le regarder : elle ne ressentait aucune répulsion, alors qu'envers son frère jumeau…

— Vous semblez bien sûre de vous. Je concours aux côtés de mon frère, ce sera lui ou moi. Et nous serons fixés dans une semaine.

— Une semaine ?

— Oui, la Cérémonie de Passation des Pouvoirs se tiendra samedi prochain.

Le père de Sophie lui avait autrefois conté la façon dont un roi gouvernait en Grahenne. Il n'était pas obligé de mourir pour que les pouvoirs soient légués à sa descendance. Le souverain pouvait décider de passer les pleins pouvoirs à son fils, ou même à sa fille, s'il ne se sentait plus capable de régner.

La jeune femme n'avait jamais réalisé que Charles et Dimitri étaient en compétition pour monter sur le trône. Selon elle, Charles était le mieux placé pour gouverner.

— Ce n'est pas vous, l'aîné ? demanda-t-elle.

— Malheureusement non. Dimitri est arrivé quelques minutes avant moi, donc, de ce fait, il est censé être l'héritier direct. Cependant, mon père ne fait aucun cas de ce détail. Il choisira qui, de mon frère ou de moi, deviendra roi.

— Eh bien… Si vous voulez mon avis, Charles, je pense que vous feriez un meilleur roi.

Il s'esclaffa, son rire grave se répercutant en écho dans les couloirs.

— Merci, Sophie.

Vivianne s'affairait dans les jardins. Un panier à la main, sa robe bleue étendue autour d'elle, elle cueillait des plantes dans le potager à l'arrière des bâtiments réservés au personnel. Sa peau noire brillait sous le soleil, et ses cheveux étaient encore tirés en un chignon parfaitement serré.

— Bonjour, Vivianne, dit Charles en s'approchant.

— Bonjour, Votre Altesse, répondit-elle en se relevant et en effectuant une profonde révérence.

— Bonjour, Vivianne, dit Sophie avec un hochement de tête.
— Mademoiselle Carillet, répondit-elle.
— Vivianne, j'aimerais que vous changiez le bandage de Mlle Carillet. Et cela, chaque jour jusqu'à nouvel ordre.

Est-ce que Charles insinuait «jusqu'à sa guérison» ou bien «jusqu'à ce que je retrouve l'agresseur»? Sophie n'était pas certaine que le prince agissait dans son intérêt.

— Bien, mademoiselle, déclara-t-il en se retournant vers elle. Ce fut un plaisir. Je vais vous laisser entre les mains délicates de Vivianne. Nous nous verrons donc demain.

Sophie hocha la tête et exécuta la meilleure révérence qu'il lui était possible de réaliser compte tenu de sa blessure.

Sans plus de cérémonie, le prince tourna les talons, et en l'observant de dos, l'horlogère pensa qu'il était en effet très compliqué de savoir s'il s'agissait de Dimitri ou bien de Charles. Leur posture était semblable, de même que leur façon de marcher. Tout concordait, jusqu'à la coupe de leurs cheveux. Sophie se demanda alors s'il était bien prudent de lui faire confiance: l'apparence des jumeaux étant si similaire, pourquoi leur caractère ne le serait-il pas?

Chapitre 13

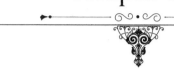

— Échec et mat!

Charles grogna en se renversant dans sa chaise. Il plaqua ses paumes contre son visage et le frotta énergiquement. Dimitri avait gagné, encore.

— Voyons! Ne fais pas cette tête!

— Comment as-tu fait? s'exclama son frère sur un ton plaintif. Ma tactique était parfaite!

— Pas tant que ça, finalement.

Dimitri lui envoya un clin d'œil, s'affairant à replacer les pièces en vue d'une nouvelle partie.

— Hors de question de perdre une nouvelle fois: j'arrête de jouer.

— Quel mauvais perdant tu fais! Ça n'augure rien de bon pour la suite.

Charles tiqua et lança un regard noir à son double.

— Quoi? s'exclama Dimitri en ricanant. Tu es distrait et j'en profite, c'est tout! Laisse-moi apprécier mes maigres victoires, ça n'arrive pas souvent.

Charles expira bruyamment et se releva. Son frère avait raison ; généralement, c'était lui qui gagnait haut la main, mais aujourd'hui il peinait à jouer.

— C'est cette fille qui hante ton esprit ?

Charles fit quelques pas dans la bibliothèque. Il s'approcha du feu qui ronflait dans la large cheminée et s'accota contre le marbre chaud. L'odeur du bois qui se consume l'avait toujours envoûté. Son regard se perdit un instant dans les flammes dansantes et il ne s'extirpa de sa contemplation qu'à la seconde interpellation de son frère.

— Hum ?

— Arrête de t'inquiéter, ce n'est absolument pas de ton ressort, insista Dimitri.

Bien sûr que ça l'était ! Il se sentait englué dans cette histoire qu'il jugeait à la fois trop simple et trop étrange. De Sophie émanait un parfum de singularité. Elle détonnait dans son paysage. C'était un petit point noir sur un tableau immaculé, impossible à ignorer. Pourquoi était-elle dans ce parc ? Qui l'avait poignardée ? D'où venait-elle vraiment ?

— Il en va de la sécurité du royaume, Dim. Pourquoi ça n'a pas l'air de te déranger ?

Son frère haussa les épaules et plaça sa première pièce sur l'échiquier.

— Tu es légèrement dramatique, si tu veux mon avis.

— Tu ne trouves pas cette histoire étrange, peut-être ?

Dimitri fixa son frère. Les lueurs orangées du feu lui léchaient le visage et laissaient luire une étincelle maligne dans ses yeux. Il voyait son jumeau s'acharner sur chaque affaire qui le sortait de son quotidien ennuyeux. Cela l'amusait de voir Charles se débattre avec des histoires plus saugrenues les unes que les autres.

— Pour toi, tout ce qui sort de l'ordinaire est mystérieux. Tu te rappelles cette épidémie de poisson au printemps dernier qui rendait tout le monde malade ? Les marins mettaient cela sur le compte d'une malédiction et tu passais tes journées au port. Tu es même allé en mer !

— On n'a jamais trouvé d'où cela provenait.

— Tu es excessif !

— Absolument pas ! La cérémonie se tiendra dans moins d'une semaine et, avec tous ces invités, je ne souhaite pas qu'éclate un esclandre.

Dimitri passa sa langue sur ses dents. Il laissa le silence s'installer entre eux pendant qu'il détaillait son frère. Sophie était une victime parmi tant d'autres, et il comprenait l'attrait de son frère pour cette demoiselle en détresse. Elle était jolie, et étonnamment intéressante, il devait se l'avouer. Mais l'aider n'était pas le seul but de Charles… Son frère était bon, gentil et attentionné, mais rares étaient les occasions où il avait agi sans intérêt.

— Donc, c'est cela. La cérémonie. Tu te moques de cette fille, tu veux simplement t'assurer de rafler la couronne sans encombre.

Charles, comme giflé par ces paroles, ouvrit la bouche, mais aucun son ne passa la barrière de ses lèvres. Son frère ne pouvait avoir raison, mais les jumeaux se comprenaient si bien sans avoir à prononcer le moindre mot qu'il craignit subitement que Dimitri n'ait saisi ses désirs avant lui.

— Dim…

— Voyons, ricana amèrement son jumeau. Tout le monde sait que tu monteras sur le trône. C'est ce que tu as toujours désiré.

— Je pensais que c'était ton souhait également.

Dimitri pouffa en déplaçant un pion blanc qui appartenait à son frère. Le son que fit la petite pièce se répercuta avec tant de violence dans les tympans de Charles qu'il ne put s'empêcher de grimacer.

— Ce que nous convoitons n'a que peu d'importance, continua Dimitri. Quoi qu'il advienne, je respecterai le choix de père. Et j'espère que tu agiras avec autant de bon sens.

Dimitri n'était pas dupe : Charles avait toujours été le préféré. Leur vie tournait autour de cette décision et Dimitri était impatient de connaître la réponse pour enfin embrasser le destin qui s'offrirait à lui.

— Évidemment, j'en ai fait le serment.

Charles caressa la fine cicatrice presque invisible sur sa paume. Ils étaient jeunes lorsqu'ils avaient gravé cette promesse dans leur chair, liant leurs âmes – s'il était possible de les lier davantage. Après tout, ils étaient nés ensemble, quoi de plus normal que de poursuivre leur vie côte à côte ?

— Ce qui est arrivé à Mlle Carillet doit être pris au sérieux. Ce n'est pas uniquement à propos de la cérémonie ; imagine que quelqu'un fasse du mal à père, ou même à mère! Attendre davantage, c'est risquer de voir une nouvelle tragédie se produire.

— Père a déjà un pied dans la tombe, et mère sait se défendre toute seule. Je ne crains pas un drame venu de l'extérieur.

— Ils ont encore retrouvé un corps hier, près des docks!

— Un ivrogne?

— Raaah, tu ne m'écoutes pas! grogna Charles.

— Quel est ce vacarme?! tonna soudain une voix rauque.

Les deux frères se raidirent lorsque le roi entra dans la bibliothèque, soutenu par la reine. Une toux grasse l'accompagnait aussi, étreignant sa gorge plus sévèrement chaque jour. La reine Madeleine aida le roi Emrald à s'installer dans un large fauteuil en cuir. Dimitri admirait depuis sa plus tendre enfance la grâce qui émanait d'elle; ses gestes étaient doux, tout comme ses mots, créant un équilibre parfait entre elle et son époux.

— Vous vous querellez encore? demanda-t-elle avec un sourire en coin.

— Il n'y a plus de querelles entre nous depuis longtemps, simplement des discussions animées, rétorqua Dimitri d'un air fier.

— Les échecs n'ont jamais été ton fort, tu devrais être habitué à perdre, fit le roi d'une voix cinglante, sans un regard pour son fils.

Les pupilles de Dimitri frémirent sous les paroles tranchantes de son père.

— Figurez-vous, père, que c'est Dimitri qui gagne les parties, aujourd'hui, dit Charles.

Le souverain s'esclaffa, toussant à nouveau.

— En voilà une agréable surprise! intervint leur mère avant d'entendre une réplique plus acerbe.

Dimitri esquissa un sourire et jeta un regard à son jumeau, qui leva les yeux au ciel.

— Comment vous portez-vous, père? demanda Charles pour changer de sujet.

— Comme un vieux torchon sale, ça ne se voit pas? Vivement cette satanée cérémonie, que je puisse m'étendre tranquillement dans ma tombe.

— Ne dites pas cela, voyons, protesta la reine Madeleine en serrant la grosse main de son bien-aimé.

La robe du soir en velours qu'elle portait rehaussait sa beauté. Ses cheveux noirs tombaient en cascade le long de son dos et de fines rides pinçaient ses yeux. À cinquante-cinq ans, elle était plus jeune que son époux d'une bonne décennie. Les jumeaux avaient toujours trouvé leur mère magnifique, reconnaissant tenir plus d'elle que du physique disgracieux de leur père. Ils avaient hérité jusqu'à la couleur de ses prunelles, aussi noires que la nuit.

Le dos brûlant, Charles quitta la chaleur réconfortante du feu pour se rasseoir face à son frère. Dimitri s'affrontait lui-même aux échecs et s'apprêtait à faire glisser son fou.

— Dimitri, est-ce que les préparatifs sont terminés?

Le roi avait imposé à son fils de chapeauter la cérémonie. De concert avec Faust, il arpentait le palais, se plongeait dans des carnets, envoyait des lettres, et ce, depuis plusieurs semaines.

Charles ignorait la raison pour laquelle son père ne lui avait pas demandé de s'impliquer davantage. Cette situation ne l'ennuyait guère, lui laissant tout loisir d'effectuer ses recherches sur l'affaire Carillet pendant que son frère œuvrait tel un simple domestique.

— Tout est en place, le navire des Travosky devrait jeter l'ancre d'ici trois jours. De même que pour les familles Ranesh et Lebaril.

Malgré les tensions qui pouvaient subsister, le roi Emrald avait tout de même invité les ambassadeurs des pays voisins. Il ne perdait pas une seule occasion pour se pavaner devant autrui.

— Tout ceci est extrêmement important, il en va de notre réputation. Nous devons montrer la suprématie des Ferwell. As-tu pensé aux laquais au bas des marches ?

— Une cinquantaine d'entre eux se tiendront prêts au port, afin de récupérer les effets personnels des invités.

— Vous n'avez toujours pas décidé de remédier à cette histoire de marches, père ? demanda Charles en imaginant les invités grimper l'escalier qui menait au palais.

— On ne va pas trop leur faciliter la tâche non plus, ricana le roi. Les hauteurs de ces tours démontrent la grandeur de ce royaume…

— « Et monter ces marches leur rappelle où se situe leur place », récitèrent en chœur les jumeaux.

— Un peu d'exercice ne fait pas de mal, ronchonna leur père.

Il était clair qu'il n'avait pas gravi ces escaliers souvent. Bien caché dans ses appartements, il n'avait pas paradé en ville depuis plusieurs années. Même le Festival des Moissons n'était plus une raison suffisante pour l'extirper de ces tours blanches.

— Quoi qu'il en soit, tout est prêt selon vos souhaits, père.

Le roi Emrald secoua sa main dans l'air.

— Nous verrons cela.

Charles savait combien son frère s'était donné du mal pour satisfaire leur père. Il n'était pas dupe : Dimitri s'était toujours battu plus ardemment pour cette reconnaissance, alors que Charles n'avait jamais eu à devenir autre chose que lui-même.

Du coin de l'œil, il observa la mâchoire de son double se contracter. Il se demanda un instant si ce n'était d'ailleurs pas son propre reflet, car, inconsciemment, ses dents s'étaient serrées, elles aussi. Il ressentait avec clarté ce qu'éprouvait son frère en cet instant. S'il fermait les yeux, il était capable de capter le sang qui bouillonnait dans les veines de Dimitri, tout comme la rage au bord de ses lèvres.

— Père, mère, nous allons vous laisser vous reposer. Profitez du feu, nous venons de rajouter quelques bûches.

Charles se leva et se pencha sur la joue de sa mère pour y déposer un doux baiser.

— Va changer les idées de ton frère, lui susurra-t-elle à l'oreille.

— C'est mon intention, lui murmura-t-il en retour.

Ils échangèrent un regard complice et il céda sa place à Dimitri. De façon cérémonieuse, ils exécutèrent une révérence et disparurent dans les couloirs.

— Viens, je sais ce qu'il te faut! s'exclama Charles en donnant une bourrade amicale à son jumeau.

Chapitre 14

— Satanée pierre, marmonna Sophie.

Les genoux dans l'herbe fraîche et le nez collé aux pousses, l'horlogère cherchait une aiguille dans une botte de foin. Comment était-il possible que la plus petite vis de l'Engrange-Temps ait été retrouvée et que le transverseur, rouge et luisant, lui, ait disparu ?

— *Toujours rien ?* demanda Farandole.

— Rien ! À ce stade, je soupçonne quelqu'un de l'avoir volé. Ce n'est pas possible autrement…

C'était un cauchemar. Où était passé le transverseur ? Sans lui, jamais elle ne retournerait chez elle. Une boule d'angoisse grandissait dans sa gorge à chaque seconde passée sans cette batterie magique.

— *Et si on restait ? Après tout, cette époque n'a pas l'air si terrible… En plus, il n'y a pas ce fichu Décret Horolurgique qui m'empêche d'appartenir à quelqu'un.*

— Tu veux déjà me quitter, Farandole ?

La montre à gousset émit un grognement.

— *Bien sûr que non... Mais on finit toujours par m'abandonner...*

Le cœur de Sophie se pinça. Elle arrêta ses recherches et s'assit sur ses genoux.

— Farandole, je ne t'abandonnerai pas, moi.

C'était une promesse qu'elle s'était faite à elle-même. Ils étaient à présent liés par le temps. Il y avait deux nuits de cela, la montre à gousset s'était confiée à elle. Elle lui avait raconté qu'elle était passée de main en main pendant un long moment. Chaque fois que Farandole commençait à s'attacher à son propriétaire, celui-ci le vendait. Soit pour rafler une belle mise, car une Horanima, ce n'était pas donné ; soit parce que son propriétaire en avait marre de son franc-parler. Il avait bien tenté de changer, mais son caractère restait ancré, sans parvenir à modifier sa nature profonde.

Sophie lui avait dit que jamais elle ne lui demanderait de changer pour elle. Même s'il avait un comportement assez douteux, Farandole avait une manière bien à lui de la faire rire.

— *J'ai su dès la première fois où j'ai entendu ta voix que tu étais un personnage aussi détraqué que moi, Sophie.*

La jeune femme éclata de rire et reprit ses recherches. Elle n'avait plus de temps à perdre, malgré la douleur lancinante de son flanc. Elle remuait l'herbe, ses mains piquées de terre.

— Puis-je vous aider ?

Elle sursauta. D'un air coupable – et encore à quatre pattes –, elle tourna la tête vers le prince. Les yeux de Sophie se posèrent tout d'abord sur ses bottes noires, cirées avec soin, puis sur ses culottes blanches, et remontèrent enfin jusqu'à sa redingote bleue brodée d'or. Éblouie par le soleil, la jeune femme ne distinguait pas son visage. Était-ce Dimitri ou Charles qui la surplombait?

— Que cherchez-vous?

Le ton froid de sa question orienta l'intuition de Sophie. Son cœur se serra et elle déglutit avec difficulté. Sans prendre la peine de répondre, elle tenta maladroitement de se mettre debout afin de s'éloigner de cette aura glaciale. Ses pieds s'entravèrent dans sa robe et elle manqua de s'effondrer.

— Laissez-moi vous aider.

Le prince agrippa son coude.

— Dimitri? demanda-t-elle.

— Non, pas de chance.

Un soupir de soulagement lui échappa et elle faillit une nouvelle fois perdre l'équilibre.

— Attention, lui intima-t-il en maintenant ses avant-bras pour lui éviter une chute. Vous ne devriez pas vous baisser de la sorte avec une blessure pareille.

Sophie songea alors qu'une telle position n'était pas digne devant un prince. Certes, sa plaie la faisait souffrir, mais la honte qu'elle ressentait prenait le pas sur ses maux.

— Est-ce que vous me suivez, Votre Altesse?

— N'ai-je pas le droit de me promener sur mes propres terres, mademoiselle Carillet? rétorqua-t-il avec un sourire charmeur, les yeux rivés sur Sophie.

Charles la maintenait encore et, lorsqu'il sentit sa gêne, il relâcha son emprise.

— Veuillez pardonner mon geste, dit-il, et elle comprit qu'il partageait son malaise.

Sophie s'entêta à aplatir ses boucles blondes, sachant pertinemment que sa tignasse n'en ferait qu'à sa tête. Ils étaient tous deux gênés, mais ce bref instant n'avait pas déplu à la jeune femme.

— C'est plutôt à moi de m'excuser.

— Que faisiez-vous ?

— Je cherchais un bijou, répondit-elle précipitamment.

Ce qui était tout à fait vrai. Le transverseur pouvait s'apparenter à un pendentif.

— C'est moi qui ai ramené les morceaux de votre horloge et je n'ai rien trouvé d'autre, je suis navré.

— *Je parie mes rouages qu'il ment,* souffla Farandole dans sa poche.

— Il s'agit d'une pierre ronde et rouge, peut-être a-t-elle roulé plus loin…

Sophie tourna sur elle-même, laissant son regard s'accrocher sur la végétation. Elle espérait que les rayons du soleil se refléteraient sur la gemme.

— Vous semblez inquiète, observa-t-il alors qu'il se penchait pour examiner son visage.

Elle s'immobilisa et pivota vers son interlocuteur, le scrutant pour la première fois de la journée. Ce matin, elle avait arpenté les couloirs du palais sans l'aide du prince et rejoint Vivianne par ses propres moyens. C'était d'ailleurs cette liberté soudaine qui l'avait poussée à s'aventurer dans le parc.

— Il appartenait à ma mère, mentit-elle.

— Peut-être que l'individu qui vous a fait du mal vous a aussi dérobé ce bijou.

Elle aurait apprécié cette hypothèse si le vieux Dimitri n'avait pas été enfermé dans les cachots. Mais puisqu'il était là depuis une bonne décennie, il était impossible qu'il se soit emparé du transverseur.

— Me permettez-vous de vous raccompagner en ville? demanda-t-il en lui proposant son bras.

— Vous descendez?

— J'ai une course à faire.

Sophie glissa sa main sur l'étoffe douce de la veste du prince. Un soubresaut ébranla sa poitrine au moment où ses doigts rencontrèrent des muscles fermes sous le tissu. Avait-elle remarqué des bras aussi forts lorsqu'elle s'était promenée ainsi avec son frère?

— Êtes-vous nerveux? l'interrogea-t-elle.

— Je vous demande pardon?

— À propos de la Cérémonie de Passation. Est-ce que cela vous rend nerveux?

Charles leva le nez pour observer les tours tendues, tels des doigts, vers le ciel.

— Il s'agit d'un événement important. La décision de mon père va changer beaucoup de choses pour mon frère et moi. Mais je suis prêt. J'ai attendu ce jour toute ma vie, donc non, je ne suis pas nerveux, plutôt impatient.

Si la présence de Sophie n'avait pas encore changé considérablement le futur – ce qu'elle espérait –, Charles deviendrait un grand roi.

— Je suis sûre que ça se passera à merveille, dit-elle.

Le prince esquissa un sourire teinté d'une légère mélancolie.

— J'ai l'impression de parler de moi en permanence. Qu'en est-il de vous ? Avez-vous toujours voulu être horlogère ?

— Dans ma famille, le métier d'horloger est presque héréditaire.

— Mais avez-vous toujours désiré l'être ?

Sophie inspira longuement. Qu'aurait-elle pu faire d'autre ? Elle avait marché dans les pas de son père, des œillères bien fixées de chaque côté de sa tête. Elle possédait incontestablement un talent pour la chronolangue. Les montres, les pendules et tout ce qui tictaquait étaient bien plus simples à appréhender que ses congénères. Mais Sophie, si elle ne s'était jamais questionnée sur un avenir différent, ne pouvait nier que l'horizon mystérieux l'appelait. Chaque fois qu'elle avait foulé les quais du port, elle s'était demandé ce qui se trouvait au-delà de ces eaux bleutées. Cependant, ce désir d'ailleurs l'avait conduite dans le pétrin où elle se trouvait désormais.

— Je crois que c'est la seule chose pour laquelle je suis douée. Tout comme vous souhaitez devenir roi, l'horlogerie est ma vocation.

— Je souhaite le bien de mon peuple, bien plus que le pouvoir. Vous n'êtes ici que depuis quelques jours, mais sachez qu'il y a quelques problèmes dans ce pays que je veux régler. Et le trône pourrait m'aider à y parvenir.

— Quelles sortes de problèmes ?

— Premièrement, votre agression est la preuve tangible du banditisme qui persiste dans notre ville. De nombreuses choses pourraient être améliorées aussi. Lorsque je regarde les autres royaumes, je réalise que nous sommes en retard sur beaucoup de technologies. Les Horanimas en font partie. Je souhaite seulement le meilleur pour notre peuple, Sophie.

Elle ressentit le besoin de prendre une grande inspiration, tant la ferveur de ses mots était palpable. Ses yeux pétillaient. Il semblait si sincère quant à ses intentions qu'elle comprenait pourquoi l'époque dans laquelle elle était née était si paisible. Elle n'imaginait pas combien de concessions et de sacrifices le roi Charles avait dû faire pour parvenir à ses fins.

— C'est un souhait très louable. Je ne pensais pas que vous désiriez si ardemment aider votre peuple.

— Son sort m'importe davantage que je ne le laisse paraître. Et si j'échoue à vous venir en aide, comment pourrais-je secourir toute une population ?

Sophie se mordit la lèvre. S'il savait...

Quittant l'herbe, leurs pieds crissèrent sur le gravier.

— Vous ne pouvez régler tous les maux à vous seul, Charles.

Son sourire révéla une fossette sur sa joue.

— Je tâcherai de m'en souvenir, Sophie.

Ils commencèrent la descente des marches dans un silence agréable. Le vent du large caressait leur visage, apaisant la chaleur écrasante de l'été. En ville, le prince ne passa pas inaperçu : des révérences et des poignées de main furent échangées à tout-va. L'horlogère, gênée, se tenait en retrait, mais Charles regardait souvent en arrière pour s'assurer qu'elle lui emboîtait le pas.

— Est-ce que ça vous intéresserait de me suivre? demanda-t-il en ralentissant pour se tenir à ses côtés.

Sophie jeta un regard à l'horlogerie Delapointe, quelques rues plus loin. Elle n'avait pas donné d'heure de retour à Victor.

— Vous n'aurez qu'à leur dire que je vous ai retenue, insista-t-il avec un clin d'œil.

— Quelle est cette course?

— Vous verrez!

Le prince fit bifurquer Sophie dans une succession de rues adjacentes. Elle connaissait par cœur Aigleport, mais, avec trente ans de moins, la ville était bien différente. Certains bâtiments n'avaient pas encore été construits. Elle découvrit avec stupeur la pauvreté de quelques quartiers pourtant prospères à son époque.

Charles se penchait sur des mendiants, déposait des pièces dans des paumes, récitait des prières pour d'autres. Jamais son sourire ne s'effaçait. S'arrêtant dans une boulangerie, il acheta des petits pains et en tendit un à Sophie. D'un mouvement de tête, il lui montra deux enfants, nu-pieds, vêtus de haillons. Cette vision la chagrina. De bon cœur, elle offrit des petits pains aux enfants, à des vieilles femmes, des mères, des pères, et à tous ceux qui en avaient besoin.

— Ce n'est pas grand-chose, mais si, l'espace d'un instant, nous pouvons les faire sourire ou remplir leur ventre vide...

— Votre père ne s'occupe donc pas d'eux?

Sophie connaissait certains organismes et refuges, à son époque, qui prenaient soin des personnes dans le besoin. Avec le commerce florissant, beaucoup de nouveaux arrivants venaient chercher fortune à Aigleport : cela donnait du travail à l'horlogerie, mais Sophie savait que chacun n'y trouvait pas son compte.

— Mon père est devenu trop vieux pour se préoccuper du peuple. Il erre entre les murs, mange et dort à sa guise, voilà tout. Je gère beaucoup d'affaires courantes, avec l'aide de Dimitri et des conseillers de la Couronne. Il était temps qu'il abdique, je pense qu'il est las.

— C'est bien qu'il reconnaisse ses limites.

Charles haussa les épaules.

— Mon père a bien régné. Savoir céder sa place au bon moment est une preuve de sagesse. Il ne fait pas cela uniquement pour profiter de ses vieux jours, c'est aussi pour montrer qu'il sait être un homme bon et raisonnable. Et il est respecté pour cela.

Plus loin, ils débouchèrent devant un bâtiment qui deviendrait plus tard un orphelinat et un refuge pour femmes. La façade, défraîchie, était peu accueillante.

— Peu importe qui deviendra roi, mon frère et moi sommes d'accord sur certains points.

Charles leva les yeux vers l'enseigne. Les lettres écaillées indiquaient un ancien moulin.

— Je lui ai soumis l'idée de transformer cette vieille bâtisse en refuge. Des nonnes y vivent en ce moment, je dois y passer pour quelques formalités. Voulez-vous m'attendre ici ?

— Je vous attends.

Charles la salua d'un mouvement de tête et s'engouffra dans le bâtiment. Autour de la jeune femme, les passants vaquaient à leurs occupations, les bras chargés de victuailles, certains le nez plongé dans le journal. Des femmes aux robes bouffantes – bien plus imposantes qu'à son époque – et colorées, ornées de nœuds démesurés, se cachaient sous des chapeaux emplumés ou des ombrelles en dentelle. Des calèches – qui se fichaient toujours autant des badauds – déposaient des hommes en redingote, un haut-de-forme sous le bras.

Plus loin, entre deux rues, Sophie pouvait voir la mer scintiller. Cette étendue, elle n'avait jamais cessé de la contempler avec envie. Aurait-elle le courage de monter à bord d'un navire une fois son époque retrouvée ? Aurait-elle même envie de vivre une nouvelle aventure quand elle serait rentrée chez elle ? Du moins, si elle parvenait à rentrer chez elle.

Pas une heure ne passait sans que la peur étreigne sa gorge. Chaque action et chaque parole était soigneusement choisie et étudiée. Elle pouvait faire basculer l'avenir à tout instant, et rien que de se retrouver ici, en compagnie du prince, la terrorisait. Devait-elle s'empêcher de vivre pour autant ?

— *Sophiiiie,* tinta Farandole.

— Oui, petit démon ?

— *Ton cœur bat très vite, j'arrive à peine à entendre les commérages beaucoup plus intéressants autour de nous.*

— Mes états d'âme te dérangent donc ?

— *Mmm... Quelque chose te préoccupe ?*

— Est-ce que je ne ferais pas mieux de retourner à l'horlogerie, au lieu d'attendre ici comme une idiote ?

— *Tu as dit au prince que tu l'attendrais...*

— Je n'ai rien à faire là, Farandole... J'ignore même pourquoi il s'intéresse à moi.

Voilà que Sophie recommençait à douter d'elle-même. Pourquoi le prince Charles se préoccupait-il du sort d'une petite horlogère ? Il avait tout : un titre, un château, des domestiques, des prétendantes... Convoité par toutes les célibataires du pays – et peut-être aussi par les femmes mariées –, il se montrait avec une étrangère mal fagotée. C'était à n'y rien comprendre.

— *Il s'ennuie, si tu veux mon avis...*

— Donc, je suis un divertissement ? Tes mots me touchent, Farandole, ils sont si réconfortants, lança Sophie, sarcastique.

Elle avait tendance à se rabaisser. Que cela concerne ses compétences d'horlogère ou même l'amabilité de sa compagnie. Elle était née dans une horlogerie, avait été bercée par la mélodie des engrenages. Tout ce dont elle était sûre était sa discrétion. Pourtant, elle commençait à douter de cette capacité, au vu des problèmes qu'elle ramassait à la pelle ces derniers jours.

Son cœur se serra lorsqu'elle reporta son attention sur le vieux moulin. Elle jeta un œil discret à travers un des carreaux poussiéreux.

— *Si tu veux te changer les idées, la dame, à ta droite, a demandé à son cocher de ne pas en parler à son mari.*

— Farandole! murmura Sophie, réprobatrice.

— *Elle est montée au deuxième étage, pour rencontrer son amant. Il s'appelle Armand...*

— Farandole, arrête d'écouter les gens!

— *Que veux-tu... les murs sont incroyablement fins dans cette ville.*

Sophie jeta un regard au fiacre, quelques mètres plus loin.

— Tu peux entendre aussi loin? s'étonna-t-elle.

— *Les montres à gousset ont une ouïe très développée. Mais il faut que je me concentre, et ton cœur est incroyablement bruyant.*

— Tu peux entendre ce que dit Charles?

— *Ouiii... mais ce n'est pas très intéressant. Ils parlent de travaux d'aménagement et de rénovation. Moi, je m'intéresse aux péchés, aux mensonges et aux tromperies.*

— Je fais bien de te traiter de petit démon, dans ce cas, ricana-t-elle.

— *Tiens, en parlant de lui, ton prince s'en vient!*

Comme s'il avait attendu l'autorisation de Farandole, Charles sortit, le sourire aux lèvres.

— Ça s'est bien passé? demanda Sophie par politesse.

— À merveille. Je vous raccompagne à l'horlogerie ? demanda-t-il en lui proposant une nouvelle fois son bras.

— Je peux y aller toute seule, vous avez certainement mieux à faire.

— Absolument pas, et ça me fait plaisir.

Au lieu de faire le chemin inverse, le prince invita Sophie à marcher le long du port. L'odeur n'était certes pas des plus agréables, mais la vue était belle. Ils flânèrent : le prince lui nomma quelques navires marchands, la mettant aussi en garde contre des tavernes malfamées. Une fois devant la boutique, elle fut presque déçue d'être arrivée si vite.

Alors, le prince cueillit la main de Sophie sur son bras et se pencha bien bas pour déposer un léger baiser sur ses doigts. Le rouge monta aux joues de l'horlogère ; jamais on ne lui avait témoigné autant d'égards !

— À demain, Sophie.

Balbutiante, le visage sûrement pourpre, elle resta figée sur place, sentant encore les lèvres de Charles sur sa peau.

— *Sophie ! Dis quelque chose, c'est gênant !* s'exclama Farandole.

— Merci... B... bonne journée, Votre Altesse.

Et la jeune femme s'engouffra à la hâte dans l'horlogerie, sans un regard pour le prince.

Chapitre 15

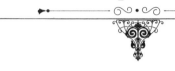

Sophie était aux anges. Non parce qu'elle montait les marches encore une fois, mais parce que, aujourd'hui, elle accompagnait Victor au palais.

— Est-ce que tu penses qu'elle me reconnaîtra ?

Son ventre gargouillait d'excitation : ils s'apprêtaient à rendre visite à Marguerite.

— Si Églantine s'est souvenue de toi, c'est très probable.

— C'est étrange, tout de même, non ? Je n'arrive pas à comprendre comment elle est parvenue à me reconnaître...

— Tu verras bien ce que te dira Marguerite.

Églantine avait sauvé Sophie d'un sort bien sombre. Sans son intervention, elle n'osait imaginer ce qu'il lui serait arrivé. Elle ne pouvait l'expliquer, mais la pendule avait gardé en mémoire toutes ces années passées ensemble, donnant une preuve supplémentaire à Victor de l'identité de Sophie en corroborant ses dires.

Une Horanima assemblait le temps en plusieurs dimensions, d'une façon bien différente de celle des humains.

— *Le temps est un ramassis d'événements qui volent autour de nous à la vitesse de l'éclair*, lui avait dit Églantine.

La pendule avait eu du mal à expliquer à Sophie la manière dont elle percevait le monde, et l'horlogère espérait qu'en parler avec Marguerite lui apporterait quelques réponses.

Cette histoire éveillait aussi la curiosité de Victor ; le témoignage de l'Horanima pouvait lui permettre de progresser dans son travail d'horloger et de Tisseur de Temps, il en était persuadé. Ainsi avait-il proposé à Charles de rendre visite à Marguerite.

— Il y a toujours ces maudites marches à ton époque ? grogna Victor.

Le rire cristallin de Sophie se brisa sur un souffle. Elle aussi était éreintée.

— Je pensais que tu ne voulais rien connaître de l'avenir ?

— Une petite, toute petite information sans importance ne peut pas faire de mal !

Sophie se retourna, le sourire aux lèvres. Détailler ce père qui ne ressemblait pas vraiment à celui qu'elle avait côtoyé toute sa vie était étrange. Elle entrevoyait l'homme dont sa mère était tombée amoureuse. Toujours élégant, même pour monter les escaliers, il avait ôté sa veste, dévoilant un gilet gris serré sur sa poitrine par-dessus une chemise blanche dont le col droit était orné d'un nœud papillon. Son lourd sac d'outils en cuir, le même que Sophie utilisait pour travailler, cognait contre sa cuisse.

— Tout ce que je peux te dire, c'est que tu les monteras longtemps !

Le sourire de Sophie s'évanouit et elle lui tourna le dos pour lui cacher sa peine. Jamais il n'assisterait à la construction du fameux téléphérique. Il monterait ces marches jusqu'à la fin de sa vie.

Une fois dans la cour, Victor fila droit vers son but. Sur leur passage, Sophie avisa bon nombre de domestiques, majordomes et valets, préparant la place pour les nombreux invités qui investiraient les lieux dans quelques jours. Le palais revêtait un manteau de beauté : des rideaux de glycine pendaient le long des fenêtres et des pots de lilas traçaient un chemin vers la haute porte d'entrée. Sophie se sentit étrangement à découvert lorsqu'ils s'engagèrent dans ce tableau violacé. Une ambiance vibrante planait et elle ressentait, autour d'elle, un mélange d'excitation et d'appréhension. Tout le monde n'avait qu'une hâte : connaître le nom du prochain monarque.

L'horloger et son acolyte pénétrèrent dans la rotonde et se dirigèrent vers les appartements royaux. Alors qu'elle redoutait systématiquement d'approcher de cette aile interdite, Victor, lui, poursuivait son chemin sans hésitation. Il savait ce qu'il faisait.

— Depuis combien de temps est-ce que tu t'occupes de Marguerite ?

— Un peu plus de trois ans, je dirais. Lorsque le roi Emrald a trouvé cette Horanima dans un marché aux puces lors d'un de ses voyages en Talonie, il a fait appel à moi pour son entretien.

Au pied de l'escalier qui montait aux appartements du roi, Victor et Sophie se heurtèrent aux gardes.

— Bien le bonjour, dit Victor. Je suis ici pour l'Horanima. Le prince Charles a dû vous en informer.

— Il a en effet mentionné votre venue, mais pas la sienne.

L'homme casqué, au regard sévère, pointa du doigt Sophie.

— Il s'agit de mon apprentie.

— Le prince n'a pas fait mention d'une jeune femme, nous sommes désolés, mais...

— Ça ira, Richard! s'exclama une voix dans le corridor.

Un bruit de lourdes bottes claquant sur le parquet leur parvint. La silhouette se mouvait dans l'ombre. Était-ce Dimitri ou Charles qui venait à leur rencontre?

— Merci pour votre zèle, Richard : vous pouvez les laisser passer tous les deux, déclara le prince en posant sa main sur l'épaule du garde.

Sophie plissa les yeux. Elle avait remarqué au cours de ses interactions avec les jumeaux l'aisance de Dimitri pour le contact physique. Elle tenta sa chance :

— Bien le bonjour, Dimitri.

Les yeux du prince étincelèrent d'intérêt alors qu'un sourire satisfait s'élargissait sur ses lèvres. Elle eut l'impression qu'il la dévorait du regard comme une proie sans défense. Et cela durait. Elle réprima un frisson.

— Bonjour, Sophie, dit-il enfin d'une voix suave.

Le garde et Victor paraissaient éberlués par les manières familières de Sophie. Charles lui avait demandé de l'appeler par son prénom, mais Dimitri, non. Mais le peu de considération qu'elle avait pour lui l'empêchait d'avoir honte de son comportement. Malgré tout, le prince semblait apprécier cette soudaine familiarité. Il ne décrochait pas ses prunelles de l'horlogère. Faisait-il cela pour la mettre mal à l'aise ?

— Je suis venue rendre visite à Marguerite, Votre Altesse, déclara Victor, embarrassé.

— Mais bien sûr ! Par ici.

Dimitri laissa passer l'horloger et Sophie devant lui. Elle sentait son regard sur sa nuque, picotant jusqu'à son épiderme. À grandes enjambées, il finit par la rejoindre, les mains dans le dos, le dos droit, et un sourire – qu'il imaginait charmant, elle en était sûre – fiché sur le visage.

— Je vois que vous prenez votre rôle très à cœur, dit-il.

— J'avais très envie de rencontrer une Horanima, répondit-elle, la gorge sèche.

— Elles sont fascinantes, en effet.

La jeune femme gardait son regard pointé sur le dos de son père pendant qu'ils longeaient un couloir bordé d'un nombre conséquent de portes. Elle savait que Dimitri habitait ce palais, mais pourquoi devait-elle tomber sur lui une fois de plus ? Elle souhaitait qu'un gouffre infranchissable se crée entre eux, un de ceux qui empêchent de voir l'autre et de l'entendre.

Consciente de l'homme qu'il allait devenir, elle ne pouvait s'empêcher de ressentir pour lui une aversion qui faisait bouillonner son sang et vibrer sa gorge d'angoisse. Tout en lui l'exaspérait, de son sourire à la façon dont ses bottes claquaient sur le sol.

Pourtant, elle s'autorisa un regard. Un seul, de biais, afin de confirmer qu'elle le détestait. Il avait le menton levé et ses cheveux sombres caressaient sa mâchoire finement dessinée. Son cou était entouré d'une lavallière de soie noire tranchant sur la blancheur de sa peau. Pas une seule imperfection sur son visage, ce qui agaça d'autant plus Sophie. Soudain, un sourire en coin fit apparaître une fossette.

— Suis-je à votre goût, mademoiselle Carillet ?

Le cœur de l'horlogère bondit dans sa poitrine et elle détourna les yeux, rouge de honte. Comment osait-il ?

— *Il va pas bien, celui-là*, rouspéta Farandole.

Fort heureusement, Victor venait de pénétrer dans une pièce, ce qui permit à Sophie de s'extraire de cette situation déplaisante.

Le salon où reposait Marguerite était décoré avec goût. Des lustres aux pendeloques de cristal reflétaient la lumière du jour ; des milliers de petits points brillants dansaient sur les murs couverts de tapisseries. Autour d'une cheminée imposante, des sofas créaient un petit espace chaleureux où Sophie imagina, un court instant, la famille royale un doux soir d'hiver. Sur le manteau de la cheminée, l'Horanima était aussi belle que la dernière fois qu'elle l'avait vue. Son cadran en émail reluisait. Ce que préférait Sophie, c'étaient ses aiguilles délicates. Lorsque l'horlogère posa les yeux sur cette amie – car oui, Marguerite était comme une amie pour elle –, une réconfortante vague de chaleur imprégna son corps, effaçant son malaise.

— Merci beaucoup de nous avoir accompagnés, Votre Altesse, déclara Victor en posant son sac sur le sol.

— Je l'ai fait avec plaisir, merci à vous de vous occuper d'elle, ma mère y tient beaucoup.

— J'en prends grand soin !

Dimitri inclina légèrement la tête, puis fixa plus longuement Sophie avant de disparaître dans le couloir. Elle lui fut reconnaissante de ne pas s'attarder. Elle craignait de devoir restreindre ses questions si le prince restait dans la pièce.

— Quelle mouche t'a piquée ?! s'exclama soudain l'horloger.

— Quoi ?

— L'appeler par son prénom ? T'ai-je si peu éduquée ?

Sophie écarquilla les yeux, outrée.

— Comment fais-tu pour les reconnaître, toi ?

— *Je dois avouer que moi aussi j'ai du mal à les différencier*, ronchonna Farandole.

— Je n'ai pas besoin de les reconnaître, je fais mon travail, voilà tout ! répondit Victor.

— Moi, j'ai besoin de savoir à qui je m'adresse ! Cet homme a tenté de me tuer !

— Ce n'était pas lui, et tu le sais.

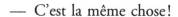

— C'est la même chose !

— *Pourquoi un tel raffut ?!* s'exclama Marguerite. *Sophie ? Mais... mais...*

Les aiguilles de Marguerite s'affolèrent. Elle sonna trois coups et toussota.

— *Mais qu'est-ce que tu fais là ?*

— Marguerite ! Tu te souviens de moi ?

Sophie s'approcha à grands pas, les yeux pétillant de bonheur, et posa les coudes sur la cheminée, tout ouïe.

— *Bien sûr que je me souviens de toi, ma chérie ! Nous sommes des boîtes de souvenirs ambulants, après tout ! Ce que je ne comprends pas, cependant, c'est pourquoi diable tu te trouves ici, jeune fille ! Tss-tss-tss, je sens que tu as fait une bêtise...*

Sophie grimaça. Elle commençait à en avoir assez qu'on lui rabâche cette erreur. Elle s'en mordait déjà les doigts tous les jours.

— J'ai utilisé un Engrange-Temps... marmonna-t-elle.

— *Ouille, ouille, ouille, Sophie !* s'exclama la pendule. *Comment as-tu fait ton compte ? Franchement...*

— J'ai suivi ce maudit Dimitri de Ferwell à travers le temps...

— *Ouuh, quel ton piquant, tu ne le portes pas dans ton cœur, celui-là !*

— Il m'a poignardée !

— *Pas le Dimitri que je connais, alors... Ce garçon a beau ne pas me comprendre, lorsqu'il vient lire ici, il se permet de faire la lecture à voix haute. Il sait que j'aime ça. C'est une attention que j'ai toujours appréciée.*

Cette révélation étonna Sophie. Il arrivait donc au prince de se montrer attentionné. Rien que l'idée de se tromper sur son compte la contrariait, aussi préféra-t-elle changer de sujet :

— Je me suis retrouvée ici par erreur.

— Et maintenant elle doit me supporter, ricana Victor.

— *Je sens en effet que quelque chose est déréglé, tu ne viens pas vraiment d'ici, ni de plus loin... Mmm... ton aura a quelque chose de singulier...*

Victor s'approcha pour ouvrir la vitre qui protégeait le cadran.

— *Ouh! Eh, préviens, petit fouineur!* grogna la pendule sur un ton de reproche teinté d'une pointe d'amusement.

Comme si les doigts de l'horloger lui avaient fait l'effet d'une caresse impromptue, mais agréable.

— Toutes mes excuses, jeune demoiselle, répondit-il, le sourire aux lèvres.

La pendule gloussa.

Sophie comprit alors la force de leur lien. Marguerite était la première Horanima dont avait dû s'occuper Victor. Pendant des années, chaque mois, il lui avait prodigué les soins nécessaires avec la plus grande attention, puisqu'elle était son unique patiente. Pour la pendule, Victor était le seul avec qui elle pouvait converser, mis à part la reine, mais aussi le seul à toucher ses rouages. Ils entretenaient une intimité si particulière que Sophie se sentit presque de trop.

— Dis-moi, Marguerite, commença Victor, comment est-il possible que tu te souviennes de Sophie, si elle n'est pas encore née ?

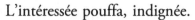

L'intéressée pouffa, indignée.

— *Je ne connais pas ta Sophie, mais celle-ci, je la connais.*

— Ce n'est pas vraiment clair pour nous, Marguerite… dit la jeune femme.

— *Vois-tu, mon enfant, c'est le travail d'une Horanima de se souvenir des gens qu'elle rencontre, même une seule et unique fois. Lorsque nous entendons ou ressentons une personne, son essence s'inscrit dans le temps qui joue sur nos aiguilles. Tu es ancrée à jamais dans la mémoire d'une Horanima, peu importe la période.*

Sophie fronça les sourcils, et s'étonna que Victor en fasse autant. Face à ce silence, la pendule tiqua.

— *Est-ce si compliqué à comprendre?* s'impatienta-t-elle.

— Pas vraiment, c'est plutôt logique, mais… tu ne m'as pas encore rencontrée…

Un rire grave traversa ses engrenages.

— *Vous, humains, percevez le temps de manière linéaire. Pour nous, Horanimas, le temps est une tempête de sable qui nous fouette le visage. Chaque grain représente une période. Parfois, un grain nous frôle pour ensuite repartir comme l'éclair. Pour nous, Sophie, les événements arrivent tous en même temps, et nous n'arrivons à les entrevoir que lorsque l'un d'eux nous frôle.*

— Donc… si nous nous sommes rencontrées à un moment dans ton existence, je suis ancrée dans ta mémoire, peu importe l'époque où l'on se rencontrera à nouveau?

— *Tout à fait, ma chérie. Pour nous, il n'y a pas de passé ou de futur, il n'y a que des voix dans la tempête que représente le temps.*

— *Eh, c'est joliment dit, la vieille!* s'exclama Farandole.

Sophie tapota sa poche en signe de réprobation.

— Un peu de respect, Farandole, voyons!

— *Quoi? Je n'aurais pas mieux dit!*

— *Bien le bonjour, camarade. Toi aussi tu fais tache dans le paysage.*

— *Mais c'est qu'elle m'insulterait, mamie!*

— Farandole, calme-toi.

— *Il est nerveux, ton compagnon, dis... Oh! C'est chatouilleux par ici!*

Victor s'affairait en effet à inspecter ses engrenages.

— Je vais te rajouter un peu d'huile ici, dit-il.

Sophie recula de quelques pas pour se laisser choir sur le sofa capitonné. Elle se demanda soudain quel âge avait Marguerite pour savoir tant de choses, avec tant de précision. Elle n'appréciait peut-être pas les babillages, mais elle était toujours d'un grand secours. Elle regretta soudain qu'elle ne soit pas placée dans les serres: elle aurait pu lui rendre visite plus souvent. La prochaine fois que Victor viendrait la voir, elle espérait être repartie dans sa propre époque. Elle irait alors la saluer.

Chapitre 16

L'horlogerie Delapointe, lieu calme et accueillant, apportait un peu de stabilité à Sophie. Lorsque les rayons matinaux faisaient danser la poussière dans l'air et que la mélodie des horloges la sortait de sa léthargie, elle avait presque l'impression que toute cette histoire n'était qu'un rêve. Il lui fallait quelques secondes pour réaliser que tout ce qu'elle vivait depuis quelques jours était pleinement réel.

Malgré cette impression de familiarité, elle ne retrouvait pas tous ses repères, car, même si elle connaissait son père et Jean, ils n'étaient pas encore ceux qu'elle avait côtoyés durant sa courte vie.

Victor persistait à ériger une barrière entre eux, que Sophie peinait à escalader. Elle était bien loin de la relation fusionnelle qu'elle entretenait avec l'homme qui l'avait élevée. Elle se demandait parfois s'il agissait ainsi avec tout le monde, ou spécialement avec elle. Est-ce que rencontrer sa mère avait changé sa façon d'appréhender les autres ?

Sophie passa sa matinée avec Jean. Victor étant en déplacement en ville pour une affaire de montre à gousset en détresse – toujours dramatiques, celles-là –, l'horlogerie était tenue par Sophie pendant que Jean s'occupait des commandes dans l'arrière-boutique. Entre deux clients, elle se livrait à son rituel quotidien : dépoussiérer les étagères. Cette dernière tâche était d'une importance cruciale, car un seul grain de poussière pouvait bloquer tout un mécanisme.

Elle tombait parfois sur d'agréables clients et, *a contrario*, il lui arrivait de servir des personnages tout à fait déplaisants, ou de ne pas les servir, d'ailleurs.

— Il n'y a que vous ? avait demandé un homme parfumé à outrance, un haut-de-forme aux reflets brillants vissé sur sa longue tête.

— Mon collègue se trouve à l'arrière, mais je peux prendre votre commande.

— Je préférerais parler à un homme compétent : ma demande est spéciale.

Sophie gardait son flegme en toute circonstance. Elle était habituée à ce genre de personnages, même s'ils étaient plus rares à son époque.

— Dites-moi de quoi il s'agit, et je transmettrai.

— J'insiste : je ne crois pas qu'une femme saurait me venir en aide pour ce genre de choses.

Sophie avait serré les dents derrière son sourire parfait.

— *Renvoie-le, ce goujat !* avait beuglé Églantine.

— Je comprends, avait-elle dit. Je vais le chercher.

Jean avait alors pris le relais, en veillant bien à reléguer la demande au second plan.

— S'il veut jouer au plus malin, y va voir c'qu'y va voir!

Finalement, son temps passé à l'horlogerie ressemblait, à peu de chose près, à son travail quotidien. Jean s'étonnait d'ailleurs de son efficacité. L'horloger avait des soupçons; il évoquait même la visite d'une drôle de fille lui ressemblant, des années plus tôt.

— Y a une décade, je v'nais de commencer à turbiner à l'horlogerie et j'y connaissais pas grand-chose, avait-il dit. J'crois même que c'était le premier jour où Astoria m'avait laissé la boutique. Et là, tout à coup, un «boum» si énorme que j'ai pensé qu'une étagère s'était fendue en deux! Mais non, il s'agissait seulement d'un homme et d'une gamine. C'est drôle, parce qu'elle te ressemblait beaucoup... Mais j'n'ai pas eu le temps de la dévisager parce qu'elle a déguerpi comme une voleuse. J'ai d'ailleurs cru que c'étaient des voleurs... J'ai fait l'inventaire de toute la boutique après ça...

— *Si j'avais été là, j'aurais pu t'éviter bien du tracas!* avait alors dit Églantine, qui trônait fièrement sur le comptoir.

Lorsque Victor revint à la boutique, il se plongea dans la réparation de l'Engrange-Temps. Malgré la menace que pouvait représenter une Horloge Prodigieuse, la présence de Sophie lui paraissait encore plus dangereuse. Il s'activait donc aux réparations sans compter ses heures, dans l'espoir de renvoyer la jeune femme chez elle.

— Ce n'est pas tout. Une fois que je l'aurai réparé, il faudra que tu trouves le transverseur, dit-il, ses loupes binoculaires sur le nez.

— Je sais…

La visite du parc n'avait pas porté ses fruits. Prise la main dans le sac par Charles, Sophie n'avait pas réitéré l'expérience et ne s'était plus faufilée dans les jardins.

— Tu n'as peut-être pas cherché au bon endroit, se permit Victor.

— Je sais très bien où c'était.

— La pierre est ronde, elle a peut-être roulé plus loin.

— *On a cherché partout, elle te diiiiit!* s'énerva Farandole.

— Holà! Pas besoin d'être si agressif, toi.

— *T'écoutes jamais rien de toute façon*, se fâcha la montre à gousset. *T'as intérêt à être un meilleur papa dans l'avenir, parce que là c'est pas joli-joli.*

Victor écarquilla les yeux en regardant Sophie.

— Il est un peu protecteur, que veux-tu… dit-elle en haussant les épaules.

Victor grimaça et se tourna de nouveau vers les engrenages du réveille-matin, muré dans un silence monastique.

Il était dans l'intérêt de Sophie de retrouver cette pierre. Elle ne pouvait pas faire sa vie dans une époque qui n'était pas la sienne. Et si jamais c'était le cas, elle ne pouvait pas rester à l'horlogerie, sous peine de se voir naître elle-même dans quelques décennies. Elle ignorait les répercussions d'une telle chose mais cette idée lui faisait froid dans le dos. En y réfléchissant bien, elle ne pourrait pas rester à Aigleport tout court si elle se retrouvait coincée ici.

Lorsque le soleil fut assez haut dans le ciel, Sophie décida de se rendre au palais. Sa blessure lui faisait de moins en moins mal : Vivianne, bien qu'encore apprentie, était une guérisseuse douée. Ses soins étaient doux et l'onguent qu'elle appliquait sur la plaie réduisait considérablement la douleur.

— À plus tard ! cria-t-elle à l'horloge qui voulait bien l'entendre.

La ville était plus bruyante que d'habitude. De nombreux navires mouillaient dans le port et l'on sentait dans l'air, hormis les effluves de poisson, une excitation palpable. À trois jours de la Cérémonie de Passation des Pouvoirs, les invités royaux commençaient à affluer des pays voisins et montaient l'immense escalier du palais pour rejoindre leurs appartements. Tout le monde devait grimper ces horribles marches, et Sophie se demanda quel genre de roi était assez sadique pour prendre du plaisir à regarder ses sujets souffrir de la sorte.

À sa surprise, elle remarqua quelques inventions ingénieuses. Une femme étrangère était assise dans une chaise à porteurs. Cette petite cabine luxueuse était munie de brancards et était portée par quatre hommes en sueur. Des rideaux en satin pendaient de chaque côté de l'habitacle et se soulevaient dans la brise marine, obligeant son occupante à les repousser chaque fois qu'elle voulait estimer son avancée. Il s'agissait d'une dame d'un certain âge, vêtue avec élégance et croulant sous le poids des pierres précieuses qui pendaient à son cou. Sophie était certaine qu'elle n'aurait pas pu monter la moitié des marches seule.

Un autre invité, installé avec complaisance sur une chaise munie de patins en bois, se laissait traîner par deux hommes, provoquant un sacré vacarme sur les marches. Les yeux mi-clos et le nez levé pour sentir la brise marine, il ne semblait aucunement dérangé par les à-coups laborieux de son système précaire. Sophie les dépassa et entendit dans son dos des souffles courts et sifflants ainsi que des râles plaintifs. Elle ne pouvait que compatir face à leur labeur, il lui arrivait encore de maudire ces marches malgré ses années de pratique.

— Sommes-nous bientôt arrivés ? grognait un invité.

— Heureusement que nous ne portons pas nos bagages ! gémissait un autre.

Derrière eux, des valets vêtus d'une livrée bleue grimpaient, de grosses gouttes de sueur perlant à leurs tempes. Même si Sophie était tout aussi éreintée – sa blessure n'aidant pas sa cause –, elle s'obligea à contrôler sa respiration. Hors de question de passer pour une amatrice !

— *Rolala, ils font un de ces boucans, ceux-là !* se plaignit Farandole durant la montée. *À croire que les escaliers n'existent pas, de là où ils viennent.*

Lorsqu'elle arriva enfin, à bout de souffle, la cour carrée du palais grouillait de monde. De nombreux bagages étaient posés çà et là pendant que leurs propriétaires discutaient avec les majordomes.

Proches de l'entrée, les princes bavardaient avec une femme. L'un parlait avec vivacité et agitait les bras, pendant que l'autre, les mains dans le dos, acquiesçait à ce que son frère disait.

— Et là, le laquais a dit : où diable sont mes chaussettes ?!

La femme éclata d'un rire cristallin, renversant la tête en arrière.

— Dimitri, que vous êtes drôle !

C'était donc cela : Dimitri se pavanait pendant que son frère écoutait attentivement. Lorsque les yeux de Charles accrochèrent ceux de Sophie, un grand sourire illumina ses traits et il lui fit signe d'avancer.

— Bonjour, Sophie ! Comment vous portez-vous, aujourd'hui ? demanda-t-il.

L'horlogère s'avança prudemment. L'estomac noué de gêne, elle exécuta une révérence. Plus que jamais – entourée de tous ces nobles –, elle sentait la différence de rang qu'il existait entre les jumeaux et elle. Non seulement ils n'étaient pas de la même époque, mais ils n'appartenaient pas non plus au même monde.

— Les marches sont toujours une épreuve, mais je vais bien, merci.

— Tu vois, Charles ! s'exclama l'invitée. Je t'ai dit que ces marches sont un supplice ! À Volancelle, ils ont fait installer un téléphérique, et vous devriez faire de même avant que plus personne n'ose venir ici. N'est-ce pas, très chère ?

Lorsqu'elle se retourna vers Sophie, celle-ci découvrit une ravissante femme au teint mat, aux pommettes hautes et aux yeux verts en amande. De légères taches de rousseur criblaient ses joues et de petites boucles fines s'échappaient d'un chignon élaboré piqué d'iris.

— Très certainement, approuva Sophie, qui savait pertinemment que, trente ans plus tard, des travaux d'une telle envergure prendraient forme sous ses yeux.

Charles laissa échapper un petit rire.

— J'en parlerai à mon père.

— Ou l'un de vous s'en chargera, insista-t-elle avec un clin d'œil.

— Sophie, permettez-moi de vous présenter notre cousine, Juliette Travosky, comtesse de Ravencourt, déclara Dimitri.

— Enchantée, madame, dit Sophie en inclinant la tête.

— Moi de même.

— Dimitri, veux-tu t'occuper de Mlle Carillet pendant que je montre sa chambre à notre cousine ?

Le cœur de Sophie fit un saut dans sa poitrine.

— Volontiers ! répondit l'interpellé.

Décidément, elle n'arriverait pas à se débarrasser de lui ! Charles et Juliette s'éloignèrent, laissant Dimitri et Sophie sur le perron. Elle était à deux doigts de prétexter un malaise pour retourner à l'horlogerie.

— Venez-vous, très chère ? interrogea-t-il en lui proposant son bras.

À contrecœur, elle accepta son offre et ils empruntèrent les chemins gravillonnés des jardins, bordés de bosquets verdoyants et de parterres de fleurs sauvages. Malgré la splendeur du lieu, rien ne la dégoûtait plus que de devoir se tenir si proche de son futur bourreau. Ses manières étaient certes délicates, mais il y avait dans sa voix et ses mots quelque chose de dérangeant.

— Vous semblez un peu pâle ; est-ce que votre séjour à l'horlogerie Delapointe se passe pour le mieux ?

— Je n'aurais pu rêver meilleur accueil. M. Delapointe est très conciliant avec moi.

— Donc, votre état n'a rien à voir avec cela ?

Sophie fronça les sourcils : pourquoi s'intéressait-il à son état ? Était-ce pour mieux la piéger ?

— Aucunement. Mais pourquoi une telle question ?

— Je tiens à m'assurer du bien-être de mes sujets. Même si vous n'êtes pas d'ici, vous êtes pour l'instant sous la protection de la Couronne.

— C'est très aimable à vous, Votre Altesse.

L'appellation de « sujet » ne plaisait pas vraiment à Sophie. Dimitri n'était pas encore roi et il était hors de question qu'il le devienne.

— Puisque vous m'avez appelé par mon prénom hier sans vous étouffer, je vous permets de continuer. Ainsi, je pourrai vous appeler Sophie.

La jeune femme serra les dents.

— Je tiens à m'excuser pour ma maladresse…

— Je ne vous en veux pas, j'aime les femmes qui me surprennent.

Sophie se retint de grimacer. Accrochée au bras du prince, elle se sentait prisonnière, incapable d'échapper à son emprise. Elle devait avouer qu'il possédait une aura magnétique. Alors que Charles respirait la bonté, Dimitri déclenchait chez Sophie quelque chose d'étrange. Était-ce parce qu'elle avait conscience de l'homme qu'il allait devenir ?

— J'ai toujours pensé que le métier d'horloger était une profession très noble, commença-t-il, comprenant que Sophie ne lancerait pas la conversation. D'autant que le mystère qui les entoure est encore plus fascinant.

— Faites-vous allusion à l'Horolurgie ?

Sophie avait déjà eu cette brève conversation avec la version plus âgée du prince. Elle était donc très au fait de l'intérêt de Dimitri pour les Horanimas.

— Précisément. Les contes sur les Tisseurs de Temps voguent entre le réel et l'imaginaire, empreints de magie. Mais peut-être me direz-vous qu'il ne s'agit là que de science, tout comme mon frère…

Sophie leva les yeux au ciel : elle ne faisait pas partie de cette école.

— Certaines personnes considèrent l'Imprégnation comme une science, mais c'est surtout pour ne pas employer le mot *magie*. C'est elle qui anime les Horloges Prodigieuses.

Elle glissa un regard vers le prince; elle s'aventurait sur un terrain dangereux, mais elle se demandait si l'intérêt de Dimitri pour les horloges remontait à cette époque. Elle ne cernait pas le réel but du vieux Dimitri, mais peut-être allait-elle avoir un aperçu de ses motivations au cours de cette discussion.

— Vous parlez de ces horloges aux capacités hors du commun? demanda-t-il.

— Les Horanimas sont une catégorie d'Horloges Prodigieuses. L'Histoire a vu apparaître des mécanismes encore plus spéciaux. On parle d'horloges susceptibles d'arrêter le temps, de modifier la météo, de prédire l'avenir et même... de voyager dans le temps.

En prononçant ces derniers mots, Sophie observa attentivement l'attitude de Dimitri. Il avait le nez levé, l'air songeur. Un instant, elle vit le visage du jeune garçon qu'elle avait sauvé quelques jours plus tôt. Néanmoins, elle ne capta aucune réaction étrange. Il sourit, révélant une fossette au coin de sa bouche.

— Donc, vous faites de la magie, Sophie? s'enquit-il après un léger silence.

— Oh, je ne suis pas une Tisseuse de Temps. Je n'ai aucune compétence en la matière. Je suis simplement horlogère et chronolangue. Selon moi, il est important de comprendre une Horanima pour exercer correctement le métier d'horloger, mais certains ne prennent pas cette peine et ne font que réparer des mécanismes ordinaires. Tous les horlogers ne sont pas forcément des Tisseurs.

Pardonnez mon indiscrétion, mais vous semblez vous intéresser au sujet...

Le prince inspira et contempla les jardins. Au loin, Sophie pouvait déjà deviner les grands chênes et les bouleaux du parc.

— Vous avez dû remarquer la ressemblance frappante entre mon frère et moi ?

— Déstabilisante, renchérit-elle.

— Les rumeurs vont bon train depuis notre enfance, et nombreux sont les gens qui ont crié à la sorcellerie. Vous vous doutez bien qu'avec une demeure remplie de domestiques les superstitions hantent les lieux. Mon frère n'a jamais été friand de ce genre de commérages, il exècre cette idée. Pour ma part, je trouve cela captivant. Que voulez-vous, j'ai un frère ennuyeux.

— Il semble porter un grand intérêt aux Horanimas.

— Car pour lui, cela relève de la science et non de la magie, répondit-il avec un clin d'œil.

— Donc, si je résume, la magie vous a toujours attiré ?

— Tout à fait. Notre monde est vaste et les Landes regorgent de trésors.

Tiens donc, pensa Sophie.

Les Landes étaient le territoire le plus méconnu de la Grahenne. Cette forêt, immense et inexplorée, occupait un peu moins de la moitié du pays. Entre rumeurs de comptoir, légendes et folklore, peu de personnes entraient dans la forêt sans un but précis, du courage et un brin de folie. À l'époque où Victor se chargeait de son éducation,

Sophie aimait se pencher sur la géographie du pays et détailler cette forêt en forme de croissant de lune, frontière naturelle entre la Grahenne et la Fréhenne.

Pénétrant dans les cuisines par la porte donnant sur les jardins, ils retrouvèrent Vivianne affairée aux fourneaux. Elle n'était pas guérisseuse à temps plein, et Charles, qui lui reconnaissait des dispositions en la matière, lui avait assigné le cas de Sophie pour rester discret. Vivianne était en réalité cuisinière : sa connaissance des plantes et des épices faisait d'elle une excellente guérisseuse, mais aussi une très bonne marmitonne.

Après des salutations polies, Dimitri souhaita une bonne journée aux deux femmes. Sophie pensait qu'il allait s'imposer ou proférer des remarques graveleuses ; non, il s'était simplement éclipsé avec pudeur, tout comme la veille. Dans son sillage, il laissa une douce odeur boisée, que l'horlogère n'avait pas remarquée tant leur proximité l'avait raidie.

Vivianne et Sophie s'enfermèrent dans une petite salle d'eau dont la minuscule fenêtre ne laissait passer qu'une faible lumière. Une pièce modeste, mais relativement propre comparée aux cuisines.

— Bon, votre plaie semble bien guérir.

Vivianne avait soulevé le chemisier de Sophie pour découvrir son ventre et retirer son bandage. Ainsi, elle pouvait contempler dans le miroir l'affreuse cicatrice qui barrait son flanc. Le vieux Dimitri n'y était pas allé de main morte : sa lame lui avait fendu la peau sur plusieurs centimètres.

— Une vraie blessure de guerre, admit la guérisseuse quand elle remarqua la grimace de sa patiente.

— Votre onguent marche à merveille.

— Ça ne pouvait que vous faire du bien, oui.

Vivianne enroula un bandage propre autour de la taille de Sophie après avoir nettoyé la plaie et appliqué sa pâte verte.

— Vous devriez devenir guérisseuse de façon officielle, vous êtes douée.

Sophie distingua un léger sourire sur le visage de Vivianne, même si celle-ci semblait vouloir le lui cacher.

— Pour être très honnête, je préfère grandement mettre le nez dans la soupe que mes mains dans le sang.

— Ce qui est tout à fait louable, lui accorda Sophie. Vous m'aviez dit que votre mère était guérisseuse, c'est bien ça?

— En effet. Je tiens mon savoir médical de ma mère, et mon amour pour la cuisine de mon père.

Vivianne se redressa, soulevant dans son sillage une odeur de clou de girofle.

— J'ai terminé!

— Merci beaucoup.

L'horlogère se rhabilla pendant que Vivianne rangeait son matériel. Les deux jeunes femmes semblaient avoir environ le même âge, mais Sophie sentait un fossé immense entre leurs deux vies. Vivianne savait ce qu'elle voulait et où elle allait. Lors de leur rencontre, Sophie avait été déstabilisée par la détermination qui émanait jusque dans la voix de la guérisseuse.

— Sophie ? l'interpella-t-elle alors qu'elle s'apprêtait à sortir.

— Oui ?

Vivianne hésita un instant. Sophie pouvait voir à la forme de son visage qu'elle se mordait l'intérieur de la joue.

— Si j'étais vous, je quitterais les lieux sans plus attendre, dit-elle enfin.

— Je vous demande pardon ?

— J'ignore votre réel but ici, mais la Cérémonie de Passation des Pouvoirs se tiendra dans trois jours, et votre présence ne doit pas interférer avec le couronnement ni détourner le prince Charles de son devoir. Il en va de l'avenir de ce pays.

Sophie fronça les sourcils.

— Je n'ai aucunement l'intention de…

— Vous devriez partir.

Sophie serra les dents, mais n'ajouta rien. Elle était une anomalie. Une étrangère dans ce décor qui l'avait pourtant vue grandir. Quelque chose se froissa à l'intérieur d'elle, comme si son propre passé venait d'être réduit à une petite boule de papier prête à être jetée à la poubelle. Malgré l'ignorance de Vivianne au sujet de la condition de Sophie, elle semblait bien consciente du danger qu'elle représentait. Comme munie d'un sixième sens. Et si Charles ne devenait jamais roi par la faute de l'horlogère ? Et si Sophie avait abîmé l'avenir comme on aurait arraché une simple page dans un livre d'histoire? Le cœur serré, la jeune femme sortit des cuisines, tentant de ravaler les larmes qui commençaient à lui brouiller la vue.

Malgré les pleurs qui obscurcissaient sa vision, Sophie parvenait à se repérer dans le dédale de couloirs. Elle avait l'impression de voyager une nouvelle fois dans le temps, de revenir à une époque où les tapisseries étaient plus douces et les meubles moins clinquants. Elle laissait ses souvenirs peindre son ancienne réalité. Celle où les Horanimas peuplaient le palais, où l'aventure n'était qu'un désir inavoué et où tout le monde était en sécurité.

Ainsi, son cœur s'apaisa.

— *Sophiiiiiiie... Ça va aller, écoute pas cette gâte-sauce. Elle sait pas de quoi elle parle!*

La montre à gousset vibrait de fureur dans sa poche.

— Elle a raison, Farandole...

— *Mais nooooon, tu fais de ton mieux, c'est tout ce qui compte! Je voudrais la voir, moi, dans le même pétrin que toi! Elle serait bien démunie, tiens!*

Sophie ricana et frotta ses yeux rougis. Alors, elle découvrit qu'elle s'était perdue. Elle pensait se diriger vers la rotonde de l'entrée mais avait atterri dans l'aile est. À quelques pas, les hautes portes de la bibliothèque l'invitaient à entrer.

Elle avait toujours admiré cette pièce, sans jamais oser y flâner. Enfant, son père lui interdisait même de toucher aux étagères garnies de livres. Pas pour l'empêcher de s'instruire, mais pour éviter toute catastrophe qui aurait pu le mettre dans l'embarras.

Puisque Charles l'avait invitée, quelques jours plus tôt, à visiter les lieux, elle s'autorisa à y mettre le pied. Les rayonnages s'élevaient sur plusieurs mètres et chaque pan de mur possédait son échelle montée sur rail pour atteindre les plus hauts volumes. La salle entière paraissait creusée dans un bois sombre. Les lourds rideaux en velours vert laissaient entrer quelques rayons de soleil vagabonds. Les reliures aux embossages dorés étaient attirantes, donnant à Sophie l'envie de faire cavaler ses doigts sur leurs dos de cuir. Elle entendait néanmoins la voix de son père lui intimer de ne toucher qu'avec les yeux.

Dans un recoin, une étagère se détachait des autres, moins imposante. Sur celle-ci, de petits livres fins, aux multiples couleurs : des recueils de contes. En dessous, comme une cabane, des draps et des coussins prenaient la poussière. Était-ce ici que Charles et Dimitri avaient passé leur enfance ? Allongés sur le ventre, le nez plongé dans des aventures épiques ?

Moins impressionnée par ces romans, Sophie se permit de laisser glisser ses doigts sur les différents titres de la collection.

— *Les Sept Jours sans lune*, *Hector et la biche*, *Mme Aiguille et ses douze souvenirs*, *Les Poursuiveurs de temps*... murmura-t-elle.

— *Qu'est-ce que tu fais, Sophie ?* interrogea Farandole.

— Il y a plusieurs contes que je lisais quand j'étais enfant... On a tous été élevés avec les mêmes histoires...

Sophie posa son index sur un ouvrage qu'elle ne connaissait pas.

— *L'Horolurgie de la sorcière Serpentine...*

Sophie extirpa l'ouvrage de la pile. Sur la couverture, le titre était presque effacé. L'illustration représentait une pendule simple, mais dotée d'une pierre à son sommet.

— Un Engrange-Temps! s'exclama-t-elle.

— *Mais de quoi parles-tu? Au diable ceux qui nous ont privés de la vue! Sophie, ton cœur bat très fort, qu'est-ce que tu as trouvé?*

Elle faisait défiler les pages à toute allure ; elle ignorait ce qu'elle cherchait, mais elle était persuadée de tenir une piste. Certes, faire confiance aux contes était une mauvaise idée, mais, depuis qu'elle avait utilisé l'Engrange-Temps, la réalité qui la façonnait auparavant s'effritait peu à peu pour laisser plus de place aux histoires qui avaient forgé ses rêves.

Soudain, un passage attira son attention :

La sorcière, dans sa solitude la plus profonde, fit une promesse à la pluie, au soleil, à la mer et aux nuages. Elle allait les défier, eux qui lui avaient tant arraché. Il faisait déjà sombre dans la clairière lorsqu'elle entreprit son labeur. À l'aide de branches, de rocs et de sève, la sorcière façonna le plus bel objet qui soit. Sa création fut même capable de la plus belle des mélodies.

Mais il manquait quelque chose pour parfaire son œuvre. Elle s'assit dans l'humus, à la lueur de la lune, et pleura amèrement. Les larmes qui roulaient sur ses joues tombèrent jusqu'à former une pierre aussi lisse et transparente que du verre. Ainsi, sans que l'astre brillant au-dessus d'elle pût faire quoi que ce soit, la sorcière incrusta la gemme au milieu des cliquetis enivrants, pour enfin rejoindre son bien-aimé.

Le cœur de Sophie battait à tout rompre. Les sorcières…
— Farandole ?
— *Ouiiii ?*
— Est-ce qu'une sorcière peut créer un transverseur ?

Sophie connaissait le lien intime qu'on émettait entre les sorcières et l'Horolurgie. Beaucoup soupçonnaient les Tisseurs de Temps de leur avoir volé ce savoir. Et si la solution pour enfin se sortir d'affaire était de faire appel à une sorcière ?

Chapitre 17

— Victor !

Sophie s'engouffra dans la boutique en courant, essoufflée, des mèches blondes collées à son front. Face à elle, un homme engoncé dans un complet émeraude la dévisageait avec des yeux ronds. Derrière lui, la tête de Victor apparut, ses loupes binoculaires sur le nez et l'air agacé. Décidément, ce n'était pas ainsi qu'elle allait s'attirer ses bonnes grâces.

— Oh, veuillez pardonner cette intrusion…

— *Bonjouuuur, Sophie !* s'exclama Églantine.

Comme Sophie habitait ici, elle oubliait parfois que l'horlogerie était une vraie boutique, avec de vrais clients et de vraies commandes.

— Bonjour… chuchota-t-elle pour la pendule.

Sans un autre bruit – pas même un grincement de parquet –, elle referma la porte et disparut à pas de loup dans l'arrière-boutique. Mais le mal était déjà fait et son chemin fut analysé du coin de l'œil par son père.

— Tu fais encore des tiennes, gamine ?

Le dos voûté et sa canne posée à ses côtés, Jean réparait une minuscule montre. À en juger par le bracelet en or, il s'agissait de celle de Mme Hélios.

— Sais-tu beaucoup de choses sur les Horloges Prodigieuses, Jean ?

— Souhaites-tu que j'te sorte toutes leurs caractéristiques ou tu veux un truc plus précis ? demanda-t-il.

Jean posa son tournevis et se redressa. Ses cheveux roux étaient en bataille et ses yeux gris fatigués. Sophie savait que sa jambe le faisait souffrir. Il lui avait déjà avoué, en vieillissant, que le sommeil se jouait souvent de lui. Elle se demandait si c'était déjà le cas.

— Est-ce que les sorcières peuvent créer des Horloges Prodigieuses ?

Jean s'esclaffa. Son rire se brisa dans sa gorge et il toussa.

— Oh, pardon, dit-il en frappant sa poitrine. Des sorcières ? J'aime ton imagination, gamine !

— Est-ce que ça paraît si fou que ça ?

Jean haussa les épaules.

— Les sorcières sont un beau mythe pour effrayer les enfants, Sophie. Les premières Horloges Prodigieuses ont été créées par une importante famille fréhnienne, y a plusieurs siècles de ça.

— Qu'est-ce que tu sais de ces objets ?

— À part qu'ils sont dangereux ? Pourquoi me poses-tu toutes ces questions, gamine ?

— Je ne sais pas... ça m'intéresse, mentit-elle.

Jean attrapa sa canne et se hissa sur ses longues jambes. Ainsi, sa tête touchait presque les balanciers qui pendaient du plafond. Il fit quelques pas pour fouiller dans le large meuble d'apothicaire placé contre le mur. Les tiroirs regorgeaient de milliers de trésors dans lesquels Sophie adorait fouiller, enfant. Si bien que son père avait pris l'habitude de placer les objets de valeur dans les tiroirs qu'elle ne pouvait atteindre.

Jean sortit un petit livre et le lui tendit.

— C'est un ouvrage que j'traîne depuis un bout d'temps. Ça regroupe les différentes Horloges Prodigieuses connues et le nom de leur créateur.

Sophie ouvrit le volume terni par le temps, et fit défiler les pages tachetées. Des esquisses colorées à l'aquarelle représentaient toutes sortes d'horloges, de la plus banale à la plus excentrique. Il y avait des pendules, des cadrans solaires, des montres, des sabliers... Tout ce qui pouvait représenter le temps était un jour devenu une Horloge Prodigieuse.

— Il y en a tellement...

— Du moment qu'elles font plus que t'donner l'heure, c'est considéré comme prodigieux.

— Un sablier qui arrête le temps par Barnabé Piquoir, un cadran solaire qui régit la météo créé par Estelle Aiguillon, une pendule qui prédit l'avenir fabriquée par Claude Bielle... Même... un Nécro-Temps ?

— Le plus prohibé d'entre tous ! Ce machin-là peut t'ramener n'importe quel être à la vie.

— Tu y as fait face pendant la Guerre des Rouages, n'est-ce pas ? demanda Sophie.

Jean plissa les lèvres en fixant la jeune femme.

— L'homme est entièrement responsable du massacre qu'y a eu. C'est lui qui a créé ces abominations, pas la magie, Sophie.

L'horlogère devinait dans ses yeux le traumatisme qu'avait provoqué le champ de bataille ; pour changer de sujet, elle s'intéressa de nouveau au calepin. À côté de chaque illustration, des caractéristiques étaient notées : le nom de l'inventeur, les matériaux, particularités, prouesses mais aussi dangers.

— *« L'Horloyage est une horloge lampadaire permettant de voyager aux quatre coins du monde, mais attention à ne pas y laisser un membre »*, récita-t-elle.

Sophie releva le nez, avec une moue dégoûtée, de l'illustration d'un humain au bras manquant. Jean mima un frisson.

— À la page 23, y a aussi une montre à gousset qui t'fait remonter le temps d'une minute chaque fois que t'éternues !

— Qui voudrait d'une montre pareille ?

— J'sais pas, gamine. Mais les Tisseurs de Temps ont de drôles d'idées parfois... J'ai dévoré ce bouquin quand j'tais enfant, je connais ces pages par cœur !

— *Et après, on prend les Horanimas pour des objets perfides...* grogna Farandole.

Sophie referma le livre. Sur la couverture, en lettres dorées, elle lut : « *L'Encyclopédie du Temps* par Sirius Wilfrid Naos ». Étonnée, Sophie rendit le volume à Jean. Jamais il n'avait évoqué son existence auparavant. L'avait-il en sa possession lorsqu'ils se côtoyaient, à son époque ? Sophie était heureuse d'en apprendre plus sur la seule personne qui partagerait encore sa vie lorsqu'elle rentrerait chez elle.

Des salutations polies furent échangées entre le client et l'horloger, et la clochette de la porte chanta son départ. Victor pénétra dans l'arrière-boutique, les bras croisés et le regard sévère.

— Bon, quelle est cette urgence ?

Sophie se dandina, elle ne pouvait en parler librement avec Victor si Jean restait planté à côté d'eux. D'un mouvement de tête, il l'invita à monter.

— Jean, tu peux t'occuper de la boutique quelques minutes ?

— Pas de souci !

Les escaliers grincèrent sous leurs pieds et ils débouchèrent dans la cuisine. Sophie avait toujours aimé cette pièce : les grandes fenêtres à carreaux ternis occupaient pratiquement toute la façade et diffusaient la lumière du jour à travers le séjour.

— Bon, eh bien, qu'est-ce qui se passe ?

Victor fit glisser une casserole d'eau sur le feu. Même si parfois il n'en buvait pas, préparer un thé lors d'une discussion était devenu une habitude tenace chez lui.

— Est-ce qu'une sorcière peut créer un transverseur ? demanda-t-elle en s'installant à la table.

Circonspect, Victor dévisagea Sophie comme si elle avait proféré une énormité.

— Quoi ? s'exclama-t-elle.

— Qu'as-tu derrière la tête ?

— Les Tisseurs de Temps utilisent la magie, tout comme les sorcières. Alors, est-ce que, oui ou non, elles sont capables de créer un transverseur ?

— Techniquement... oui... Pourquoi ?

— Jean s'est moqué de moi quand j'ai parlé d'elles, tout à l'heure... grogna Sophie. Toi, tu as l'air de prendre ma question beaucoup trop au sérieux.

— Jean préfère se complaire dans l'idée que l'humain a façonné notre monde. Les sorcières ne sont pas un sujet qu'il affectionne ou auquel il croit.

— Mais toi si, ajouta Sophie. Tu adorais me conter des histoires sur la magie des sorcières quand j'étais petite.

Sophie plissa les yeux, détaillant Victor. Il s'était détourné pour se pencher sur la casserole dans laquelle l'eau frémissait. Toujours bien apprêté, il portait un costume de tweed vert, des bottines brunes cirées et une montre à gousset dans son gilet. Sophie ne le voyait débraillé que tard le soir, lorsqu'il s'affairait sur ses commandes.

Le père de Sophie lui manquait. Il se tenait en face d'elle, mais n'était que l'ombre de l'homme qu'il allait devenir. Ce Victor-ci était une esquisse juvénile. Dans quelques années, les coups de pinceau de la vie traceraient des lignes plus franches, des détails plus forts et là, il deviendrait l'homme qu'elle avait connu.

— Les sorcières des Landes existent, pas vrai ? insista Sophie.

— L'Histoire essaie d'effacer leurs traces, dit-il enfin. Mais j'aime à croire que c'est elles qui ont habité ce monde avant nous.

— Je vais aller en trouver une pour lui demander de me créer un transverseur.

Victor parut s'étouffer.

— C'est hors de question !

— *Ah ! Tu vois ! Victor est de mon avis, c'est une très mauvaise idée, Sophie !* s'exprima Farandole, qui grommelait depuis que Sophie dédaignait ses conseils.

— Même Farandole est d'accord, ajouta Victor.

— Tu auras bientôt fini l'Engrange-Temps ! Il ne sert à rien sans pierre !

— As-tu bien cherché dans le parc ?

Sophie souffla d'exaspération.

— Arrête de remettre en question ma façon de chercher cet objet !

— Tu ne vas pas t'enfoncer dans les Landes à la recherche d'une sorcière !

— Pap… Victor, je ne te demande pas ton accord…

L'horloger lança un regard noir à Sophie. Cette maladresse la fit rougir. Malgré tout, elle ne se départit pas de son flegme et garda ses yeux plantés dans les siens.

L'horloger fit couler l'eau bouillante dans les deux tasses où il avait jeté des feuilles de thé. Elle voyait très nettement sa mâchoire se contracter.

— Je ne suis peut-être pas encore ton père, mais je vais le devenir, dit-il en déglutissant. Je ne peux pas accepter que ma future fille aille risquer sa vie dans la forêt.

Un silence écrasant tomba sur la pièce. Chacun l'entretenait en signe de résistance. Assis, les jambes croisées, Victor faisait frénétiquement vibrer sa chaussure contre le pied de la table pendant que Sophie tournait sa cuillère dans sa tasse en fer. Ainsi, le silence n'en était même plus un.

— Tu sais que j'irai quand même…

Victor arrêta le tremblement de sa jambe et exprima sa résignation dans un grognement.

— Es-tu toujours aussi têtue ?

— Tu vas adorer me voir grandir, plaisanta-t-elle en esquissant un sourire narquois.

Sans un mot, Victor se leva. Sa chaise grinça sur le sol et il disparut dans sa chambre. L'avait-elle vexé ? Était-ce sa façon d'exprimer son désaccord ? Après quelques minutes et plusieurs raclements de tiroir, il ressortit, un étui en main.

— Emporte ça avec toi.

Lorsqu'il déposa l'objet sur la table, elle comprit qu'il s'agissait d'une dague. Le pommeau en cuir était en excellent état, la lame reluisait à la lumière, tranchante, prête à servir son porteur.

— Elle appartenait à mon père. À part pour couper du fromage, elle n'a pas servi à grand-chose. Elle est affûtée, légère, et tu peux l'accrocher à ta ceinture avec la sangle.

Sophie sauta dans ses bras. Elle sentait sa gêne, mais il consentit à poser les mains sur son dos après quelques secondes.

— Merci beaucoup, Victor ! Je te la ramènerai !

— *Je n'arrive pas à croire que tu la soutiennes dans sa bêtise...* se lamenta Farandole.

Sur le visage de Victor, Sophie décela de l'inquiétude, teintée d'une certaine pudeur. Le voir ainsi la fit hésiter un instant. Si elle ne revenait pas, se remettrait-il du fait qu'il connaissait le destin tragique de sa fille ? Elle n'osait imaginer ce fardeau.

— Reviens saine et sauve, ça me suffira, répondit-il avec un sourire. Veille sur elle, toi, dit-il à la montre.

— *Toutes mes aiguilles seront en alerte !*

— Je suis censée monter au palais demain...

— Si le prince vient, j'inventerai un mensonge. Mais je ne pourrai pas te couvrir longtemps. Tu as intérêt à revenir, sinon j'irai te chercher moi-même.

Sophie reporta son attention sur la lame, qui lui renvoyait une image déformée d'elle-même, de ses yeux dorés, de ses cheveux ondulés. Sophie allait devoir être plus forte qu'elle ne l'avait jamais été. Ce saut dans le temps, cette blessure, ce monde n'étaient rien comparés à ce qu'elle s'apprêtait à vivre dans les Landes. Pour cela, elle allait devoir être un peu plus qu'elle-même.

Chapitre 18

Sophie inspecta le panneau planté à l'orée du chemin. Des lettres étaient profondément gravées dans le bois :

> *Bois d'Épinières, attention aux sorcières !*

L'air était imprégné d'une odeur de sève et d'humidité, bien différente des relents de la mer. Tout comme l'iode, les oiseaux ne s'aventuraient pas dans cette région. Le silence envahissait les lieux, alourdissant l'atmosphère.

Petite, Sophie s'amusait à se faire peur, accompagnée des enfants de la ville. Ils venaient jusque-là, se bousculaient jusqu'à ce que le plus courageux d'entre eux pose un orteil derrière le panneau. Sophie n'avait jamais réussi à amorcer un pas.

Aujourd'hui, devant l'écriteau défraîchi, elle hésitait. Elle ignorait si ses craintes étaient justifiées ou si les rumeurs étaient de simples récits de bardes destinés à dissuader les curieux.

Cependant, elle n'avait pas le choix. Derrière elle se dressait le peu de ville que la colline n'avait pas engloutie. Les tours pointaient leur nez comme pour accentuer sa culpabilité d'avoir exposé Victor aux réprimandes du prince. Charles n'allait pas apprécier sa fuite, mais il fallait qu'elle y aille. Le transverseur constituait sa seule chance que tout rentre dans l'ordre.

Décidée, elle s'engagea sur le chemin de terre bordé de pins. Qu'une sorcière lui saute dessus ! Il fallait qu'elle en trouve une, de toute façon. L'arme de Victor, à sa taille, la rassurait quelque peu.

Fouillant dans sa poche, elle sortit son seul compagnon.

— Tu es prêt, Farandole ?

— *Je n'approuve pas ce plan, mais si tu y tiens...*

— Sophie ?

Elle sursauta si violemment que Farandole glissa de sa paume. La montre émit un petit cri dans sa chute et se balança contre les plis de sa robe, maintenue par la chaîne à sa ceinture.

Lorsqu'elle se retourna, Charles se tenait à la limite du bois, très droit, l'air troublé, comme si lui aussi craignait ce qu'il se trouvait par-delà ce panneau. Hébétée, Sophie avait les yeux écarquillés et le cœur qui jouait du tambour dans sa cage thoracique. Ne pouvait-il pas la laisser tranquille rien qu'une journée ?

— Charles ? Mais qu'est-ce que vous faites là ? Vous m'avez suivie ?

Il fronça les sourcils.

— C'est plutôt à moi de vous poser cette question. Je vous ai vue sur le sentier qui quitte la ville. Je pensais avoir été clair : vous n'êtes pas autorisée à sortir de la ville.

Sophie se mordit la lèvre et inspira pour se donner du courage.

— C'est important. Je ne serai pas longue.

Sans attendre son approbation, elle tourna les talons. Elle réalisa que ce n'était pas le courage qui l'animait, mais son désir de fuite.

— Sophie, j'insiste.

Elle s'immobilisa. Le prince ordonnait, mais ne bougeait pas. Elle se retourna et le fixa : il avait l'air confus. Il craignait ces bois.

— Eh bien, venez avec moi !

— Quoi ? s'exclama-t-il alors que la voix de Farandole exprimait cette même interrogation.

Elle le pensait incapable de la suivre. Peut-être abandonnerait-il sa requête si la peur le paralysait.

— Vous souhaitiez me surveiller. Je vous en prie, surveillez-moi.

— Franchement, je n'ai pas de temps à perdre.

— Moi non plus, dit-elle en lui tournant résolument le dos.

Non, elle n'avait pas de temps à perdre. Plus elle restait dans cette époque, plus elle l'altérait.

— Soph… commença-t-il avant de comprendre qu'elle ne l'écouterait pas.

Elle entendit le prince grogner. Elle avait gagné.

Ou presque.

Un crissement lui fit comprendre qu'il l'avait suivie. Arrivé à sa hauteur, le visage fermé et les joues rouges, il se tenait tête haute, mais dans ses yeux se lisait une panique enfantine. Sophie, oubliant presque sa propre appréhension, avait envie de rire.

— Quel prince serais-je si je laissais une jeune femme seule dans une forêt ?

Elle esquissa un sourire. Au moins, il ne l'empêchait pas de s'y aventurer.

— Puis-je savoir où vous comptez aller ?

— Je cherche une sorcière.

Charles parut manquer d'air. Cette fois, elle ne comptait pas mentir. Le prince devait penser qu'elle était folle.

— Vous n'êtes tout de même pas sérieuse ?

— Avez-vous peur ?

En réalité, Sophie se posait aussi cette question à elle-même. À chaque pas, une boule enflait dans son estomac. Le prince s'immobilisa.

— Peur ? Bien sûr que non. Je ne vous croyais simplement pas adepte de ce genre d'histoires.

Évidemment. Charles ne partageait pas l'avidité de son frère pour la magie. Pour lui, il n'y avait que la science.

Sophie poursuivit sa route. Elle ne s'expliquerait pas, cette fois. Ils étaient hors des murs du palais de Vitriham, loin des convenances et des politesses. Dans ces bois, elle était presque libre.

Le prince grogna avant de revenir à ses côtés. Elle le sentait battre des jambes pour essuyer la boue qui salissait ses bottes cirées. Il marmonnait sans arrêt. De son côté, elle laissait la fange s'emparer de ses pieds, créant de petits bruits de succion qu'elle aurait pu trouver insupportables si les grommellements de Charles n'attiraient pas autant son attention.

— Écoutez, dit-elle en pivotant pour lui faire face, retournez au palais. Je vous promets de revenir.

Surpris, il ressemblait à un poisson hors de l'eau. Il papillota des yeux puis reprit contenance.

— C'est hors de question. Vous êtes en train de me fournir la preuve que vous n'êtes peut-être pas si innocente que cela.

— *Mais qu'est-ce qu'il est agaçant, celui-là !* dit Farandole.

— C'est donc cela que vous marmonnez ? Des hypothèses ?

— J'ai toujours apprécié réfléchir à haute voix.

Elle sentit que son tour était venu de grogner de frustration. Deux jours plus tôt, elle avait passé un moment des plus agréables avec lui. Pourtant, en cet instant, elle se demandait si la compagnie de Dimitri n'aurait pas été plus agréable. Agissait-il ainsi lorsque les choses n'allaient pas dans son sens ? Il fallait qu'elle trouve une sorcière au plus vite pour en finir.

Un kilomètre passa sans qu'ils échangent un mot, puis un deuxième. Sophie ignorait s'il réfléchissait toujours ou s'il la boudait. En ce qui la concernait, elle aurait préféré bavarder avec Farandole durant le voyage que de mentir au prince. Pourquoi lui avait-elle proposé de l'accompagner ? Quelle mouche l'avait piquée ? La solitude avait toujours fait partie de son quotidien, ce n'était donc pas cela qu'elle redoutait. Était-ce un ultime appel au secours de son inconscient, qui tremblait de peur à l'idée de pénétrer dans ces bois ?

— *Je ne vois vraiment pas ce que tu lui trouves,* bougonna Farandole après plusieurs minutes.

— Absolument rien, murmura-t-elle, alors qu'elle sentait ses joues brûler.

Je ne lui trouve absolument rien, pensa-t-elle pour s'en convaincre elle-même.

— *Quand il est là, ton cœur bat différemment.*

Sophie serra les dents et pressa le pas dans la boue épaisse et collante. Les jambes écartées, les mains agrippant sa robe, le dos rond – Charles devait se délecter de ce tableau hilarant. Heureusement qu'il ne pouvait voir sa grimace de frustration. Elle devait ressembler à une grand-mère aigrie.

La forêt, elle, ne ressemblait pas à l'image qu'elle s'en était faite. Même les animaux, qu'elle croyait assez peureux pour ne pas y entrer, y vivaient. Quelques oiseaux piaillaient à travers la végétation, des lapins sautillaient, des biches broutaient. Il semblait exister deux mondes, celui des hommes et celui de la nature.

Il y avait pourtant quelque chose d'étrange dans ces bois. Ce n'était ni les fougères, ni le ruisseau, ni les sapins; pas même la boue et les bêtes grouillantes autour d'eux. Non, il s'agissait de leurs ombres. Elles paraissaient plus sombres, surtout lorsque le soleil disparaissait derrière les nuages.

Alors qu'ils se trouvaient une nouvelle fois plongés dans la pénombre, Charles émit quelques réticences :

— Si nous continuons ainsi, nous serons perdus à la nuit tombée.

Cette idée, elle l'avait placée dans un recoin de son esprit. Elle avait muselé cette crainte. Mais, lorsqu'il évoqua la nuit, elle fut persuadée que le malaise qu'elle ressentait sans les rayons réconfortants du soleil s'accentuerait avec l'obscurité.

— Sophie, nous devons rebrousser chemin.

Hors de question.

Dans sa poche, Farandole vibra d'exaspération. Il aurait préféré que le prince ne les accompagne pas, elle en était persuadée. Alors qu'il s'était imaginé converser avec Sophie en toute tranquillité, Charles empêchait l'horlogère de lui accorder toute son attention.

— Sophie, sérieusement ! Ne m'obligez pas à employer la force.

Sophie, heurtée, s'immobilisa. Elle se tourna lentement et plongea son regard dans les yeux troublés du prince.

— Je vous demande pardon ?

— Il en va de notre sécurité à tous les deux.

La poitrine du prince se soulevait de manière erratique. Il était essoufflé. Non, elle ne lui trouvait rien. Ses yeux sombres ne la faisaient pas chavirer, ses lèvres ourlées ne l'hypnotisaient pas, sa mâchoire carrée...

Sophie détourna les yeux avant de répondre :

— Je ne vous ai pas obligé à m'accompagner.

— Allons bon ! J'aurais dû vous laisser y aller toute seule ?

— Évidemment.

Charles, maladroit sur le sol marécageux, se dandina pour la rejoindre et s'arrêta à quelques pas d'elle pour lui faire face.

— Ça suffit, rentrons.

Son ton s'était adouci, mais ses paroles sonnaient toujours comme les ordres d'un enfant capricieux.

— Si vous rentrez maintenant, il fera encore jour lorsque vous atteindrez les tours. Pour ma part, je continue dans cette direction, dit-elle en plantant résolument ses yeux dorés dans ceux du prince.

— Êtes-vous toujours aussi têtue ?

Encore plus ces jours-ci, pensa-t-elle avec un sourire.

— Et vous, aussi rabat-joie ?

Ses sourcils se haussèrent de surprise, mais il ne sembla pas outré.

— Pourquoi vous mettez-vous en danger de la sorte ? Tout ce que j'essaie de faire, c'est vous protéger.

— Je n'ai pas besoin que l'on me protège, Charles.

Le ton de Sophie était cassant. Cette fois, elle en avait assez de se justifier. Elle pivota, glissa légèrement sur le sol et continua son chemin, avec ou sans lui.

— De quoi avez-vous besoin, alors ?

Charles agrippa le bras de Sophie pour l'empêcher d'aller plus loin. Ce geste lui fit perdre l'équilibre. Charles tangua à son tour et elle l'entraîna dans sa chute. Le souffle coupé, la jeune femme lâcha un gémissement étranglé alors que la douleur irradiait dans son flanc meurtri. Elle essayait de refouler depuis ce matin la gêne omniprésente, mais cette simple chute lui arracha une larme.

Alors que la colère montait en elle, que sa gorge se gonflait des injures qu'elle s'apprêtait à articuler, un coup d'œil en direction du prince la fit éclater de rire. Au lieu de tomber sur le dos, Charles s'était étalé sur le côté. Sa redingote beige était maintenant bicolore, tout comme son visage. Son expression dégoûtée était si drôle qu'elle balaya instantanément la colère de Sophie.

À moins que ses nerfs n'eussent lâché.

— Je ne trouve pas ça drôle, maugréa-t-il pendant qu'il tentait d'ôter la boue qui maculait son visage laiteux.

— Vous devriez voir votre tête, pouffa-t-elle.

Sophie savait qu'elle n'avait pas meilleure allure. Ses cheveux blonds, alourdis, avaient pris un bain de boue. L'arrière de sa robe était dans un sale état et l'arme que lui avait donnée Victor lui rentrait dans les reins.

Dans un concert de bruits de succion et de clapotements, ils réussirent à se mettre debout, leurs mains boueuses entrelacées et leur corps tremblant au premier vacillement.

— Si vous voulez mon avis, il y avait des chemins plus simples pour fuir Aigleport.

— Alors c'est ça! s'exclama-t-elle, les mains encore serrées dans les siennes et le corps penché en avant pour garder son équilibre. Vous pensez que je veux m'enfuir?

— Quoi d'autre? Ne me dites pas que vous cherchez réellement une sorcière?

— Pourquoi cela vous paraît si saugrenu?

— Parce qu'elles n'existent pas.

— Alors pourquoi avez-vous si peur?

Charles pinça les lèvres et s'extirpa des mains glissantes de Sophie. Il essuya ses paumes sur ses habits déjà bien sales.

— Je connais les légendes mieux que quiconque. Mon frère et moi avons été bercés par le folklore de ce pays. Il ne s'est pas passé une nuit, jusqu'à nos dix ans, où notre mère ne nous contait pas d'histoires.

— Oui, j'ai vu le nombre impressionnant de livres…

— Cependant, au-delà des contes nocturnes, les rumeurs nous hantaient aussi le jour. Ces messes basses, en ville, qui remontaient jusqu'aux murs du palais.

— Les rumeurs sur votre conception?

Charles hocha la tête. Sophie savait que les frères Ferwell étaient le sujet préféré des babillages des habitants d'Aigleport. Elle avait déjà entendu nombre de calomnies et de folles rumeurs à leur sujet. Certains adoraient inventer leurs aventures. Les troubadours contaient leurs voyages, mais ce qu'ils aimaient par-dessus tout, c'était émettre des hypothèses sur leur ressemblance.

— Je sais que, si je m'enfonce plus profondément dans ces bois, je découvrirai des choses qui ne me plairont pas.

— Mais n'avez-vous pas envie de connaître la vérité ?

— Qu'est-ce que cela m'apporterait ?

— Vous êtes en recherche constante de réponses. Vous voulez démêler le vrai du faux à chaque occasion, ne me dites pas que vous ne désirez pas résoudre ce mystère !

Charles fronça les sourcils. Sophie avait trouvé les mots justes, elle le savait. La mâchoire contractée, il déglutit, pesant le pour et le contre. Puis son expression changea : un mélange de résignation et de détermination.

— Bon, allons la chercher, votre sorcière.

Chapitre 19

En fin d'après-midi, la pluie leur compliqua la tâche. Chaque goutte était un ennemi de plus à affronter. La robe de Sophie lui collait à la peau, telle une gigantesque sangsue englobant son corps. Elle avait les pieds froids et humides et ses dents claquaient à l'unisson de celles de Charles.

Malgré les aléas de la météo, le prince ne s'était plus plaint depuis plusieurs heures. Il affrontait les éléments avec l'obsession de découvrir la vérité. Sophie, elle, cherchait à sauver son avenir.

Elle commençait à croire que cette forêt n'avait rien à offrir de plus que de la boue et de la végétation. Après des kilomètres de marche, elle désespérait de trouver une once de magie entre les troncs. Et si les sorcières n'appartenaient qu'aux contes ? Et si aucune n'habitait ces bois ? Sophie frissonna : elle ignorait si c'était à cause de l'eau qui la glaçait jusqu'à l'os ou bien à l'idée de faire fausse route.

Alors que la peur serrait ses entrailles depuis son entrée dans ce lieu maudit, l'angoisse de s'être trompée était encore plus forte. Le doute s'empara d'elle. Des centaines de « Et si… » pullulaient dans son esprit. Se fier à un livre pour enfants n'était pas la meilleure des idées. Cette forêt ne regorgeait peut-être pas de sorcières mangeuses d'âmes, mais les bois, la température, la boue, les racines ou bien le ruisseau allaient sûrement avoir raison d'eux.

— Sophie, là-bas.

Charles pointa une colline du doigt. Cela faisait plusieurs heures que leurs jambes travaillaient durement sur des pentes de plus en plus raides.

— Une grotte.

En effet, en plissant les yeux, elle distinguait à travers le rideau de pluie un trou dans la roche, petit mais assez grand pour les abriter. Ils s'empêtrèrent dans les ronces : sa robe, déjà lourde, fut déchirée aux coutures. Elle aurait souhaité hurler, tant elle était épuisée. La douleur de sa blessure récente était lancinante. Mais elle savait que, si elle s'asseyait, c'en était fini d'elle. Elle serait incapable de se relever.

Charles lâcha un long soupir lorsque, pénétrant dans la cavité, il s'installa sur la terre sèche. Ses cheveux noirs pendaient devant ses yeux et des gouttes de pluie coulaient le long de ses tempes. D'un mouvement de tête, il envoya valser ses boucles, qui révélèrent des yeux bien plus sombres que toutes les fois où elle l'avait contemplé, comme deux charbons dans la neige.

Lorsqu'il réalisa que Sophie était encore debout, il la dévisagea.

— Eh bien, asseyez-vous.

Elle grelottait encore plus dans ce refuge. La respiration haletante, les bras pressés contre sa poitrine, Sophie n'avait pas fière allure avec ses cheveux trempés, semblables à des lianes. Son visage, tout comme celui du prince, était constellé de gouttes glacées.

— Je ne peux pas.

— Pourquoi ça ?

— Je n'arriverai jamais à me relever.

En réalité, elle refusait de se plier, de peur de réveiller la douleur.

— Voyons, je vous aiderai.

Comprenant soudain la raison de son refus, le prince se releva et s'approcha d'elle.

— Vous souffrez.

Sophie plongea ses yeux dans ceux de Charles. Elle essayait de ne pas penser à la douleur, mais laisser son esprit s'attarder sur la proximité qu'ils entretenaient était peut-être plus terrible.

— Il faut vous reposer. Laissez-moi vous aider.

Délicatement, Charles glissa sa main dans celle de Sophie. Son pouce lui effleura l'intérieur du poignet et le cœur de l'horlogère bondit. L'autre main du prince se posa sur son dos, déclenchant un frisson lorsque le tissu froid de sa robe rencontra sa peau.

— Appuyez-vous sur moi.

Le regard toujours planté dans le sien, elle se laissa accompagner. Ses jambes tremblèrent et, dans un gémissement, elle s'assit enfin. Elle avait eu tort : cette position était bien plus agréable.

— Merci, articula-t-elle, les yeux fermés.

Elle sentit un poids sur ses épaules. Quand elle ouvrit les yeux, elle vit que Charles ne portait qu'une simple chemise blanche trempée qui laissait entrevoir ses bras athlétiques. Sa redingote la recouvrait à présent.

— Je ne peux pas accepter, vous allez mourir de froid.

— Vous aussi, et vous ne rencontrerez jamais de sorcière.

— Et vous, vous ne saurez jamais qui vous êtes.

— Nous ferons deux fantômes bien malheureux, alors.

Sophie pouffa, ses yeux perdus dans la végétation qui dansait au rythme de l'averse. Il venait de faire allusion à une croyance mystique : il n'était peut-être pas tant un homme de science, finalement.

— Puis-je savoir pourquoi ce voyage vous tient tant à cœur ?

— J'ai besoin d'une chose qui m'aidera à rentrer chez moi.

— N'avez-vous pas seulement besoin d'un vaisseau ?

Le vaisseau, elle l'avait. Il lui fallait un carburant.

— En partie, oui, répondit-elle avec un sourire triste.

— Vous êtes une drôle de personne, Sophie. J'imagine mal ce qui vous pousse à vous aventurer ici. Rien n'a été conquis par l'humain dans ces bois. Il n'y a que des arbres à perte de vue et de la boue à n'en plus finir.

D'un geste vif, il envoya valser une motte de terre accrochée à sa botte.

— En somme, il s'agit d'une terre sacrée, déclara-t-elle dans un sourire. Cette forêt est précieuse, justement parce que personne ne l'a soumise. Elle regorge de merveilles, mais surtout de possibilités.

Elle sentait son regard la détailler, mais elle craignait de tourner les yeux vers lui. Se questionnait-il sur sa santé d'esprit ? Lui en voulait-il pour l'avoir entraîné dans ce périple ?

— Vous êtes décidée à ne pas renoncer, n'est-ce pas ?

— Ne sommes-nous pas trop loin dans l'inconnu pour renoncer maintenant ?

— Vous avez toujours le choix de refuser de continuer.

Le bruit apaisant de la pluie lui avait presque fait oublier son corps transi, mais les mots de Charles hérissèrent son échine. *Le choix.* Elle en avait fait de trop dangereux ces derniers jours et il fallait qu'elle rattrape ses erreurs.

— Abandonner n'est pas dans mes plans.

— Alors vous devriez vous reposer un peu.

Charles s'approcha. Leurs épaules s'effleurèrent.

— Reposez-vous sur moi, si vous le souhaitez. Je vais rester éveillé pour monter la garde.

Sophie hésita avant de poser la tête sur son épaule. Qu'était-elle en train de faire ? Il s'agissait de son futur roi. Elle allait à l'encontre de toutes les règles qu'elle s'était fixées. Elle ne devait pas influer sur le futur, et voilà qu'elle dépassait amplement les limites.

— *Sophie, calme-toi,* rouspéta Farandole, qui s'agaçait de la cacophonie produite par son cœur.

La chaleur du prince la réchauffa, mais elle frémit. Sa joue glacée contre la chemise humide de Charles... Elle avait l'impression de toucher sa peau nue.

— Vous tremblez, dit-il.

Bien sûr qu'elle tremblait! Et malheureusement, ce n'était pas de froid. Charles remua et passa son bras autour des épaules de Sophie. Son sang pulsait dans ses tympans tant elle paniquait. Cette promiscuité l'effrayait. Elle ressentait tout avec une acuité particulière: le chant de la pluie, leurs souffles courts, chaque parcelle de sa peau en contact avec celle de Charles.

Tout ceci ne signifie rien. C'est un prince, et je ne suis qu'une horlogère, se répétait-elle.

Il s'agissait d'une nuit. À des lieues du palais. Jamais cet événement n'allait changer le futur. Sophie allait récupérer un transverseur, retourner dans son époque; Charles deviendrait roi quoi qu'il advienne. Cette nuit resterait dans l'esprit du prince comme un terrible souvenir et Sophie n'en soufflerait mot, jusqu'à sa mort.

— Je suis désolée, Charles.

— De quoi?

— De vous avoir conduit ici... C'est ma faute.

Un silence s'étira et elle craignit qu'il ne réponde jamais. Il la détestait à présent, elle en était sûre.

— Ne vous inquiétez pas, je ne vous en veux pas. À moins que tout ceci ne soit qu'une sombre tactique pour que je tombe sous votre charme.

Sophie pouffa, malgré la raideur qui l'habitait.

— Est-ce que la boue produit l'effet escompté ?

Le rire du prince vibra dans l'atmosphère de la grotte, se répercutant en écho lointain.

— Essayez de vous reposer, et nous repartirons à la recherche de votre sorcière.

Sophie ferma les yeux, bercée par les battements du cœur de Charles. Elle se promit en sombrant dans le sommeil que ce qui venait de se produire dans la grotte y resterait enfoui.

Un bruit réveilla Sophie.

Le corps étendu dans la poussière, elle était devenue aveugle et sourde.

Non.

Elle entendait ses doigts tâtonner sur la terre à la recherche de Charles. En réalité, la pluie avait cessé, la forêt et les oiseaux s'étaient tus. Les ténèbres avaient envahi la caverne, mais elle était sûre d'une chose : Charles n'était pas là.

La grotte était vide.

Un battement de cœur et elle bondit, alerte. La redingote glissa de ses épaules sans qu'elle s'en aperçoive et elle se précipita à l'extérieur, les yeux grands ouverts. Elle entrevoyait à peine les arbres tant le ciel était noir. Les feuillages bruissèrent au contact de sa robe.

— *Sophie... je sens quelque chose de bizarre...* murmura Farandole, qui souhaitait être discret, pour une fois.

— Charles ? articula-t-elle.

— Quelque chose cloche.

La voix du prince brisa sa panique. Elle aperçut son visage, qui se détachait nettement de sa tignasse brune. Adossé contre la pierre à quelques pas de l'entrée de la grotte, il inspectait les environs, l'ongle de son pouce prisonnier entre ses dents.

Sans un mot de plus, il pointa le sol. Pourtant, il n'y avait rien, ou plutôt Sophie ne voyait rien. Les ombres engloutissaient tout. Elle n'avait jamais observé le paysage sombrer de cette façon dans la nuit.

— Vous faites allusion aux ombres ?

— Elles remuent, murmura-t-il entre ses dents.

Sophie s'immobilisa. Elle n'entendait que le martèlement de son sang dans ses oreilles. L'angoisse montait dans son ventre. Elle se remémora les légendes sur ce lieu. Ce n'était pas une forêt ordinaire. Ils s'étaient aventurés dans les Landes de la Grahenne de leur plein gré, à la recherche du danger. Et ils venaient sûrement de trouver ce qu'ils cherchaient...

Doucement, elle laissa son regard glisser sur le sol, sur les arbres, les bosquets, mais elle ne vit rien d'anormal.

— Les arbres remuent à cause du vent, et ça fait bouger leurs ombres, déduisit-elle.

Charles secoua la tête. Il n'était pas d'accord. Il désigna l'ombre d'un arbre, à quelques mètres d'eux : elle ondulait. La jeune femme n'avait jamais vu un tel phénomène. Elle devait admettre que ce n'était pas son esprit ensommeillé qui lui jouait des tours.

Puis l'ondulation s'arrêta. La silhouette du tronc redevint droite. Les vibrations avaient cessé. Sophie soupira, soulagée. Charles, lui, semblait penser que ce n'était pas terminé. Il se redressa lentement, et elle suivit son regard qui parcourait les ombres. Elle découvrit alors que l'oscillation avait gagné un nouveau tronc, beaucoup plus proche d'eux. Des vagues noires voyageaient dans leur direction, d'arbre en arbre.

Sophie sursauta lorsque le corps du prince frôla le sien. Elle ne l'avait pas entendu se mouvoir. Il se plaça devant elle, protecteur. D'une main, elle tira de sa ceinture la dague offerte par Victor, néanmoins peu convaincue de son efficacité dans un moment pareil.

Lorsque l'ondoiement atteignit le pin le plus proche d'eux, le silence se brisa en même temps qu'une branche au-dessus de leur tête. Le tronc craqua de l'intérieur et l'ombre s'agrandit. Très distinctement, des tentacules de ténèbres s'extirpèrent des méandres, telle une pâte noire et visqueuse.

Charles attrapa le bras de Sophie et la poussa vivement en arrière. La chimère nébuleuse grossissait. Quatre pattes arquées naquirent de l'ombre imposante de l'arbre, jusqu'à s'en affranchir. Un corps dégoulinant de fumée approcha d'un pas lent. La bête n'émit aucun grognement : même ses enjambées étaient silencieuses, mais la végétation ployait sous son poids et le bois crissait de toutes parts.

Une terreur innommable remonta dans la gorge de Sophie, incapable de pousser le moindre cri. Elle devina la peur sourde de Charles à la façon dont il comprimait son poignet. Il reculait, l'entraînant avec lui.

Pour ajouter à sa frayeur, le monstre qui avançait vers eux fut rejoint par deux autres chimères, différentes et plus petites : une mélasse aux milliers de bras se décrocha d'un bosquet pendant que des ailes d'ombres s'élevaient au-dessus de leur tête.

Tremblant, Charles dégaina le revolver à sa ceinture et tira. Le bruit rompit le silence surnaturel de la scène et Sophie ne put s'empêcher de grimacer. Le plomb perfora un des fantômes, telle une bille tombée dans l'eau trouble, mais le corps se reforma aussitôt. Une chose, cependant, sembla les tenir en respect : l'étincelle qu'avait produite la détonation. Les bêtes s'étaient figées sous ce bref éclair.

Sans prendre la peine de viser, Charles cribla l'air. À chaque tir, le barillet tournait, lui offrant une autre balle, une autre étincelle, un peu de répit.

— Courez, Sophie, dit-il entre deux détonations.

— Hors de question !

Charles tira son dernier plomb, et ils se mirent à courir. Aussitôt, comme si les oreilles de Sophie s'étaient débouchées, les oiseaux se remirent à piailler, le ruisseau à couler et la végétation à frémir. Une bourrasque fit vibrer les frondaisons. La forêt prenait vie.

— *Aaaaaaaaahhh, au secouuuurs!* cria Farandole, qui tressautait dans la poche de l'horlogère.

Les ombres tendaient vers leurs proies des doigts gigantesques. Sophie devinait leurs présences gluantes et menaçantes. Elle savait que, si elle s'arrêtait de courir, c'en était fini d'elle. Elle avait envie de vomir. Sa robe s'accrochait aux fourrés, comme si ces derniers voulaient la retenir, la faire tomber. Devant elle, Charles prenait de l'avance, mais il ne l'oubliait pas : il tournait la tête à chaque foulée pour s'assurer qu'elle suivait.

Soudain, un tentacule la balaya, l'envoyant quelques mètres plus loin comme un vulgaire insecte, dans un gémissement écourté. Une douleur la transperça lorsqu'elle heurta le sol humide. Ses dents claquèrent et un goût de sang se répandit dans sa bouche.

— Sophie !

Le souffle court, la vue brouillée, elle se redressa avec peine, tâtonnant sur le sol à la recherche de son arme. D'un coup sec, elle fut traînée en arrière, ses doigts raclèrent la terre jusqu'à ce que la main salvatrice de Charles agrippe son bras.

— Charles !

— Ne me lâchez pas !

Il était difficile de résister : elle se sentait coupée en deux, tiraillée de part et d'autre. Sa plaie à l'abdomen menaçait de se déchirer. Ils allaient mourir ici, tous les deux. Elle avait conduit Charles à sa perte. Tout était sa faute.

— Je suis désolée, Charles, gémit-elle.

Il n'allait pas devenir roi. Dimitri allait monter sur le trône. Victor ne deviendrait jamais horloger du palais. Est-ce qu'elle existerait même un jour ?

Les ailes d'ombres lacérèrent le bras du prince, mais il refusa de lâcher prise. Le rapace plongea de nouveau et lui griffa le dos. Charles hurlait, mais ne faiblissait pas. Des veines boursouflées ondulaient sur ses tempes, ses narines étaient dilatées et ses yeux, injectés de sang. Étrangement, elle savait qu'il ne la lâcherait sous aucun prétexte et cette idée lui fit mal. Il ne devait pas se sacrifier pour elle.

— Fuyez! cria-t-elle alors que des larmes coulaient sur ses joues.

— Jamais!

La chose qui enserrait la cheville de Sophie relâcha son étreinte. Libérée, elle heurta Charles de plein fouet. Au lieu de la rejeter, il referma ses bras sur elle. Il ne la lâcherait plus.

Soudain, une lumière fulgurante embrasa les bois.

Des rayons bleutés illuminèrent la végétation et les ombres disparurent aussi silencieusement qu'elles étaient arrivées. Aveuglés, Charles et Sophie se recroquevillèrent, se serrant l'un contre l'autre le plus fort possible. Elle aurait pu étouffer, mais, en cet instant, ces bras étaient la seule ancre qui la maintenait dans ce monde.

Lorsque la lumière faiblit enfin, ils relevèrent la tête. Les monstres avaient disparu, les arbres ne craquaient plus et les oiseaux piaillaient avec retenue. Encore pressée contre Charles, tremblante, Sophie adapta sa vision pour découvrir ce qui venait de leur sauver la vie.

Là, se dressant au-dessus d'eux, une femme faisait flotter un orbe de lumière vacillante. Sophie sut aussitôt que ce n'était pas une simple femme: c'était une sorcière.

Chapitre 20

Dans un silence solennel, emportés par un seul « Suivez-moi » de leur sauveuse, Charles et Sophie se soutinrent mutuellement à travers la forêt. Devant eux, le corps humanoïde de la sorcière se déplaçait avec grâce. La pénombre les empêchait de la détailler avec précision, mais elle était nue. Les jambes élancées et les os saillants, elle avait la peau recouverte par endroits d'écorce et de mousse. Ses cheveux, longs et décorés de pendeloques cliquetantes, tombaient jusqu'au bas de son dos.

— Où nous emmenez-vous ? demanda le prince.

— Là où vous souhaitiez être.

Sa voix était un long souffle, calme et suave. Sophie savait qu'elle ne devait pas lui faire confiance, mais aucune hostilité n'émanait d'elle. Et après tout, elle les avait sauvés.

Chaque pas s'apparentait à un coup de couteau. Le corps de Sophie criait de douleur, et le sang qu'elle avait sur les mains, et qui appartenait à Charles, lui indiquait qu'il devait souffrir autant qu'elle. Peu importait où la sorcière les conduisait, elle espérait pouvoir enfin se reposer.

Après quelques minutes de marche, ils pénétrèrent dans une clairière entourée par dix arbres de taille et de circonférence identiques, formant un cercle parfait. Sophie comprit que ce lieu était l'œuvre de la magie. Au milieu, comme un phare, un orbe flottait dans l'air, bien plus imposant que celui que la sorcière tenait dans ses mains. L'aura bleutée qu'il produisait fauchait les ombres.

Postée devant l'un des pins, la sorcière releva la tête, bomba le buste et fut aspirée par le tronc. L'écorce venait de l'avaler. Un hoquet de surprise s'échappa de la bouche de Charles, et Sophie resta interdite.

— On doit la suivre ? demanda-t-il.

— Je crois bien.

Sophie se détacha du corps chaud du prince en frissonnant. L'arbre avait l'air d'un simple conifère, pourtant, lorsqu'elle y posa les doigts, l'écorce vibra, réceptive et prête à l'engloutir à son tour.

— Sophie…

Charles se tenait derrière elle. Il semblait déstabilisé. Devaient-ils suivre cette inconnue ou fuir pendant qu'il en était encore temps ? S'ils abandonnaient maintenant, arriveraient-ils seulement à retrouver leur chemin vers Aigleport ? Après ce qu'ils venaient d'endurer, la fuite n'était plus une option ; Sophie devait continuer coûte que coûte. Tant pour s'offrir un avenir que pour laisser une chance à Charles d'accéder au sien.

Dans un souffle de détermination, elle plongea dans l'écorce.

C'était comme traverser une porte sablée. Le bois frotta sa peau sans l'irriter, et elle pénétra dans l'antre de la sorcière dans un concert de cliquetis, de tic-tac et de dong. Au-dessus de sa tête, suspendues par des chaînes, des centaines d'horloges, montres et réveils chantaient en canon. Même l'horlogerie Delapointe n'en possédait pas autant. Cependant, au-delà de cette mélodie, Sophie remarqua des chuchotements imperceptibles qui n'échappèrent pas à son ouïe de chronolangue. Des Horanimas.

— *Sophie, on est où ? J'entends plein de bruits...* murmura Farandole, qui ne s'était pas manifesté depuis un moment.

— À l'endroit où nous souhaitions être, répondit Sophie, répétant les mots de la sorcière.

La pièce, circulaire, s'élevait dans les hauteurs tout comme l'arbre qui l'abritait. La lumière, tamisée, provenait de centaines de bocaux où se cognaient sans relâche des lucioles prises au piège.

Charles apparut et lâcha un soupir d'étonnement. Les murs, en terre brute, étaient creusés de petites alcôves regorgeant de livres, de fioles et de babioles. Dans un renfoncement, un feu ronflait en face de deux fauteuils. Des coucous et des pendules étaient fixés aux parois par l'argile et leur balancier dansait dans le vide.

Dans un coin, la sorcière était penchée sur une table jonchée d'herbes sèches, de pages jaunies et de récipients emplis de liquides étranges.

— Asseyez-vous, dit-elle sans lever les yeux.

Sophie déglutit et passa un bras sous l'aisselle de Charles pour le conduire vers un des fauteuils de bois et de paille qui trônaient au milieu de la pièce. Le prince poussa un râle en s'asseyant et ne prit même pas la peine de s'adosser, car la plaie à vif dans son dos ne supportait aucun contact.

— Qui êtes-vous ? demanda Sophie.

La sorcière cessa de mélanger ses ingrédients et leva des yeux émeraude vers ses invités. Sophie distingua enfin ses traits. Ses pommettes étaient saillantes, ses lèvres fines et sa peau, bleutée, parsemée de taches brunes.

— Je me nomme Sarinne. Et vous ? Qu'est-ce qui vous a poussés à vous aventurer dans les Landes ? À moins de chercher une mort lente et douloureuse…

Sophie tressaillit. Parlait-elle des monstrueuses ombres ou de ce qu'elle s'apprêtait à leur faire subir ? Sarinne sentit Sophie se raidir et esquissa un léger sourire.

— Vous êtes en sécurité ici.

— Pourquoi nous avoir sauvés ?

— J'ai entendu les complaintes de votre montre.

Sophie plongea sa main dans sa poche pour caresser Farandole, qui vibrait de peur.

— Quel est cet endroit ? articula Charles.

— Une question, une réponse. C'est ainsi que ça marche.

— Je m'appelle Sophie, et voici Charles. Nous venons d'Aigleport. Nous… enfin… je cherchais une sorcière.

— Était-ce important au point de mourir pour cela ?

Sophie leva les yeux vers les centaines d'horloges. Elle percevait très clairement des paroles sans arriver à en comprendre le sens, car il ne s'agissait pas de langues qu'elle connaissait.

— Qu'est-ce que c'était, là, dehors ? demanda Charles à son tour.

— Des Sombreurs. La nuit en regorge, ils vivent dans les ombres et sont attirés par vos peurs.

— Ils ont failli nous avoir…

— Et ils le pourraient encore. Enlève ta blouse, ordonna-t-elle en s'approchant, un mortier à la main.

— Qu'est-ce que vous allez faire ?

— Te soigner, il ne faut pas les laisser t'infecter. Se faire blesser par ces choses est un sort bien plus terrible que se faire manger tout cru.

Charles hésita un instant, puis capitula. Sophie l'aida à retirer sa chemise en lambeaux. Ses poils se hérissèrent et elle découvrit les veines qui couraient sur ses bras musclés.

La plaie sur son biceps était bénigne, mais l'estafilade qui barrait son dos était profonde et suintante. À la surprise de Sophie, de nombreuses stries anciennes marquaient ses omoplates.

Rencontrant son regard médusé, Charles esquissa un sourire triste.

— Mon père peut être sévère, parfois, dit-il.

Le cœur de Sophie se fissura sous cette révélation. Elle qui pensait les jumeaux protégés et aimés dans leurs tours sacrées ! L'envers du décor était donc bien différent.

Était-ce à cause de toute cette violence que le vieux Dimitri avait sombré ?

Les yeux noirs de Charles étaient plantés dans ceux, dorés, de Sophie. Ce qu'ils venaient de vivre les avait liés d'une façon profonde et indicible. Elle avait presque envie de caresser son visage du bout des doigts, pour le rassurer ou pour s'excuser. Sophie n'avait jamais touché un homme et, d'ailleurs, n'en avait jamais vu un torse nu…

Ce contact hypnotique fut soudain rompu par un hurlement : Sarinne appliquait une première couche d'onguent sur la plaie à vif de Charles. La figure rouge, il retint ses larmes. Puis il ferma les paupières et son corps se détendit.

— Toi aussi, Sophie, précisa Sarinne avant de s'attaquer au bras du prince.

— Je n'ai pas été touchée.

— Mais tu es blessée.

Au vu des plaies de Charles, la sienne lui semblait bien insignifiante. Cependant, un coup d'œil à son flanc lui fit comprendre que celle-ci s'était rouverte.

— Tu auras plus d'intimité, là-bas.

Elle lui tendit le mortier et Sophie s'éclipsa. La tanière n'était pas aussi petite qu'elle l'avait imaginé. Des galeries semblables à celles d'un terrier de lapin devaient relier les dix arbres : un véritable labyrinthe. Elle espéra un instant qu'ils n'étaient pas pris au piège, telles des mouches dans la toile d'une araignée.

— *Sophie, on est où ?* demanda Farandole quand elle le sortit de sa poche.

— Chez une sorcière...

— *Une sorcière ?!* répéta-t-il théâtralement, la voix tremblante.

— Elle n'a pas l'air méchante. On est dans une sorte de tronc, chez elle. Il y a plein d'Horanimas.

— *J'ai cru entendre des chuchotements, oui...*

— Mais je ne comprends pas ce qu'elles disent.

— *C'est parce qu'elles parlent énochien.*

— La langue des premières Horloges Prodigieuses ? Crois-tu qu'elles soient si vieilles ?

Selon les légendes, les premières Horanimas auraient vu le jour en Fréhenne, à la suite d'expériences de magie noire. Leurs premiers mots avaient été dictés en énochien.

— *On est chez une sorcière, c'est peut-être même elle qui les a créées.*

Sophie était venue quérir un transverseur. Si Sarinne produisait elle-même des Horanimas, elle serait sûrement capable de lui fabriquer cette fameuse pierre rouge.

Ne rencontrant que des tunnels à perte de vue, et abandonnant l'espoir de trouver une chambre, Sophie déboucla sa ceinture. Puis elle posa Farandole sur le sol et entreprit de délacer sa robe. Dans un gémissement, elle décolla le tissu de sa plaie. Quelques points avaient cédé, mais sa blessure ne saignait plus. D'une main tremblante, elle appliqua la pâte verdâtre et odorante. Des effluves mentholés lui piquèrent le nez et, lorsque la pommade entra en contact avec sa peau, les premières démangeaisons laissèrent place à une vague d'apaisement. Sophie s'adossa contre le mur de terre et se laissa glisser au sol tout en massant son flanc. Elle comprenait ce qu'avait dû ressentir Charles. L'euphorie qui l'envahissait était plus agréable que tout ce qu'elle avait pu connaître. La douleur faiblissait à chaque seconde et elle se sentait enveloppée dans des bras de coton.

— *Sophie ? Sophie ! Tu es là ?*

— Humm… marmonna-t-elle, à peine capable d'articuler.

— *Sophie ! Ne t'endors pas !*

Trop tard : la jeune femme sombrait déjà dans des limbes réconfortants.

L'esprit empêtré dans des rêves nébuleux, Sophie s'extirpa du sommeil. Les idées brumeuses, la bouche pâteuse et le corps mou, elle ouvrit les yeux sur un plafond serti de centaines d'horloges. Que s'était-il passé ? On l'avait rhabillée et elle ne ressentait plus aucune douleur. Le tissu de sa robe était taché de sang, mais elle savait que quelque chose avait changé.

Dans un effort considérable, elle tourna la tête. Son crâne pesait si lourd ! Comme s'il était rempli de roches. À ses côtés, Charles dormait, le front en sueur.

— Charles, articula Sophie.

Sa voix était rauque, sa gorge sèche.

— Bois, cela va te faire du bien.

Sophie sursauta. Sarinne approchait un godet de ses lèvres. Un liquide chaud coula dans sa bouche. Tout comme pour l'onguent, cette substance était un délice malgré l'odeur nauséabonde.

— Qu'est-ce que vous nous avez fait ?

Sarinne se redressa et quitta son champ de vision.

— Vous n'êtes pas ce que vous prétendez être, répondit la sorcière.

Elle réapparut aux côtés de Charles et s'appliqua à faire couler le même liquide entre ses lèvres entrouvertes. Les paupières du prince papillotèrent. Il paraissait aussi apathique que Sophie.

— Charles, réveillez-vous ! Qu'est-ce que vous nous avez fait ? répéta Sophie. Où est Farandole ?

Elle ne sentait plus le poids de la montre dans sa poche. Et malgré la fâcheuse situation dans laquelle ils se trouvaient, perdre Farandole était ce qui lui faisait le plus peur. Après tout, elle l'aimait, ce petit démon. Charles remua et ouvrit grand les yeux.

— Qu'est-ce qui s'est passé ?

— Il est rare de voir des humains fouler les Landes, ceux qui le font ont souvent de mauvaises intentions.

— Nous ne vous voulons aucun mal, articula Sophie.

— Pourtant, vous mentez. Toi, jeune fille, tu dégages une aura similaire à celle de ces horloges, dit la sorcière en pointant le plafond. Quelque chose cloche chez toi. Quant à lui, il ne doit même pas savoir ce qu'il est réellement.

Sophie fronça les sourcils et se redressa avec peine. Sarinne avait compris que Sophie n'était pas à sa place, mais que racontait-elle à propos de Charles ?

— Il est le prince Charles de Ferwell.

La sorcière posa un tabouret face à ces deux invités prostrés dans ses fauteuils. Elle attendait sagement que Charles reprenne ses esprits.

— Je ne vous veux aucun mal non plus, dit la sorcière. Tant que vous ne m'en faites pas. Je vous ai guéris. L'onguent vous a plongés dans un sommeil réparateur et a activé la cicatrisation. Vous allez vous sentir faibles pendant quelques heures, mais la douleur devrait avoir pratiquement disparu. Cependant, continua Sarinne, il va falloir que nous soyons honnêtes les uns envers les autres. J'accepterai de vous aider et de répondre à vos questions une fois que je saurai qui vous êtes et si vous représentez un danger pour moi et pour ma communauté.

Sophie jeta un coup d'œil à Charles ; il haussa les sourcils. Il semblait lui dire : « Parlez, c'est pour vous que nous sommes ici. » Sophie inspira. Que pouvait-elle dévoiler ? Elle était partie chercher une sorcière pour retourner dans son époque. Cela signifiait révéler devant Charles d'où elle venait réellement.

— Je m'appelle Sophie Ca...

Sa gorge se noua. Un sentiment étrange s'empara de son être, comme si tous les mots du monde voulaient se déverser de sa bouche en même temps. Les sourcils froncés, une main plaquée contre son torse, elle ne comprenait pas ce qui lui arrivait.

— Le thé que je vous ai fait boire contient du vérusum. Seule la vérité peut sortir de ta bouche. Donc n'essaie pas de me donner le faux nom dont tu t'affubles devant lui.

Sophie se décomposa. Charles s'était redressé et la fixait. Elle réalisa qu'elle n'avait aucune échappatoire. Si elle voulait le transverseur, elle allait devoir lui offrir la vérité.

— Je m'appelle Sophie Delapointe et je viens du futur.

Elle sentait Charles remuer sur son siège mais n'osait pas le regarder, craignant de lire sur ses traits de l'aversion et du mépris. La sorcière esquissa un sourire satisfait et dénué de malice. À l'évocation du temps, les horloges, les montres, les coucous et autres mécanismes chuchotèrent plus fort.

— Delapointe…? Comme l'horloger? demanda le prince, qui ne percevait pas le raffut des Horanimas.

— Je suis sa fille…

— Victor n'a pas de fille.

— Il en aura une.

Charles ne rétorqua rien. Sophie refusait toujours de le regarder. Lui qui avait enquêté sur son attaque, qui s'était inquiété pour son peuple. Il devait comprendre à présent qu'il était loin de la vérité, et qu'il ne l'aurait jamais trouvée par lui-même.

— Tu es bloquée ici, n'est-ce pas? demanda Sarinne.

Sophie hocha la tête. Elle avait l'impression de repousser l'inévitable révélation. Celle qui apprendrait à Charles que son frère était l'auteur de tous ses maux.

— J'ai laissé ma curiosité et mon chagrin l'emporter. J'ai suivi un homme qui m'a promis un simple saut dans le temps, rapide et insignifiant, et je me suis retrouvée mêlée à tout ceci.

— Qui était cet homme ?

Sophie tremblait. Elle pressentait que Sarinne en savait bien plus que ce qu'elle prétendait. Elle la soupçonnait de jouer avec elle dans le seul but de révéler à Charles toute la vérité.

Le cœur battant, les oreilles bourdonnantes des murmures des horloges, Sophie se libéra :

— Dimitri de Ferwell.

Elle glissa un regard vers Charles. Il ne paraissait ni en colère ni même surpris. Ses sourcils froncés indiquaient seulement qu'il ne comprenait pas ses paroles. Il entrouvrit la bouche, mais Sophie ne le laissa pas parler. Il fallait qu'elle lève tous les voiles. Elle conta alors sa vie à Aigleport, son métier, son travail à l'horlogerie et sa rencontre avec Dimitri dans le salon Opale. Alors qu'elle pensait souffrir en avouant son passé, ou plutôt son futur, elle se sentait plus légère à chaque phrase. Elle conclut sur son réveil au palais, de la même manière qu'elle l'avait conté à Victor.

— Je cherche simplement à rentrer chez moi… Victor répare l'Engrange-Temps. Tout ce qu'il me manque, c'est le transverseur, qui a mystérieusement disparu.

Charles ne la quittait pas des yeux. Son expression avait changé. Le regard obscurci et le teint livide, il contractait sa mâchoire à intervalles réguliers.

— Je suis désolée, Charles...

Elle tendit la main, mais il recula lorsque les doigts de Sophie rencontrèrent sa peau. Ses traits se durcirent. Il semblait dégoûté, voire horrifié, mais pas par elle.

— Charles...

— Jamais... Jamais je ne vous ferais de mal...

Sophie se figea. Les yeux plantés dans les siens, elle eut un micro-doute qui lui fit se remémorer ses dernières heures en compagnie du prince. Les jumeaux se ressemblaient tant qu'il était difficile de les reconnaître. Pourquoi diable avait-elle estimé que c'était Charles qui se tenait à l'orée du bois ?

— Comment vous appelez-vous ?

Les yeux brillants, il luttait pour contenir la vérité qui cognait contre ses lèvres closes.

— Dimitri de Ferwell, lâcha-t-il enfin après un effort considérable pour retenir ces mots.

Chapitre 21

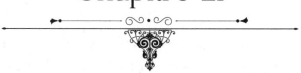

Sophie se releva, furibonde. Sa rage effaçait sa faiblesse. Elle aurait voulu hurler. Si son regard avait pu trancher, elle aurait rouvert toutes les anciennes plaies du prince, pour qu'il souffre comme il allait la faire souffrir des années plus tard.

— Comment ai-je pu être si bête! tonna-t-elle en arpentant la pièce ronde. Vous m'avez menti! Depuis combien de temps vous faites-vous passer pour votre frère? Est-ce que c'était vous, chaque fois que j'ai cru parler à Charles?!

Sophie imaginait tous les scénarios possibles. Leur ressemblance était telle qu'ils pouvaient changer de rôle à l'infini. Le pire, c'est qu'ils cultivaient cette ressemblance jusqu'à arborer la même coupe de cheveux! Se délectaient-ils du trouble qu'ils provoquaient?

Sophie s'était permis de le contempler, de le trouver beau, drôle et charmant. Ils s'étaient rapprochés, bien plus qu'elle ne l'avait jamais fait avec un garçon. Réalisant ce qu'elle avait éprouvé tout ce temps, elle eut envie de vomir.

— Ce matin, vous m'avez appelé Charles et je n'ai pas osé vous contredire. J'ai remarqué la façon dont vous

vous comportez avec moi. Je ne souhaitais pas vous mettre dans l'embarras. Lorsque je suis dans les parages, vous êtes toujours plus tendue...

— Et vous vous étonnez que j'agisse ainsi ! Vous aviez des heures pour m'avouer qui vous étiez réellement !

— Je comprends à présent la raison de votre retenue envers moi.

Dimitri semblait sincèrement blessé. Le vérusum obligeait à dire la vérité, mais était-ce le cas pour les expressions faciales ou se jouait-il encore d'elle ?

— Je suis ici par votre faute !

— Sophie, cet homme, ce n'est pas moi.

Elle jeta un coup d'œil à Sarinne, qui n'avait pas prononcé un seul mot depuis que Dimitri avait révélé sa véritable identité. D'ailleurs, depuis l'explosion de rage de Sophie, les murmures des Horanimas avaient faibli.

— Vous le saviez, n'est-ce pas ? cracha l'horlogère.

Sarinne porta son regard sur Dimitri.

— Vous vous trompez peut-être avec vos paroles, mais vos auras, elles, ne mentent pas. Le plus amusant est que, malgré le vérusum, il te sera impossible de m'avouer ce que tu es, car tu l'ignores toi-même.

Les yeux de Sophie étaient deux poignards plantés sur Dimitri. Elle le vit cependant vaciller et une vague de remords la traversa avec fugacité. Il l'avait peut-être trompée, mais il semblait si perdu qu'elle ravala la haine qui débordait de ses lèvres.

— Vous savez quelque chose, devina le prince.

Les longues jambes de Sarinne s'étirèrent et, d'un mouvement vif, elle se releva dans un tintement de breloques.

— Les humains viennent dans les Landes pour différentes raisons. Certains recherchent le pouvoir, d'autres l'aventure. Ils quémandent de l'aide et trouvent souvent des réponses. Il y en a qui demandent et d'autres qui supplient, mais ta mère, elle, a ordonné.

— Vous connaissez ma mère ?

— Ce n'est pas avec moi qu'elle a signé un pacte, mais la forêt murmure si fort que tout se sait.

— Si vous prônez tant la vérité, dites-moi ce que vous savez.

— Tu ordonnes comme ta mère : parfois, il faut savoir demander.

— S'il vous plaît…

Le sourire de la sorcière s'élargit. Elle fit un mouvement de main et tout s'éteignit dans son antre. Les lucioles, endormies ; les flammes dans la cheminée, soufflées. L'orbe qui les avait sauvés jaillit dans la paume de Sarinne, les enveloppant d'un voile bleuté.

— Il existe quatre sortes de magie en ce monde : celle de la lumière, qui est la mienne, celle de la nature, celle des ombres et la dernière, la plus dangereuse, celle du sang.

— Du sang ? répéta Sophie.

— La magie du sang est la plus puissante, car elle offre une quantité de possibilités. C'est aussi la plus destructrice pour le corps et l'esprit. L'utiliser sur le long terme peu mener à la folie. Au lieu de se servir de ce qui les entoure, les sorcières du sang puisent dans leur propre force vitale.

— Ma mère a fait ça?

— Ta mère a voulu un fils, et la forêt lui en a donné deux. Du moins en apparence.

— Qu'est-ce que vous voulez dire?

— Tu n'es pas complet. Ton âme est morcelée, et je suis certaine que je retrouverais cette même anomalie chez ton frère. Il ne serait pas étonnant que le Dimitri de ton époque, Sophie, se soit penché vers la magie pour combler ce vide qui lui pourrissait le cœur.

Sophie n'avait jamais imaginé les choses ainsi. Elle n'avait pas compris la détermination qui l'animait lorsque Dimitri avait foncé sur son frère encore enfant, une dague à la main.

— Est-ce qu'il... serait possible de récupérer une âme complète... en tuant l'autre?

Le sourire de la sorcière s'accentua: elle était heureuse de constater que Sophie ne perdait pas une miette de ses révélations.

— La forêt se délecte de la vie et de la mort. Le tout est une balance savamment orchestrée. Nous, les sorcières, les mages, les chamanes et autres noms dont on nous affuble aux quatre coins du monde, sommes ses serviteurs. Si ta mère a reçu deux fils au lieu d'un, c'est que l'un de vous est destiné à mourir.

Dimitri se décomposa.

— Pourquoi ma mère aurait-elle fait une chose pareille ?

— Je ne connais pas les détails. C'est à elle qu'il faut demander.

— Est-ce que vous pensez que le vieux Dimitri aurait pu vouloir retourner dans le passé pour assassiner son frère ? demanda Sophie.

— C'est une possibilité. Ainsi, il croyait peut-être pouvoir retrouver l'intégrité de son âme... Mais c'est mal connaître le temps.

— Ce n'est pas possible ?

D'un mouvement de doigt, Sarinne créa une ligne horizontale, brillante et flottante dans l'air.

— Les Engrange-Temps ne permettent pas exactement de retourner dans le passé. Ils forment en réalité un autre axe temporel, en tout point similaire à l'ancien mais dont le futur est incertain et altérable.

D'un autre geste, la sorcière façonna un second trait lumineux, parallèle au premier.

— Donc il est possible de modifier le futur ?

— Celui de la nouvelle ligne temporelle, oui, mais pas celui d'où tu viens. Ainsi, il est impossible de transformer ta propre personne, car tu viens d'une autre ligne. Seuls ceux qui appartiennent à celle-ci peuvent voir leur futur se transformer.

Sophie sentait son esprit frémir. Un puzzle mental tourbillonnait et elle tentait d'attraper les pièces pour enfin comprendre ce qui avait bien pu arriver.

— Donc, même en tuant Charles, le vieux Dimitri n'aurait jamais pu changer sa condition.

— Il lui aurait fallu assassiner son propre frère, sur sa propre ligne temporelle.

Elle se demandait si le vieux Dimitri était au courant de cette loi. Pensait-il régler tous ses maux avec l'Engrange-Temps, sans savoir que c'était impossible ? La folie qu'elle avait vue dans ses yeux lui laissait penser que, même s'il avait su une telle chose, la souffrance provoquée par ce vide dont parlait Sarinne lui avait fait perdre l'esprit. Qui était assez fou pour vouloir tuer un enfant, surtout son propre frère ?

Dimitri se leva d'un bond, chancelant, et s'appuya contre le mur terreux, qui s'effrita sous ses doigts.

— Je suis là, vous savez ! s'écria-t-il. Sophie, je ne me permettrais pas de vous faire du mal. Jamais ! Je n'ai jamais porté la main sur personne !

Sophie aurait aimé le croire, mais qu'il devienne cet homme, celui qui l'avait agressée, restait une voie possible. Son esprit chamboulé peinait à accepter le fait que Charles ne se tenait pas en face d'elle. Les choses qui s'étaient produites dans cette forêt... Ils s'étaient rapprochés d'une manière qui la perturbait. Elle refusait de se l'avouer, mais elle avait vu poindre une tendresse qui la dégoûtait à présent.

— Rien ne dit que vous ne deviendrez pas lui...

— Et si ce n'était pas le cas ? Sarinne vient d'expliquer que le futur pouvait être modifié, que nous ne sommes pas sur votre ligne temporelle !

Il avait raison : rien n'indiquait qu'il deviendrait l'homme aigri et agressif qu'elle avait connu. Est-ce que lui ouvrir les yeux sur son potentiel futur pouvait l'empêcher de devenir ce double malfaisant ?

— Et si je retourne dans mon époque… sur quelle ligne temporelle je serai ? interrogea-t-elle, inquiète.

— Ton passé n'est plus. Si tu utilises l'Engrange-Temps pour qu'il te conduise vers l'avenir, tu resteras sur cette ligne temporelle, mais si, par mégarde, tu rebrousses une nouvelle fois chemin, tu créeras encore une autre ligne. On ne revient jamais réellement à son époque originelle. C'est ça, la vraie malédiction des Engrange-Temps.

— Donc j'ai simplement disparu à jamais de ma ligne temporelle ? réalisa-t-elle, la gorge serrée. Mes proches ne me reverront plus jamais ?

Prononcer ces mots lui arracha le cœur. Dans sa temporalité d'origine, le vieux Jean et Églantine l'avaient perdue. Elle comptait sur l'Horanima pour expliquer au chronolangue ce qu'il s'était produit, mais la culpabilité de les laisser seuls lui donna envie de pleurer.

— Je suis désolée, rétorqua la sorcière.

Après un bref silence, elle demanda d'une voix chevrotante :

— Est-ce que ce futur sera pire que l'ancien ?

— Le destin est récalcitrant. Il reprend bien souvent ses droits sur les êtres tels que toi. Ta présence peut en effet altérer l'avenir, et modifier le futur que tu connais. Mais il est difficile d'échapper à son destin. Ce sera à toi de découvrir si tes désirs et tes convictions en valent la peine.

Depuis son arrivée ici, Sophie s'était battue pour retrouver sa vie d'avant. Maintenant, elle savait que c'était impossible. Malgré tout, elle ne pouvait pas rester ici. Peu importe la ligne, elle n'appartenait pas à cette époque et son savoir sur l'avenir pouvait altérer la suite des événements.

La sorcière fit un mouvement de la main. Les lucioles recommencèrent à clignoter, le feu à ronfler et les Horanimas reprirent leurs incessants bavardages énigmatiques.

— Si j'ai bien compris, ton transverseur s'est évanoui, déclara Sarinne en tournant les talons pour rejoindre son établi.

— Je me suis réveillée, l'Engrange-Temps était brisé et la pierre avait disparu.

— Car ce n'est pas une pierre, mais du sang. Comme je te l'ai dit, la magie du sang permet beaucoup de choses.

— Les transverseurs sont l'œuvre de la magie du sang ?

— Jeune fille, les Horloges Prodigieuses sont toutes créées grâce à la magie. Dans le cas de l'Engrange-Temps, il s'agit de celle du sang. Pour d'autres, ça peut être grâce à la nature, aux ténèbres ou à la lumière. Vous autres, humains, aimez appeler cela de la science pour vous accaparer ce mérite, mais cela a toujours été un mélange de sorcellerie et d'art. Ce que vous nommez Imprégnation, nous autres, les sorcières, savons que c'est la magie du sang.

Sophie avait vu maintes fois son père utiliser son propre sang pour créer des Horanimas. Elle savait que l'Imprégnation était une forme de magie, mais elle ignorait qu'il en existait plusieurs sortes. Depuis son voyage, Sophie réalisait que sa connaissance n'était qu'une toute petite partie de l'iceberg que représentaient les secrets du monde. Les contes l'avaient peut-être préparée à s'ouvrir à l'étrange, mais elle était bien loin de percevoir tous les détails de cette réalité mystique.

— Ton transverseur n'a pas disparu, il s'est évaporé. Son utilisation est limitée. Tout a un prix, et un voyage dans le temps équivaut à une année de vie. Si tu me dis que tu as fait deux sauts temporels, la pierre ne permettra peut-être pas d'en faire plus. Et il arrive, lorsque le transverseur est mal réalisé, que le trajet brise l'horloge.

— Donc, si je vous donne une année de ma vie, vous pouvez me créer un transverseur ?

— Je ne pratique pas la magie du sang.

La sorcière fit une pause et regarda Dimitri plus attentivement.

— En revanche… avec lui ce serait possible.

— Hors de question ! s'écria Sophie.

— Si je peux aider, je le ferai ! s'exclama-t-il.

Sophie dévisagea Sarinne. Elle n'arborait plus une expression bienveillante ; la sorcière s'occupait de pousser le destin et un sourire satisfait, presque bestial, animait ses traits. Sophie excluait l'aide de Dimitri. Non, elle refusait d'être responsable de sa chute. Si Dimitri goûtait à la magie ce soir, elle craignait qu'il n'y succombe des années plus tard et perpétue ainsi le triste destin qui l'attendait.

— Je refuse !

— Sophie, tout ceci est ma faute, ou sera ma faute. Si vous voulez rentrer, c'est la seule solution.

— Alors je ne rentre pas.

Dimitri s'approcha d'elle, le torse encore nu. Elle détourna les yeux. Il avait gardé l'aisance de leur proximité récemment acquise, mais, connaissant à présent son identité, elle ne put se résoudre à le laisser s'approcher d'elle. L'horlogère recula. Dimitri et elle étaient tels deux aimants aux polarités similaires : ils avaient beau se rapprocher, l'univers refusait qu'ils se touchent.

— Je connais mon avenir, Sophie. Je ferai tout pour qu'il ne se réalise pas. Ce n'est pas un simple sort qui me fera sombrer.

— Vous n'en savez rien…

— Laissez-moi vous aider.

Son comportement était en totale opposition avec ce qu'elle croyait connaître de lui. S'était-elle si lourdement fourvoyée à son propos ?

Avec ce qu'elle avait découvert ce soir, elle devinait que son ancienne vie serait peut-être différente. Retrouverait-elle le vieux Jean et Églantine ? Serait-elle toujours horlogère du palais ? À quoi bon partir, maintenant qu'elle savait son avenir en péril ? Si rien de familier ne l'attendait…

— Je ne peux pas vous demander une chose pareille.

— Vous ne me le demandez pas, c'est moi qui vous le propose. Sophie, vous êtes entrée dans les Landes, vous avez survécu à la pluie et à des monstres ténébreux, n'allez pas me dire que tout cela n'a servi à rien.

— Ça n'a pas servi à rien... Au moins vous savez la vérité...

— Je suis encore plus perdu qu'en arrivant, Sophie. Nous sommes là pour vous, et seulement vous.

Elle s'était promis de ne plus intervenir, de ne rien changer. Malgré tout, le cœur serré, elle dit :

— Entendu.

Chapitre 22

Pendant ce temps, au palais de Vitriham...

Les cachots, lugubres et creusés dans la pierre, n'étaient pas le lieu que Charles préférait. Les barreaux étaient fixés à même la roche. De nombreuses légendes parlaient de cet endroit et les jumeaux s'étaient souvent fait peur en rôdant dans les entrailles de la montagne. Parmi les histoires que leur mère leur contait, elle avait quelquefois mentionné que les geôles se trouvaient là en raison de l'effet que produisait le minerai sur le pouvoir des sorcières. La roche bloquait leur magie et permettait de les emprisonner aisément. Alors que Dimitri buvait ses paroles, Charles avait toujours trouvé ces contes absurdes. Il n'avait jamais cru en ces chimères qui, selon sa mère, peuplaient la Grahenne il y avait de cela des siècles.

Charles secoua la tête, s'extirpant de ses songes. La prudence devait devenir son mantra pour les minutes à venir. Depuis qu'il avait mis le pied dans cet endroit sinistre, une migraine lui forait le crâne.

Avant ce soir-là, le prince n'avait visité les cachots qu'une seule fois, des années auparavant, et voilà qu'il y replongeait pour la même raison : s'entretenir avec l'homme qui avait tenté de l'assassiner dix ans plus tôt.

Il avait ordonné au garde de rester de l'autre côté de la porte et s'aventurait vers la cellule miteuse à la lueur chaude des torches et au rythme du cliquetis des clés. Autour de lui, les geôles étaient occupées par quelques malfrats, mais le plus vieux pensionnaire, c'était cet homme dont Charles ignorait tout, jusqu'au nom.

Même après une décennie, il se remémorait avec précision le jour où leur père les avait fait descendre dans les entrailles du palais pour faire face à leur agresseur. Il ignorait la raison pour laquelle il les avait exposés au visage tuméfié du prisonnier. Charles se souviendrait à jamais du bruit des coups et du craquement du cartilage. Leur père pensait les rendre plus forts, mais n'était-ce pas sa propre violence qu'il espérait transmettre à ses fils ?

Aujourd'hui, il désirait des réponses. Le prisonnier était son seul espoir de comprendre qui était Sophie. Il s'agissait peut-être d'une fausse piste, d'une intuition erronée ; cependant, au-delà du mystère qui entourait cette jeune femme, il souhaitait balayer le sentiment que quelque chose la reliait à cet étrange détenu.

Charles se souvenait de l'emplacement exact de la cellule et du nombre de pas pour y parvenir. Prêt à se dévoiler, il hésita un instant, releva le menton, inspira puis dévora le dernier mètre.

L'homme était assis sur sa paillasse, dos au mur, ses bras fins reposant sur ses genoux repliés. Ses os pointaient sous sa mince tunique en lin usée par les années.

— Bonjour, dit le prince d'une voix éraillée.

C'était le seul mot qui lui était venu à l'esprit. Il ne connaissait pas son nom. Il ne connaissait rien de lui. Le prisonnier releva la tête. Des yeux sombres, une barbe touffue et des cheveux gris. Sa peau révélait le passage du temps et l'hygiène désastreuse des cachots. Il semblait si faible.

— Je m'appelle Charles de Ferwell, je suis…

— Le fameux petit prince.

Sa voix rocailleuse avait percé le silence des oubliettes. Profond et autoritaire, son timbre fit vibrer l'atmosphère. Quelques corps remuèrent dans les cellules ; les prisonniers écoutaient chaque son qui rendait leur détention plus supportable.

— Je suis ici pour vous questionner.

L'homme déplia ses jambes dans un concert de craquements et se redressa pour faire face à son visiteur. Le prince réprima un frisson. Charles avait l'impression de déranger dans son antre une immense araignée, terrifiante et sinistre.

— Je savais que tu viendrais. Toi, ou ton frère.

— Qui êtes-vous ?

— Je suis un peu de toi.

— N'essayez pas de m'embrouiller. Quel est votre nom ?

— Dimitri.

Charles fronça les sourcils. L'homme cherchait-il à l'irriter ?

— Oui, comme ton frère. Une drôle de coïncidence, n'est-ce pas ?

— J'aimerais comprendre ce qui vous a poussé à commettre un crime contre la Couronne, il y a dix ans.

Dimitri ricana.

— Dix ans… déjà… Le temps passe vite dans ce maudit trou…

— Plusieurs années vous attendent encore ici.

— Que veux-tu savoir ? Si je visais ton frère ou toi ? Comment j'ai réussi à m'infiltrer dans le parc ou même comment j'arrive à garder la forme dans un espace aussi restreint ?

Charles tiqua. Après tant d'années, l'homme possédait encore l'énergie de plaisanter.

— J'aimerais connaître votre but.

— La libération. N'as-tu jamais souhaité te sentir entier ? Ne me dis pas que tu ne le ressens pas, ce vide. Il gratte, il remue au fond de la poitrine. Ça ressemble à des milliers d'insectes qui rongent l'âme de jour en jour, maugréa-t-il, palpant son torse.

Charles reculait peu à peu. Quelles étaient ces foutaises ? Ces années à pourrir seul entre la roche et l'humidité avaient manifestement fait fondre ce qui lui restait de bon sens. Maintenant qu'il y réfléchissait, ces élucubrations ne dataient pas d'aujourd'hui. Il se souvenait, enfant, de ne rien avoir compris à ce que le prisonnier marmonnait.

— J'ignore de quoi vous parlez.

Entier, il l'était. Ou presque. Le jour où la couronne se poserait sur sa tête, il atteindrait l'apogée de son être.

— Tu n'as jamais été le plus futé de nous deux, de toute façon.

Charles serra les mâchoires. Entre ses doigts, il triturait la couture de sa redingote. Une habitude qu'il entretenait et dont pâtissaient ses vêtements.

— Connaissez-vous une certaine Sophie ?

— C'est donc pour cela que tu es là... Sophie Delapointe.

— Sophie Carillet.

— Si c'est ainsi qu'elle se fait appeler... Blonde, petite, le regard d'or ?

Charles n'osa même pas acquiescer tant il était perturbé. Des yeux dorés, ça ne se voyait pas tous les jours. L'homme n'avait pu déduire cela au hasard.

— Tu n'es pas ici pour moi, tu es ici pour elle. N'est-ce pas ?

— Que savez-vous d'elle ?

— Cette fille n'est qu'une gangrène, elle comme tout ce qui se rattache à son espèce.

— Vous parlez des Fréhniens ?

Dimitri émit un rire gras qui résonna entre les murs poreux des cachots.

— Elle a dit qu'elle était fréhnienne ? Non, je parle des Tisseurs de Temps.

— Sophie n'est pas une Tisseuse de Temps, affirma Charles.

Dimitri grogna, mais ne le contredit point.

— Si elle te donne du fil à retordre, débarrasse-toi d'elle et tes problèmes se régleront vite.

— Comment pouvez-vous la connaître ? Elle ne devait pas avoir plus de sept ans lorsque vous avez été emprisonné !

— Si tu es là, c'est que tu as les prémices d'une réponse.

Plus Charles y songeait, plus il était certain de l'avoir déjà vue. Sa grande robe bleue et ses longs cheveux blonds avaient virevolté quand elle avait fondu sur leur agresseur. Elle lui dissimulait certainement quelque chose, ce qui avait le don de l'irriter, mais se pouvait-il que… ?

— Ce n'est pas possible…

— Si tu n'es pas prêt à entendre la vérité, quelle qu'elle soit, pourquoi t'évertuer à la chercher partout où tu vas ?

— Bien sûr que je suis prêt.

— Alors, rends-toi à l'évidence ! Cesse de te cacher derrière tes croyances limitantes, tes peurs irrationnelles, et accepte le fait qu'il y a autre chose, là, dehors, qui échappe à ton contrôle. Tes petites enquêtes… Ne recherches-tu pas la vérité pour la seule raison qu'elle est inexistante au sein de ta propre vie ?

Charles avait la gorge nouée.

— Ta fascination pour les Horanimas résulte de ton obsession pour la vérité.

— Taisez-vous, réussit à articuler le prince. Comment… comment pouvez-vous savoir tout cela ?

— Parce que c'est toi qui me l'as dit.

— Cessez vos balivernes !

Charles se jeta sur les barreaux, écumant, les joues rouges. Il sentait son être se fissurer. Le doute sur sa propre existence prenait le pas sur les réponses qu'il était venu chercher.

— Arrêtez! Et dites-moi pourquoi vous vouliez notre mort!

— Pas votre mort, seulement la tienne.

Dimitri demeurait d'un calme olympien, le visage de marbre, ses lèvres ensevelies dans sa barbe et ses yeux mornes aussi noirs que la nuit. Pourquoi Charles avait-il l'impression d'apercevoir son reflet dans un miroir déformant?

— Ta mère a osé l'impensable. Elle a offert son corps à la forêt pour un fils. Ses prières ont été exaucées – à quel prix! Mais tu sais de quoi je parle, n'est-ce pas? Parce que ta curiosité ne date pas d'hier...

Le cœur de Charles sauta dans sa poitrine: il craignait de comprendre où cet homme voulait en venir.

— Je ne l'ai jamais dit à personne... Vous ne pouvez pas savoir.

Dimitri se releva difficilement. Ses pieds nus raclèrent le sol poussiéreux quand il s'approcha.

— Tu ne l'as pas encore avoué, en effet... mais tu le feras.

Charles se mit à trembler. Une migraine fulgurante envahit son crâne. Il avait tout tenté pour refouler ce souvenir. C'était il y a des années. Le ventre de la reine était gros comme une pastèque, tout rond et agréablement chaud quand il y posait l'oreille. On l'avait prévenu de l'arrivée imminente d'un petit frère ou d'une petite sœur, et cette idée l'enchantait.

Un jour, alors que le froid hivernal mordait la peau, il avait vu sa mère quitter le palais telle une fugitive. Dans sa naïveté, Charles avait craint que l'air glacial n'ait raison de sa mère et du bébé. Il avait alors choisi la plus chaude de ses couvertures pour la suivre dans les bois.

Il ne s'attendait pas à ce qu'elle marche si longtemps, mais il avait continué, sans faire de bruit, comme un animal poursuivant sa proie. Il avait ensuite assisté à quelque chose qui dépassait ses facultés de compréhension. Sa mère, assise sur l'humus gelé, avait mis l'enfant au monde dans un concert de cris et de gémissements. À aucun moment Charles n'avait bougé : derrière un arbre, en tapinois, il regardait cette scène irréelle et déchirante. Elle, cabrée, son ventre rond et lisse pointé vers les cimes des arbres.

Les pleurs du nouveau-né n'avaient pas duré longtemps, mais ceux de sa mère avaient continué plusieurs minutes. Charles savait qu'il n'avait aucun droit d'être ici, alors il était resté caché, enroulé dans la couverture qu'il avait apportée pour sa mère.

Lorsqu'elle se fut enfin décidée à quitter la forêt, Charles s'était précipité à l'endroit où elle s'était étendue. Là, inerte et froid, le corps sans vie de sa petite sœur reposait sur la neige ; des centaines de racines l'enlaçaient. La nature reprenait ce qu'elle avait donné. La dépouille avait disparu sous terre sans que ses faibles doigts d'enfant, griffant et remuant, puissent rien y faire.

— Ce jour-là, tu as su que les rumeurs au sujet de ton frère et toi étaient en partie vraies, mais surtout tu as compris que tu ne pouvais faire confiance à personne.

Charles essuya les larmes qui avaient perlé au coin de ses yeux. Ce souvenir reposait en lui depuis si longtemps que l'amener à sa conscience avait déchiré son être. Le souffle court, il agrippa les barreaux pour éviter de vaciller.

— Votre conception est une aberration, continua Dimitri. Une âme qui possède deux corps... Aucun de vous ne sera entier tant que les deux vivront.

— Mais qui êtes-vous, bon sang ?

— Je te l'ai dit, je m'appelle Dimitri.

Le prisonnier avança jusqu'à frôler les barreaux, à quelques centimètres de Charles.

— Je suis ton frère.

Charles secoua la tête. Dimitri empoigna sa redingote et l'attira vers lui d'un coup sec. Le crâne du prince cogna contre les barreaux et il tomba à terre, presque assommé. Le monde devint un fracas déroutant. Les détenus s'éveillèrent, frappant les barreaux de leur cellule et hurlant de délectation. Peut-être entrevoyaient-ils enfin une occasion de fuir ?

L'écho d'un tintement sur le sol lui fit reprendre conscience. On fouillait ses poches, on lui volait les clés. Son cœur s'emballa lorsque le fer claqua dans le verrou. Avec peine, Charles tendit le bras, s'empara d'une cheville, tira ; un bruit sourd lui indiqua qu'un corps était tombé.

— Il est temps que les choses changent, grogna la voix caverneuse de Dimitri.

Une douleur atroce électrisa le prince lorsqu'un talon percuta son nez. Il s'évanouit.

Chapitre 23

Qu'est-ce qu'il lui était passé par la tête ? Pourquoi avait-elle accepté ? Elle ignorait si cette action aurait une incidence sur le futur de Dimitri, mais elle avait un mauvais pressentiment. Sophie désirait rentrer chez elle, mais quel prix était-elle prête à payer ? Elle avait l'impression d'avancer dans une eau marécageuse, d'être bloquée en plein cauchemar. Elle entrevoyait l'autre rive, mais une boue poisseuse l'empêchait d'atteindre son but.

— Attendez !

Sarinne suspendit son geste. Son ongle était pointé sur le torse du prince pour prélever un peu de son sang.

— Qu'allez-vous lui faire exactement ?

— Est-ce que vous ne commenceriez pas à vous inquiéter pour moi ? ricana-t-il.

— Un transverseur naît du sang : une goutte, une année de vie. C'est aussi simple que cela, précisa Sarinne.

Sophie déglutit. Une année. Qu'est-ce que cela représentait ?

— Ça va bien se passer, Sophie.

— Je ne peux pas vous laisser faire ça pour moi... Il s'agit de votre vie.

— Il s'agit de votre avenir, Sophie. Laissez-moi vous aider, s'il vous plaît.

Sophie plongea dans les yeux de Dimitri. Il était sincère, cette fois-ci, elle le sentait.

— Allez-y, ordonna-t-il soudain à Sarinne, sortant Sophie de sa transe.

L'ongle de la sorcière perça sa chair. Une perle sanglante s'en échappa, flotta dans l'air. Guidé par des doigts de fée, le globe de sang avançait dans la paume de Sarinne, son autre main effectuant des mouvements circulaires comme pour le parfaire.

Soudain, Sophie réalisa que l'odeur qu'elle avait toujours sentie dans l'atelier quand son père entreprenait une Imprégnation était celle du fer. Celle du sang. Une lourdeur s'empara des lieux, et les Horanimas frissonnèrent au-dessus de leur tête. C'était bien plus fort, bien plus oppressant que tout ce que Sophie avait connu.

Puis les doigts de Sarinne s'illuminèrent en même temps que le transverseur. Il commençait à prendre une consistance gélatineuse, se déformant jusqu'à devenir lisse et rond. D'un geste vif, la sorcière tendit le bras et posa ses doigts arachnéens sur le front de Dimitri. Une lumière aveuglante traversa sa peau et Sophie étouffa un cri, une main sur la bouche. La sorcière allait le tuer!

Au moment où la jeune femme s'apprêtait à intervenir, Sarinne le relâcha et tous deux poussèrent un gémissement.

Sophie se précipita pour soutenir Dimitri, dont les jambes fléchissaient. De tout son poids, il s'appuya sur elle, enfouissant la tête dans le creux de son cou. Le souffle chaud du prince lui caressait la nuque. Elle sentit ses boucles noires lui frôler la joue, et ses poils se hérissèrent à ce contact. Cette fois, ce n'était pas un frisson de dégoût, mais un trouble singulier et plaisant.

— Qu'est-ce que vous avez fait ? siffla Sophie en foudroyant la sorcière du regard.

Essoufflée, elle desserra les doigts. Au creux de sa paume, une pierre rougeoyait. Un transverseur, un seul voyage. Elle n'avait pas intérêt à l'égarer.

Pendant que Dimitri revêtait sa chemise en loques, Sophie s'approcha de Sarinne qui rangeait son établi.

— J'aimerais que vous me rendiez Farandole.

Il était hors de question qu'elle quitte cet endroit sans lui. Elle lui avait promis de ne jamais l'abandonner. Elle ignorait pourquoi la sorcière lui avait pris l'Horanima. Espérait-elle l'ajouter à sa collection ? Elle qui ne leur avait rien demandé en échange de sa précieuse aide… À peine avait-elle prononcé ces mots que Sarinne poussa la montre à gousset vers elle. Le capot doré de la montre reflétait leurs visages de manière déformée.

— C'est un brave compagnon : il n'a pas cessé de piailler et de me menacer pour avoir de vos nouvelles durant votre sommeil.

— *Sophiiiiiie !*

— Je suis là, Farandole, dit-elle en l'enveloppant dans ses mains.

— *J'ai craint le pire ! Jamais nous n'aurions dû nous aventurer dans cette forêt !*

— Tout va bien, maintenant. J'ai un transverseur, et Dimitri et moi allons bien.

— *Attends un peu qu'il tâte de mon aiguille, lui, avec tous ses mensonges !*

Sophie fourra la montre dans sa poche et accrocha la chaîne à sa ceinture. Alors qu'elle s'apprêtait à tourner les talons sans un regard pour la sorcière, celle-ci l'interpella :

— Tu te souviens de ce que je vous ai dit ? Bien qu'il soit difficile de contrer le destin, tes actes peuvent tout de même avoir des conséquences sur le futur.

Qu'insinuait-elle ? Qu'elle venait de condamner Dimitri ? La sorcière s'approcha et posa les mains sur ses épaules.

— Tu restes une anomalie sur cette ligne temporelle. Tu ne lui as jamais appartenu, donc tout peut changer grâce à toi.

Sophie plongea le regard dans les yeux vert émeraude de Sarinne : elle avait l'impression que ses iris bougeaient comme de l'eau tourbillonnante. L'horlogère ignorait si elle serait capable de délivrer le prince de son destin funeste.

Elle pouvait aussi bien condamner son propre futur que sauver celui de Dimitri.

— Merci, articula-t-elle enfin.

— Une dernière chose, Sophie. Le temps n'aime pas que l'on se joue de lui. Prends garde à ne pas trop te faire remarquer... Les Horloges Prodigieuses sont proscrites chez les humains comme chez les sorcières.

Sophie leva les yeux vers les centaines d'horloges au-dessus de leur tête.

— Les Horanimas, elles, sont spéciales. Peut-être auras-tu la chance de découvrir leur réel potentiel un jour.

— Que voulez-vous dire ?

— Sophie, êtes-vous prête ? s'exclama Dimitri.

Le prince avait repris quelques couleurs. Sa chemise, dont la blancheur, après leur nuit mouvementée, n'était plus qu'un souvenir, pendait aux endroits où les Sombreurs l'avaient lacérée.

— Merci pour vos soins, dit-il à Sarinne, je ne ressens presque aucune douleur. Une liste d'ingrédients ne serait pas de refus pour aider notre peuple à fabriquer cet onguent.

— Et puis quoi encore ? s'esclaffa Sarinne. Quoi qu'il advienne, les humains raseront cette forêt avec tout mon peuple, je ne vais pas les aider à nous vaincre en les empêchant de mourir de leurs blessures.

Sous son rire, Sophie perçut de la détresse, celle d'un peuple qui souffre, reclus et à jamais menacé au sein de ses propres terres. Elle comprenait pourquoi les sorcières entretenaient leur mythe. La petite poignée qui croyait en elles tentait déjà de les anéantir, alors si des armées commençaient à marcher sur les Landes... ça serait catastrophique !

— Merci pour ce que vous avez fait, dit seulement le prince avec toute la reconnaissance qu'il pouvait insuffler à ses mots.

— Évitez de revenir, ce sera votre plus belle preuve de gratitude.

Elle fit un mouvement de poignet et un petit orbe, pas plus gros qu'un gland, s'extirpa de sa paume. La lumière bleutée s'éleva, éclairant les contours de son visage anguleux ainsi que les morceaux de mousse et d'écorce qui parsemaient sa peau.

— Suivez cette lumière, ne vous écartez pas du chemin qu'elle trace : elle vous conduira à la lisière de la forêt sans encombre.

Sophie et Dimitri retraversèrent le tronc, puis ils s'enfoncèrent dans la forêt, guidés par la faible lueur bleutée de l'orbe. La jeune femme avait le cœur plus léger. Sa douleur au flanc l'avait quittée, Farandole reposait dans sa poche gauche, le transverseur dans celle de droite. Elle filait maintenant vers la boutique pour mettre enfin un terme à son voyage.

Lorsque l'aube commença à lécher les frondaisons, il fut plus difficile de discerner la lumière qui les guidait. Quelques mètres plus loin, à leur grand désarroi, elle disparut.

— Vous l'avez perdue de vue ! Elle est partie sans nous ! paniqua Sophie en tournant sur elle-même.

— Moi ? Nous sommes deux à la suivre !

— Où est-elle, alors ? C'est vous qui marchez devant, c'était à vous de l'avoir à l'œil !

La colère de Sophie contre le prince renaissait. Après plus de deux heures de marche, ils venaient de perdre la trace de leur seule chance de quitter cette maudite forêt. Elle ignorait quelle mouche l'avait piquée cette nuit – la peur, l'inconnu, la magie –, mais Sophie reprenait ses esprits, et son aversion pour Dimitri n'avait pas totalement disparu.

— Arrêtez de paniquer, regardez plutôt.

Il pointa un doigt vers l'horizon : la mer se détachait, brillante, entre les arbres. Sans l'attendre, Sophie souleva sa robe et courut jusqu'à l'entrée des bois. Là s'élevait, fier et étincelant dans la lumière matinale, le palais de Vitriham.

— Sophie, s'il vous plaît, jusqu'à quand serez-vous fâchée contre moi ?

Elle sentait le regard de Dimitri planté sur ses boucles blondes, sèches de terre. Cette attention la démangeait jusqu'à l'épiderme.

— Vous m'avez menti, dit-elle en pivotant vers lui.

— Oh ! De grâce, Sophie, combien de fois devrai-je m'excuser ? Ou désirez-vous aussi que je m'excuse pour les fautes de l'homme que je suis censé devenir ?

La mâchoire serrée et du coton dans la gorge, elle peinait à respirer.

— Oui, j'ai eu tort, reprit-il. Oui, j'aurais pu vous avouer ma véritable identité. Au lieu de cela, j'ai décidé de jouer au fils parfait. Celui avec lequel vous riez, celui avec lequel vous êtes à l'aise. J'ai préféré être témoin du visage affable que vous présentez à mon frère, plutôt que de l'expression froide que vous me réservez.

Sophie soupira. Elle savait qu'elle n'avait aucun droit d'être aussi dure avec lui. La nuit avait été pénible pour eux deux et elle ne pouvait nier les efforts de Dimitri pour se faire pardonner. La pierre qui reposait dans sa poche en était la preuve. Alors pourquoi continuait-elle d'être si exaspérée en sa présence ? L'idée même de l'apprécier l'écœurait. Était-ce se trahir que de ressentir autre chose que de la haine à son égard ?

— Par pitié, Sophie. Votre silence est un supplice.

— Écoutez, commença-t-elle. Je comprends que vous n'êtes pas lui…

Elle voyait la détresse de Dimitri. Il était exténué, perdu. Il ressemblait à un enfant à qui on avait arraché tous ses rêves.

— Mais vous me détestez quand même.

Sophie ferma les yeux. Dits à voix haute, ces mots lui semblaient étrangers. Ils étaient trop violents pour décrire la réelle émotion qui animait la jeune femme.

— Je ne sais pas ce que je ressens, répondit-elle sincèrement.

Elle se frotta le visage. Les feuilles mortes se froissaient sous ses bottes pendant qu'elle faisait les cent pas.

— Si j'ai menti sur mon nom, j'ai été sincère sur tout le reste.

Elle se remémora la grotte, leur proximité. Sophie releva les yeux vers Dimitri. Elle comprit qu'il pensait à la même chose. Elle secoua la tête et prononça contre son gré :

— Écoutez, nous allons sortir d'ici et reprendre nos places respectives. Vous allez remonter dans votre palais et moi redescendre à l'horlogerie.

Chaque mot était une aiguille qui meurtrissait sa gorge. Dimitri détacha son regard de Sophie, comme s'il venait d'être rattrapé par la réalité. Ces bois avaient peut-être joué sur son esprit, et aux abords de la forêt il retrouvait peut-être la raison ? Pourtant, l'idée qu'il soit d'accord avec elle la blessa.

Tout à coup, le prince fronça les sourcils. Pas à cause des paroles de la jeune femme, mais de ce qu'il vit derrière elle.

— Il se passe quelque chose au palais…

Sophie se retourna pour observer l'édifice et son sang se glaça. Des torches brûlaient d'un feu vert en haut de chacune des tours. Elle connaissait en théorie la signification de cette alarme. Ces flammes intimaient à tous les citoyens l'ordre de rester cloîtrés… car une menace pesait sur la ville.

Chapitre 24

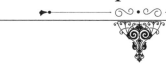

— Et la cérémonie de demain ?! hurla une voix animée d'une colère homérique. As-tu perdu la raison, mon fils ?!

— Écoutez, père...

— Quel besoin avais-tu de rendre visite à cet animal ? N'ai-je pas tout fait pour vous ? C'est ainsi que tu me remercies ?

— Ce n'est qu'un accident, père...

— Un accident qui aurait pu être évité ! Nous avons dû allumer les torches restées éteintes depuis plus de dix ans ! Dix ans, Charles !

Dimitri avait fait pénétrer Sophie dans les appartements royaux. Étrangement, lorsqu'il lui avait proposé sa main pour la guider à travers les couloirs sombres, elle avait accepté et son cœur avait bondi à ce contact. Ils avançaient prudemment, calculant chaque pas. Elle sentait le sang du prince battre jusque dans ses doigts : il avait peur. Elle comprit à la façon dont il la serrait qu'il ne souhaitait pas plus qu'elle pénétrer dans cette salle.

Suivant les cris du roi, ils s'arrêtèrent devant une haute porte peinte en bleu et doré, par les battants entrouverts de laquelle on apercevait la lueur d'un feu de cheminée. Sophie n'était pas sûre de vouloir suivre Dimitri, tant le ton du roi lui hérissait le poil.

— Qu'est-ce que je vais bien pouvoir dire à nos invités ? Certains doivent encore arriver ce matin ! Je te croyais plus avisé que cela ! Ai-je eu tort de penser que vous étiez prêts, toi et ton frère ?

— Bien sûr que non, père !

— Où est-il, d'ailleurs ? Encore à renifler les cuisses d'une catin ?!

La violence de ces mots heurta Sophie en plein cœur. Dimitri s'immobilisa ; peut-être hésitait-il à se montrer, à présent. Il avait entendu lui aussi les mots acerbes de son père. Sa mâchoire se contracta, et il lança un regard furtif à Sophie avant de pénétrer dans le salon.

— Père ! Que se passe-t-il ?

— Ah ! Quand on parle du loup ! Où étais…

Les mots du roi s'évanouirent dans sa bouche lorsqu'il découvrit l'apparence négligée de son fils.

— Que t'est-il arrivé, Dim ? demanda Charles d'une voix étouffée.

— Toi, que t'est-il arrivé ? demanda Dimitri.

— Dimitri ! Quelle est cette tenue ? s'écria une voix féminine.

— Disons que nous avons eu une rude nuit…

— « Nous » ?

Sophie sut que c'était son tour d'entrer en scène. D'un pas mal assuré, elle pénétra dans la pièce, les yeux rivés au sol, consciente de ses bottines crasseuses et de sa robe mouillée de boue.

— Qui est cette souillonne ?

Ces mots l'empêchèrent de relever la tête. Sans pour autant perdre ses manières, Sophie exécuta une profonde révérence.

— Sophie ? s'étonna Charles sur un ton presque blessé.

— Père, voici Sophie Carillet, une jeune femme que tente d'aider Charles depuis que nous l'avons retrouvée inconsciente dans nos jardins. Elle a été attaquée, et Charles et moi tentions de démasquer la personne qui lui a causé du tort.

Sophie releva les yeux. La famille royale la dévisageait : le roi, ses yeux azur perçants sur son teint rubicond ; la reine, une expression d'incompréhension sur le visage ; Charles, l'air ahuri, un linge imbibé de sang couvrant son nez ; et Dimitri, les lèvres pincées et le regard fatigué.

La famille royale au grand complet se tenait devant elle. Vision presque irréelle tant elle avait entendu parler d'eux depuis son enfance. Maintenant, le roi Emrald de Ferwell était bien plus qu'un simple tableau au-dessus de la cheminée de la bibliothèque. Il avait délaissé son corps de toile et de peinture pour revêtir celui de chair et de sang. Quant à la reine Madeleine, elle était aussi belle que les portraits d'elle qui habillaient les murs du palais à l'époque de Sophie. Cependant, ces œuvres étaient bien loin de représenter toute la prestance qu'elle dégageait en réalité.

La pièce qui les entourait était vaste et claire. Des filets dorés relevaient la teinte bleutée des murs et des divans de soie luisaient sous la lumière du feu. Au-dessus de sa tête, un immense lustre en cristal étirait son ombre arquée sur le visage épuisé de l'horlogère.

— Que vous est-il arrivé ? demanda Charles, sortant de sa torpeur.

— Ce serait trop long à vous expliquer, mais dites-moi plutôt ce qui se passe ici. Pourquoi diable les torches sont-elles allumées ? Et pourquoi ton nez saigne-t-il autant ? l'interrogea Dimitri.

Le roi enfonça ses pupilles sur ses fils, tels deux petits poignards étincelants.

— Ton frère a laissé s'échapper un prisonnier !

— Qui donc ?

— Le scélérat qui a failli vous tuer !

Sophie se figea : le roi parlait du vieux Dimitri. Son regard accrocha alors celui de Charles et lut dans ses yeux sombres une muette accusation. Il savait quelque chose.

— Comment est-ce possible ? N'était-il pas enfermé et surveillé ?

— Ton frère a voulu jouer les apprentis enquêteurs. Nous ignorons quel danger peut représenter ce personnage : soit il est sage et il a fui, soit il tentera à nouveau de s'en prendre à vous !

Sophie leva le menton vers Dimitri. Ils savaient tous deux ce que désirait le vieux Dimitri, et aussi qu'il ne s'arrêterait pas avant d'avoir obtenu ce pour quoi il était venu dans cette époque.

— Est-ce lui qui t'a fait cela ? demanda Dimitri à son frère.

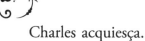

Charles acquiesça.

— Je l'ai laissé me berner avec ses paroles et il m'a attaqué avant de me voler les clés et de s'enfuir.

— N'y avait-il pas un garde avec toi ?

— Disons que je lui ai ordonné de rester à l'extérieur des cachots durant mon interrogatoire... et pour un vieillard, ce prisonnier se défend bien.

Sophie observait les narines du roi frémir. Savoir son fils et ses gardes si facilement mis hors jeu par un seul homme le mettait probablement hors de lui.

À cet instant, trois coups furent frappés à la porte.

— Qu'est-ce donc ? gronda le roi.

Un garde apparut. Il se tenait droit, les cheveux coupés court et le regard noir et pénétrant.

— L'enquête a avancé, Votre Majesté. Peut-être pourrions-nous en discuter dans votre bureau.

Le roi fulmina :

— Hors de question de reporter la cérémonie ! Demain soir, si cette affaire n'est pas réglée, ce sera à l'un de vous deux de prendre le relais ! vociféra-t-il en quittant le salon à la suite du garde.

Les muscles tendus de Sophie se relâchèrent ; Dimitri et Charles, eux aussi, se détendirent. La reine, de son côté, détaillait avec curiosité la jeune femme aux vêtements crasseux qui s'était invitée dans leurs appartements.

— Qui es-tu ? demanda-t-elle.

Sophie releva la tête vers cette femme élégante. Quelques rides griffaient sa peau. Ses cheveux noirs, comme ceux de ses fils, cascadaient jusqu'à ses reins, tenus par une fine couronne. Ses yeux, tout aussi sombres, la toisaient avec méfiance.

— Je m'appelle Sophie Carillet, Votre Majesté.

— Ou plutôt Delapointe, non ? siffla Charles d'une voix morose.

Sophie planta ses yeux mordorés dans les siens. Le vieux Dimitri lui avait révélé certaines choses, mais il ne semblait pas en comprendre le sens.

— Quelque chose d'étrange émane de toi, ajouta la reine. Parle : d'où viens-tu ?

— Mère, assez. Ce serait plutôt à vous de vous expliquer. Les mensonges ne viennent pas seulement de Sophie, vous nous en servez depuis que nous sommes nés, trancha Dimitri.

La reine détailla enfin son fils, sa tenue en lambeaux, la cicatrice sur son bras.

— Où étais-tu, cette nuit, Dimitri ?

— Je pense que vous le savez déjà.

Les yeux de la reine s'emplirent de larmes. Ses pupilles brillaient dans la lumière orangée telles deux billes sous un soleil de plomb.

— Qu'as-tu fait, mon fils ?

— Je vous retourne la question, mère.

La reine tourna les talons pour se laisser choir dans un divan. Sa robe rouge s'étala autour d'elle. Ainsi, elle ressemblait presque à un coquelicot fané.

— Mère… commença Charles, qui retira enfin le linge de son nez pour découvrir la large plaie qui ornait l'arête. Quelle est cette histoire d'âme ? Vous êtes-vous réellement offerte à la forêt ?

Sophie fronça les sourcils : le prince en savait bien plus qu'elle ne l'aurait pensé. La reine releva la tête. Elle paraissait éprouver du dégoût pour elle-même, mêlé de tristesse et de résignation – car tout mensonge avait un jour une fin.

— J'ai fait la seule chose que l'on attendait de moi. La vie d'une femme est dure, et n'allez pas croire que notre noblesse y change quoi que ce soit, dit-elle en jetant un coup d'œil à Sophie. Votre père a beau m'aimer, il m'a tout d'abord épousée pour s'assurer une descendance. Alors, imaginez ce qui peut advenir lorsqu'il vous est impossible de donner la seule chose que l'on attend de vous…

— Vous n'arriviez pas à avoir d'enfant ? en déduisit Sophie.

— Pendant plusieurs années, nous avons essayé. Jusqu'à ce que mon statut soit remis en question. Je n'avais plus d'autre choix… J'ai supplié les Landes de m'accorder un fils, elles m'en ont octroyé deux et, en échange, je devais leur offrir tous les autres…

— Vous faisiez croire à des fausses couches ou à des enfants mort-nés, mais…

Charles ne put finir sa phrase tant cette idée l'horrifiait. Un silence pesant s'abattit sur la pièce.

— Qu'est-ce que nous sommes ? articula Dimitri.

— Vous êtes mes fils !

La voix de la reine se brisa dans un sanglot.

— Sommes-nous humains, au moins ?

— Je vous ai enfantés tous les deux, bien sûr que vous êtes humains !

— Mais il y a cette ombre, non ? déclara Sophie. La magie du sang dort en eux, n'est-ce pas ?

L'évocation de la magie fit paniquer la reine Madeleine.

— Où êtes-vous allés, Dimitri ? Qu'as-tu fait à mon fils ?! cria-t-elle à Sophie, une main sur la poitrine, des larmes mouillant ses joues.

— Je n'ai rien fait... Votre fils a simplement souhaité connaître la vérité, répondit la jeune femme avec détermination.

— Nous sommes allés dans les Landes, répondit Dimitri.

— Mais vous avez perdu l'esprit ! s'exclama Charles. Pourquoi ?

Sophie fouilla dans sa poche pour en extraire la pierre rouge qui y reposait.

— Pour ça...

— Un transverseur ? s'étonna la reine.

Une étincelle illumina ses iris lorsqu'elle comprit. Sophie était surprise de constater que la reine s'y connaissait si bien en horolurgie. Mais après tout, quoi de plus logique : c'était elle qui avait bercé les jumeaux de contes fantastiques, réalisa-t-elle.

— C'est donc ça... L'aura que tu possèdes... C'est la même que celle de cet homme. Vous n'êtes pas à votre place ici.

— Sophie ? l'interrogea Charles, l'invitant à s'expliquer.

— Je ne viens pas d'ici... ni de la Fréhenne, ni de cette époque...

— Sophie est la fille que Victor aura dans quelques années, précisa Dimitri.

— Tu es au courant ? s'indigna Charles.

— Sophie m'a expliqué.

Le visage de Charles n'exprimait qu'une profonde incompréhension. Elle s'en voulait presque de lui avoir menti, lui qui poursuivait avec tant d'ardeur la vérité.

Alors, l'horlogère parla. Elle expliqua d'où elle venait, son travail au palais et sa rencontre avec Dimitri. Elle leur mentionna l'Engrange-Temps, leur saut dans le temps, l'attaque et sa fuite dans une autre époque. Sans omettre aucun détail, elle relata leur périple dans la forêt, leur rencontre avec Sarinne et la création du transverseur.

— Je crois que la magie du sang a corrompu le vieux Dimitri, termina-t-elle. Et je crois qu'il souhaite vous tuer, Charles, pour redevenir entier.

— Qu'as-tu fait? s'indigna la reine.

— Je vous demande pardon?

— Je ne suis peut-être pas une sorcière ni une Tisseuse de Temps, mais j'en connais assez sur l'Horolurgie pour savoir que le destin ne peut être changé. Tu as précipité mon fils entre les griffes d'une sorcière et tu l'as obligé à se servir de la magie qui reposait en lui. Tu as même sûrement accéléré le processus...

— Quoi? Non...

— Mère, je ne deviendrai pas cet homme!

— Qu'en sais-tu?

— Je m'y refuse! Tuer Charles pour me sentir entier? À quoi bon être entier si la seule personne qui me permet de l'être n'est plus là?

Cette révélation fit basculer le cœur de Sophie. Le lien entre les jumeaux était fort, bien plus qu'elle ne l'aurait pensé. Elle entrevoyait peut-être une pointe de jalousie entre eux, ce qui la poussait à imaginer pourquoi le vieux Dimitri souhaitait prendre la place de son frère et changer son présent. Cependant, elle réalisait aussi que l'amour qui les animait était puissant, c'était lui qui tenait les ténèbres à l'écart. Dimitri avait raison, tuer Charles revenait à s'amputer d'une partie de lui-même. Était-ce pour cela que le vieux Dimitri n'avait pas voulu commettre ce crime à sa propre époque, pour ne pas le perdre ?

Charles s'avança vers son frère et posa une main contre sa joue. Les deux princes menaient une discussion silencieuse ; leurs yeux sombres lisaient dans l'âme de l'autre. Il était étrange de les voir ainsi, si proches, comme si une seule personne se contemplait dans un miroir.

— Nous ferons en sorte que tout ce qu'a vécu Sophie ne se produise pas, déclara alors Charles en s'arrachant à la contemplation de son double.

— Sarinne a dit qu'il était possible de changer l'avenir, n'est-ce pas, Sophie ? s'inquiéta Dimitri.

— Il ne faut pas reproduire les erreurs du passé...

Sarinne lui avait soufflé qu'elle pouvait modifier le destin si elle le désirait vraiment, que sa présence dans cette époque était une anomalie. Elle devait se servir de cela pour les aider à contrer le vieux Dimitri.

— Il faut trouver cet homme avant qu'il provoque une catastrophe, lança Charles.

— Votre père a déjà déployé des soldats dans tout le château. Mais si vous me dites qu'il a accès à la magie du sang... Je crains que cela ne soit inefficace, déplora la reine.

— Pourquoi ça ? demanda Charles.

— La magie du sang est redoutable et vaste, elle offre bien plus de possibilités que toutes les autres formes. Nous ignorons à quel point cet homme est expérimenté. Les cellules des cachots empêchent toute utilisation de magie, c'est sûrement pour cela qu'il est resté si sage ces dix dernières années. Mais maintenant qu'il est sorti...

— Alors quoi ? Il va recouvrer ses forces et utiliser ses... *pouvoirs* ?

Dans la bouche de Charles, ce mot ressemblait à une injure. Sophie connaissait l'aversion du prince pour la magie. Sa voix trahissait son trouble, mais aussi son dégoût. Tout cela allait bien au-delà de sa compréhension du monde. Néanmoins, les derniers événements l'obligeaient à voir cette vérité qu'il refusait d'admettre depuis l'enfance.

Une chose restait acceptable pour Charles et Sophie sut qu'il était temps de lui prouver qu'il avait raison de miser sur les Horanimas, malgré la magie qui les animait :

— J'ai peut-être une idée. Retrouvez-moi à l'horlogerie avec autant d'horloges que vous pourrez en porter.

Chapitre 25

Sophie redescendait les marches du palais de Vitriham, le cœur lourd. Les mouettes chantaient dans son sillage, mais la ville chuchotait. La jeune femme connaissait Aigleport pleine d'effervescence, mais aujourd'hui tout était dépeuplé. Elle entrevoyait des visages aux fenêtres, des yeux levés vers les tours et les torches vertes.

Quelques téméraires arpentaient les rues, des curieux passaient la tête par l'entrebâillement de leur porte. Sophie, elle, filait jusqu'à l'horlogerie. Elle avait une mission à accomplir, mais il lui fallait l'aide de son père, l'aide d'un Tisseur de Temps.

Ce qu'elle venait de vivre dans la forêt avec Dimitri avait chamboulé toutes ses convictions. Elle se sentait tiraillée. Elle venait de franchir une frontière qu'elle pensait infranchissable : celle d'apprécier le prince. Elle craignait les sentiments qui commençaient à poindre. La réminiscence de leurs doigts mêlés lui démangea la main, et elle la secoua comme pour faire passer un engourdissement.

— *Qu'est-ce que tu as en tête, Sophie ?* demanda Farandole qui se réveillait de son silence.

Depuis leur départ de chez Sarinne, la montre à gousset s'était faite discrète. Elle avait bien ronchonné dans la forêt, mais s'était tue une fois qu'ils étaient arrivés en ville. Le connaissant, Sophia savait qu'il avait épié le moindre murmure.

— Force est de constater que les gardes ne sont pas d'une très grande efficacité dans cette époque. Si nous rajoutons quelques Horanimas au sein du palais, peut-être arriverons-nous à coincer le vieux Dimitri.

— *Et comment comptes-tu t'y prendre ?*

— Avec l'aide de mon père.

Aux abords de la boutique, elle remarqua la porte d'entrée entrebâillée et un frisson courut le long de son échine. Le cœur battant, elle entra pour découvrir une scène de chaos.

Au sol gisaient des centaines d'horloges. Des morceaux de verre recouvraient le plancher, crissant sous ses bottes.

— *Sophie, c'est quoi ce bruit ?* couina Farandole.

— *Sophie ? C'est toi, ma chérie ?* s'exclama Églantine.

— Oui, c'est moi, chuchota Sophie. Que s'est-il passé ?

— *Sophie, cherche Victor !*

Terrifiée, Sophie se fraya un chemin parmi les balanciers célibataires, les aiguilles orphelines et les mécanismes veufs. Étendu sur le sol, Victor reposait, face contre terre.

— Par tous les dieux !

Sophie se précipita sur l'horloger et le retourna sur le dos.

— Sophie… articula-t-il.

Des larmes de soulagement brouillèrent la vue de la jeune femme. Victor était encore en vie, c'était tout ce qui importait. Il reprenait doucement conscience.

— Victor, que s'est-il passé ?

— Sophie, tu es en vie… dit-il, soulagé, en glissant une main glacée sur sa joue.

— Bien sûr que je suis en vie, gémit-elle, pressant la joue contre sa paume.

— Tu l'as, n'est-ce pas ? demanda-t-il d'une voix enrouée.

— Oui, je l'ai… Mais on va s'occuper de toi d'abord.

Glissant son bras sous l'aisselle de son père, Sophie l'aida à se remettre debout. Elle l'installa sur le tabouret derrière le comptoir et s'assura qu'il tienne assis seul.

— Où est Jean ?

— Il a quitté l'horlogerie hier soir et c'est son jour de congé aujourd'hui, gémit-il en se palpant la nuque.

— Pourquoi la boutique est-elle dans cet état ?

— *Sophie, ma chérie ! Il a attaqué la boutique ! Il a tout mis sens dessus dessous !* couina Églantine, dont la vitre était fissurée.

— Qui ? Qui a attaqué la boutique ?

— Il a pris l'Engrange-Temps…

Sophie se décomposa : ses yeux rencontrèrent ceux de Victor. Elle pouvait y lire la culpabilité.

— Dimitri… souffla-t-elle.

Il n'avait pas perdu de temps, il savait pourquoi il venait. Charles avait dû lui parler de Sophie et il devait se douter qu'elle chercherait refuge à l'horlogerie. Par sa présence, elle avait mis son père en danger.

— Comment est-ce possible ? N'était-il pas enfermé ? demanda Victor.

— Charles lui a rendu visite cette nuit et il s'est enfui… Les torches sont allumées, toute la ville est en isolement. Le roi est furieux.

Repenser à la voix menaçante du souverain lui donnait la chair de poule.

— Et à juste titre.

— L'Engrange-Temps n'est pas réparé, n'est-ce pas ?

— Je l'ai terminé hier…

Sophie serra les dents. Le vieux Dimitri essaierait-il de rentrer à son époque ou tenterait-il de s'en prendre encore à Charles ?

— Il faut que tu m'aides à l'arrêter… J'ai proposé aux princes de créer des Horanimas pour surveiller le palais et mettre la main sur lui. Il peut être n'importe où !

— Sophie, dit Victor en se penchant vers elle, je ferai tout ce que tu voudras.

Charles et Dimitri se présentèrent à la nuit tombée à l'horlogerie, accompagnés de plusieurs domestiques, les bras chargés d'horloges et les poches remplies de montres, comme le leur avait demandé Sophie. Parmi eux, Vivianne, une pendule dans les bras, fixait Sophie avec malice.

Lorsqu'ils entrèrent, ils ne purent cacher leur surprise. Certes, la boutique avait été nettoyée, mais le passage du vieux Dimitri était visible. La mélodie des balanciers se faisait plus éparse et moins puissante, beaucoup de mécanismes avaient été brisés.

— Diable ! Que s'est-il passé ? s'exclama Charles.

— *Il* est passé par là… murmura Sophie.

— Est-ce que vous allez bien ? s'enquit Dimitri.

En cet instant, les jumeaux avaient le même regard, celui de l'inquiétude, tel un miroir brisé exposant plusieurs reflets.

— C'est arrivé la nuit dernière : il s'en est pris à Victor, mais tout va bien, répondit-elle en jetant un coup d'œil à l'horloger, qui indiquait la marche à suivre aux domestiques.

— A-t-il dérobé quelque chose ? demanda Dimitri.

— L'Engrange-Temps.

Les deux frères froncèrent les sourcils.

— Il est peut-être déjà retourné dans son époque, supposa Charles.

— Pas s'il lui manque un transverseur, répondit Dimitri.

Sophie esquissa un sourire qu'il lui rendit lorsque leurs regards se croisèrent. Il commençait à comprendre. Il n'était vraiment pas tel qu'elle se l'était imaginé.

— On ne sait pas s'il est capable d'en créer, il nous faut rester sur nos gardes, ajouta-t-elle.

— Comment allez-vous faire pour rentrer s'il vous manque l'Engrange-Temps ?

Cette question, elle se l'était posée tout l'après-midi. En se lavant, en s'habillant, en mangeant, en balayant, en rangeant. Elle avait échafaudé toutes sortes de scénarios et s'était presque faite à l'idée de rester ici, dans cette nouvelle époque. Elle s'imaginait prendre un bateau pour découvrir le monde, un monde où son père serait encore vivant...

Elle décida de balayer cette question.

— Nous y penserons plus tard. Concentrons-nous plutôt sur les Horanimas.

Les domestiques avaient disposé leur butin sur le comptoir. Horloges, montres, pendules, réveils s'amassaient, recouvrant presque Églantine, qui trônait à sa place habituelle.

— *Faites attention*, rouspétait-elle. *Je suis une pendule en rémission !*

Victor s'était occupé d'elle en premier. Il avait changé sa vitre et Églantine était presque comme neuve. Vernie, huilée et dépoussiérée avec soin. Mais elle aimait dramatiser la situation.

— Comment pouvons-nous vous aider ? demanda Charles.

— Je vais avoir besoin de chaque personne ici, l'informa Victor. Il faut une âme pour créer une Horanima et, pour cela, j'ai besoin de sang.

— Rien de trop... dangereux ? s'inquiéta le prince.

— Rien de trop dangereux pour eux, non, répondit Victor.

— Bien... Que tout le monde se rassemble, nous avons encore besoin de votre coopération ! ordonna Dimitri. Un groupe par ici, l'autre par là !

Dimitri avait décidé de prendre les choses en main. Il s'avança vers l'horloger. Sophie sentit soudain la présence de Charles tout près d'elle.

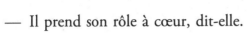

— Il prend son rôle à cœur, dit-elle.

— Il se sent coupable.

Sophie se retourna pour lui faire face. Étrangement, Charles ne lui faisait pas le même effet que Dimitri. Alors que la présence de son jumeau la faisait frémir d'une drôle de manière, elle sentait chez Charles une aura de bienveillance communicative.

— Il n'a pas cessé de se lamenter aujourd'hui, ajouta le prince. J'ai bien tenté de lui expliquer que ce n'était pas sa faute, mais rien n'y fait.

Elle se sentit presque mal de lui avoir reproché tous les méfaits du vieux Dimitri. Ils étaient différents, elle en était maintenant certaine.

— C'est un lourd fardeau que de savoir ce qui nous attend, dit-elle.

— Dimitri n'est pas comme l'homme que j'ai rencontré dans ces cachots. Mon frère et moi sommes différents, certes, mais ce n'est pas une mauvaise personne.

— Je le sais, à présent, avoua-t-elle.

Charles contempla Sophie. Essayait-il de lire en elle ?

— Je suis désolée de vous avoir menti, dit-elle.

— Ce serait plutôt à moi de m'excuser, soupira-t-il avec un rictus navré. Je vous ai attachée et traitée comme une criminelle. Et… je vous ai obligée à monter les marches du palais avec votre blessure.

— Avouez-le, c'était une punition, n'est-ce pas ?

— Il n'y a pas que mon frère qui peut parfois se montrer idiot.

Sophie pinça les lèvres dans un faible sourire.

— Tout ceci est ma faute. Sans moi, cela ne serait jamais arrivé.

— Mais sans vous, l'histoire se serait répétée.

Sophie fronça les sourcils en détaillant le prince.

— Au-delà de nous avoir sauvés quand nous étions plus jeunes, peut-être que votre présence peut soustraire mon frère de l'avenir qui l'attend.

Avait-il raison? Était-elle une messagère envoyée par le Temps pour changer le destin macabre de Dimitri de Ferwell?

— Vous vous souvenez de moi, il y a dix ans?

— C'est un vague souvenir de vous qui m'a poussé à rendre visite à cet homme... Sans mon entêtement, nous n'en serions pas là et vous seriez déjà chez vous.

— Nous formons une belle paire de catastrophes, dans ce cas, le taquina Sophie, sans prendre la peine de corriger ses dernières paroles.

Le sourire de Charles se fit franc, exposant ses dents blanches et la fossette qui creusait sa joue.

— Les choses commencent à avoir un peu plus de sens, même si la vérité est dure à avaler, déclara-t-il alors que son sourire se teintait de mélancolie. J'ai longtemps détesté entendre les ragots fantasques à propos de nous ou de notre mère. Je me suis moi-même mis des œillères, à vrai dire. Je crois que Dimitri, lui, a toujours su.

Le prince jeta un regard vers son frère, en pleine discussion avec Victor, qui se balançait d'un pied sur l'autre, manifestement mal à l'aise d'accueillir deux membres de la famille royale dans son échoppe.

— Il a un certain attrait pour la magie, approuva Sophie. C'est sûrement cette curiosité qui l'a poussé vers de sombres chemins. Mais maintenant que vous êtes au courant, peut-être pourriez-vous changer cela.

— Ou vous, Sophie.

L'horlogère sursauta.

— Je vous demande pardon ?

Charles reporta son attention sur elle.

— Vous pourriez être la solution au problème. Nous avons cette noirceur dans le cœur, mais elle semble d'autant plus prononcée chez lui. Néanmoins, je le trouve beaucoup plus doux depuis que vous êtes ici.

Sophie fronça les sourcils et secoua imperceptiblement la tête.

— Je ne suis pas celle dont il a besoin, je…

— Sophie ? la héla Victor.

Sauvée ! pensa-t-elle. Elle n'était pas prête pour ce genre de discussion, et surtout pas avec Charles.

— Veuillez m'excuser, déclara-t-elle en esquissant une révérence avant de s'éclipser.

Victor avait fait un peu de place sur le comptoir, assez pour disposer ses outils et laisser un espace libre pour une horloge. Au-dessus de sa tête brillait une énorme lampe ronde.

— Je ne t'ai jamais appris, n'est-ce pas ? demanda-t-il, faisant référence au futur.

— Je t'ai seulement vu à l'œuvre…

Victor s'écarta du bureau. Sur la table, il avait disposé des pinces, des tournevis et, miroitant sous la lumière, la fameuse aiguille d'horloge. Travaillé dans un métal sombre, troué d'arabesques et gravé de runes, l'instrument attendait qu'on l'utilise.

— Ma mère m'a appris à être un Tisseur de Temps, comme j'aurais dû te l'apprendre pour perpétuer la tradition. Peut-être que je te trouvais trop jeune ; ça demande beaucoup d'énergie.

Le cœur de Sophie se serra : elle ne pouvait lui révéler sa mort prématurée. L'horloger se tourna vers ses instruments.

— L'Imprégnation est une intervention complexe, car tu dois lier l'horloge et l'âme sur une même mesure. Le Tisseur de Temps doit écouter, déceler et régler. C'est un travail tout aussi minutieux que l'horlogerie elle-même.

Victor s'empara de l'aiguille.

— Ceci s'appelle une flèche, c'est elle qui entame le processus. La pointe de la flèche découpe l'âme et la livre à l'horloge sur un plateau. Sans cet objet, rien n'est possible. Je l'ai hérité de ma mère, comme elle l'a hérité elle-même de son père. Je vais te montrer, et je te laisserai essayer.

— Et si je n'en suis pas capable ?

— *Tu vas y arriver, Sophie !* l'encouragea Farandole. *Tu as ça dans le sang !*

— Farandole a raison, tu as ça en toi.

L'horloger s'empara d'une pendule et invita une première personne à s'avancer. Fidèle à elle-même, ce fut Vivianne qui se détacha du groupe, la tête haute. Sophie admirait la guérisseuse. Sans une once de frayeur dans le regard et sans aucune hésitation, elle s'avançait à présent vers Victor, car elle vouait au prince Charles une confiance absolue.

Victor ouvrit le capot et mit le mécanisme de la pendule à nu.

— Quel est votre nom ?

— Je m'appelle Vivianne, monsieur.

— C'est elle qui a pansé ma blessure, l'informa Sophie.

Victor adressa à la guérisseuse un sourire reconnaissant.

— Bien, je vais devoir prendre un peu de votre sang.

Vivianne acquiesça et tendit sa main avec détermination. Sophie croisa son regard et celle-ci lui décocha un sourire de sympathie. Elle ne semblait pas lui garder rancune des problèmes que l'horlogère avait causés depuis son arrivée.

Victor lui piqua l'index et une goutte vermeille apparut.

— Je vais vous demander de poser votre doigt sur les engrenages, lui indiqua-t-il avec bienveillance.

À peine la peau eut-elle effleuré le métal que le sang dessina les contours du mécanisme. L'odeur bien particulière de la magie s'immisça dans la pièce, cet effluve filait sur la langue de toute personne présente. Une fine ligne rouge dévala les engrenages, le ressort, le balancier. Toutes les pièces prenaient une teinte rouge sang, arrachant à Vivianne une part de sa vie.

L'Imprégnation n'était pas plus dangereuse qu'un simple don de sang. L'âme ne souffrait pas de ce retrait, car la flèche n'en retirait qu'une infime partie : ensuite, la magie œuvrait à son amplification.

À l'aide d'une clé de remontage, Victor poursuivit le processus. Chaque tour était entamé avec délicatesse, sans précipitation. Comme l'avait mentionné l'horloger, il écoutait. Pouvait-il ressentir les battements du cœur de Vivianne à travers l'horloge ?

Sophie jeta un coup d'œil à Charles qui n'avait pas quitté la scène des yeux. Lui qui avait pris les Tisseurs de Temps pour des scientifiques, l'incantation que commençait à marmonner Victor devait à présent le faire douter. Ce soir, face à ce spectacle, il devait comprendre ce qu'il en était réellement.

Le visage de l'horloger rougissait sous l'effort. Ses paroles semblaient donner vie aux rouages. Plus les secondes s'écoulaient, plus remonter la clé paraissait compliqué. Lorsque le Tisseur de Temps eut fini son psaume, le métal absorba toute trace de sang, créant une faible lueur, et le ressort cria en se relâchant. L'horloge était redevenue elle-même, mais pas totalement.

— *Mais pourquoi mes rouages sont-ils à l'air ?* s'exclama l'Horanima.

Sophie et Victor, qui avaient jusqu'alors retenu leur souffle, poussèrent un soupir de soulagement.

— C'est fait ? demanda Dimitri, qui ne pouvait rien entendre.

Sophie acquiesça d'un mouvement de tête et Victor referma le capot.

— Est-ce mieux ainsi, madame ? demanda l'horloger en souriant.

— *Bien mieux, mon bon monsieur.*
— Connaissez-vous votre nom, très chère ?
— *Il me semble que c'est à vous d'en choisir un.*

Victor et Sophie sourirent. Elle savait qu'il arrivait parfois que les Horanimas à fort caractère choisissent leur propre sobriquet, quand d'autres fois elles laissaient le Tisseur de Temps leur en attribuer un. Victor leva les yeux vers Vivianne.

— Comment voulez-vous l'appeler ?
— Eh bien… Pourquoi pas Rosie ?
— Rosie, ce sera parfait, appuya Victor en reportant son attention sur l'horloge.

Soudain, Sophie se souvint. Rosie siégeait dans l'aile ouest du palais, dans le boudoir. L'horlogère la remontait toutes les semaines depuis qu'elle avait pris son poste au palais. C'était donc Vivianne, la femme qui lui avait sauvé la vie, qui avait insufflé la vie à cette modeste horloge. Elle ignorait comment la pendule de sa ligne temporelle avait été Imprégnée, mais Sarinne avait raison : le destin trouvait toujours un moyen de se réaligner.

— Sophie ? appela Victor.

La jeune femme sortit de sa léthargie. Il avait mis devant elle une pendule de bronze, lourde et décorée de lianes dorées. Son cadran circulaire en laiton comportait douze plaques en émail blanc à chiffres romains. Elle connaissait cette pendule : il s'agissait de Chantelle, qui occupait les cuisines du château.

S'avançant prudemment, elle comprit que ce soir elle construisait son propre futur. Elle leva les yeux vers la dizaine de personnes présentes dans la boutique, et elle réalisa qu'elles allaient créer les nombreuses horloges qu'elle côtoierait plus tard.

— À ton tour, Sophie, l'invita son père.

— *Tu vas y arriver,* souffla Églantine.

L'horlogère prit place sur la chaise, qui grinça sous son poids, et ouvrit délicatement le capot de la pendule à l'aide d'un petit tournevis. Tout le monde avait les yeux rivés sur elle. Sophie aurait pu se sentir mal à l'aise, mais elle était absorbée par ce qui allait suivre. Son cœur battait à ses tempes, alors qu'elle réalisait peu à peu l'importance de ce qui se produisait dans la petite horlogerie. Elle qui avait rêvé de ce jour depuis son enfance, elle qui avait observé tant de fois son père, elle qui s'en voulait de n'être pas assez bonne, pas assez forte. Ce soir, elle allait tisser le temps comme ses ancêtres avant elle, comme une véritable Delapointe.

Une petite femme ronde, aux joues rosées et aux cheveux blonds, s'avança. Exactement comme Sophie aurait imaginé Chantelle si elle avait été humaine.

— Comment vous appelez-vous ? demanda-t-elle.

— Ariette, madame.

— Enchantée, Ariette.

Sans peur, la femme tendit sa main. Sophie s'empara de l'aiguille – elle était bien plus lourde qu'elle ne l'avait imaginé. Avec une pointe d'hésitation, elle piqua Ariette. La domestique posa son doigt sur le mécanisme de l'horloge et le sang entama sa course effrénée. Toutefois, contrairement à l'Imprégnation de Victor, Sophie perçut dans son crâne un battement affolé. Ce n'était pas son propre cœur, non, le rythme sourd qu'elle percevait provenait de celui d'Ariette. Sophie vacilla et Victor la retint par le coude.

— Tiens bon, tu es forte. Remonte l'horloge, maintenant.

Son père déposa une clé dans sa paume et, lorsqu'elle l'inséra, une vague tourbillonnante s'abattit sur Sophie. Son être, comme emporté par un ouragan, luttait contre le vent qui l'assaillait intérieurement. Les battements du cœur d'Ariette étaient trop bruyants, chaque tour remonté constituait une épreuve.

— C'est bien, continue, l'encouragea Victor. Je sais que c'est dur, mais il faut que tu ressentes l'énergie qui coule dans les veines d'Ariette. Tu dois parler à l'Horanima. Répète après moi, ça va t'aider.

Sophie acquiesça, tremblante. Il allait prononcer ces mots qu'elle connaissait maintenant par cœur et qui hantaient ses lèvres sans qu'elle parvienne à les formuler.

Les lianes immuables du temps
Perpétuent les paroles du monde.
Dans un souffle infini et sans jamais faillir,
La mémoire se révèle en tissage silencieux.
Croise les vies au détriment du temps,
Et ce, jusqu'à l'avènement de la vérité.

Religieusement, Sophie répétait chaque terme, copiait chaque intonation. Pendant que ses phrases prenaient forme et que le sang coulait sur les engrenages, elle parvint à passer la barrière des battements assourdissants pour se concentrer sur l'Imprégnation. Le vent qui la repoussait la pénétra, traversa son être et vagabonda dans chacun de ses membres. Ce frisson remonta jusqu'à sa gorge pour se muer en paroles. Elle donnait la vie de la plus belle des manières. Elle arrivait presque à voir les mots sortir de sa bouche pour se lier au liquide vermeil qui coulait dans le mécanisme. Le sang voyageait sur les rouages, s'infiltrait dans chaque recoin, il traçait des sillons, telles des veines écarlates qui prenaient possession de l'horloge.

La pression exercée sur son crâne était la seule chose qui lui donnait envie d'abandonner. Plus elle remontait l'horloge, plus elle resserrait l'étau sur son être. Happée par l'Imprégnation, elle ne remarqua même pas le mince filet rougeâtre qui s'échappa de sa narine.

Enfin, lorsque le dernier mot fut prononcé, le sang disparut et le bruit épouvantable des pulsations s'évanouit. Les rouages s'illuminèrent un bref instant, puis le ressort émit un grincement. Un silence vibrant s'établit dans la boutique, mais après des secondes interminables, une voix s'éleva, ou plutôt toussota. Sophie tourna la pendule vers elle.

— Bonjour, Chantelle, dit-elle à bout de souffle. Je m'appelle Sophie Delapointe, ravie de faire ta connaissance.

Chapitre 26

L'Imprégnation dura toute la nuit. Victor et Sophie tissèrent tous deux le temps, créant Horanima sur Horanima. Chaque personne présente, princes et domestiques, donna son sang, et, lorsque tout le monde fut passé, ils l'offrirent une deuxième puis une troisième fois. Même Sophie se délesta d'une part de son âme pour créer une montre à gousset dont le doux sobriquet fut Pépille. Charles créa une horloge comtoise du nom d'Henri et une pendule qu'il nomma Valérian. Sans surprise, ces deux Horanimas étaient tout ce qu'il y avait de plus poli. Quant à Dimitri, il donna vie à Gustav et à Opale, deux pendules aussi volubiles l'une que l'autre.

Sophie comprit pourquoi cette tâche titanesque ne pouvait être réalisée par une seule personne. L'énergie que demandait l'Imprégnation était si importante que, après la création d'une quinzaine d'Horanimas, elle se sentait plus éreintée qu'elle ne l'avait jamais été. Même monter les marches qui menaient au palais était, en comparaison, d'une banale facilité.

Ainsi, jusqu'à la pointe de l'aube, Victor et Sophie créèrent une trentaine d'Horanimas, toutes différentes, allant de la simple montre à gousset jusqu'à l'imposante horloge comtoise. Les princes ordonnèrent la livraison des Horanimas dans le palais, le tout sur les conseils de Sophie et Victor. Il y avait tant de terrain à couvrir qu'ils les placèrent de façon stratégique à différents étages selon la portée de leur ouïe. Ils savaient que ce n'était pas un système de défense infaillible, mais ils espéraient que cette précaution les aiderait tout de même.

Sophie avait insisté pour accompagner les domestiques. Elle disposa une pendule du nom d'Éden dans un corridor de l'aile nord, installa une horloge nommée Armand dans les toilettes pour hommes et glissa une montre à gousset dans le tiroir d'un des meubles du hall principal.

Un fois sa mission terminée, elle croisa Dimitri, qui sortait de la bibliothèque.

— Oh, Sophie.

Cela faisait à peine quelques heures qu'ils ne s'étaient pas retrouvés seuls, pourtant cela lui paraissait une éternité.

— Dimitri, dit-elle avec une joie contenue.

Cette réaction lui fit détourner les yeux.

— Écoutez, Sophie... Je suis désolé pour tout ça. Pour ce qu'il vous arrive et ce que je vous ferai subir.

Un profond chagrin se lisait sur ses traits. Sophie craignit qu'une telle inquiétude à propos de son avenir n'envenime la situation. Elle pencha la tête pour capturer son regard.

— Dimitri, regardez-moi.

Sans y penser, elle lui toucha le menton. Pour qu'il tourne enfin la tête, qu'il la regarde et qu'il voie qu'elle ne lui en voulait pas. Les yeux noirs du prince s'accrochèrent à ceux de Sophie comme si ceux-ci étaient la bouée qui le maintiendrait hors de l'eau.

— Chassez vos doutes. Cessez de vous tourmenter, s'il vous plaît.

— Sophie, je…

— Je ne vous en veux pas. Vous n'êtes pas cet homme, je l'ai enfin compris.

Elle ignorait ce qu'elle était en train de faire, mais son cœur la poussait à lui pardonner. Il n'avait encore rien fait. Elle n'avait pas le droit de déverser sa haine sur lui. Cependant, son esprit rationnel lui criait de fuir.

Que fais-tu ? Arrête ça tout de suite, hurlaient ses pensées.

Il était ce contre quoi elle se battait. Il était la cause de ses maux. Elle devait repousser ses sentiments, sous peine de s'abîmer dans l'inconnu. Elle avait fait assez d'erreurs ces derniers jours ! Dans cette époque comme dans la sienne, elle était censée être invisible, discrète… Pourquoi était-ce devenu impossible ?

Sophie recula d'un pas comme si une abeille l'avait piquée. Les joues en feu, elle réalisa avec quelle proximité elle s'était adressée au prince. Elle l'avait touché. Ses doigts et ses joues brûlaient.

— Nous devrions rejoindre la rotonde, dit-elle.

Elle détourna son regard pour ne pas voir le prince se décomposer.

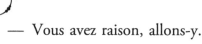

— Vous avez raison, allons-y.

Près des grandes portes, Charles discutait avec les derniers domestiques qui n'avaient pas repris leur poste.

— Ce n'est pas la meilleure des protections, mais c'est mieux que rien, déclara Sophie.

Charles semblait fatigué, mais soulagé. Une grosse entaille barrait à présent l'arête de son nez. Enfin, elle pourrait différencier les jumeaux! Il jeta un bref regard suspicieux à son frère, qui marchait quelques pas derrière la jeune femme.

— Merci pour ce que vous avez fait, Sophie.

— C'est la moindre des choses…

— Donc, maintenant, nous attendons?

— Toutes ont compris leur mission. S'il se passe quoi que ce soit, elles sonneront et Victor sera là pour vous traduire leurs mots.

Il avait été convenu que l'horloger assisterait à la Cérémonie de Passation des Pouvoirs. Ce n'était pas un invité de marque, mais il était reconnu pour son art; en outre, Dimitri et Charles étaient en position de lui faciliter l'accès au palais.

Pour Sophie, c'était une autre affaire. Elle n'avait pas fait bonne impression la nuit précédente auprès du couple royal et ne pouvait donc se joindre à la fête. À contrecœur, elle allait rester à la boutique, avec Jean, Farandole et Églantine.

— *Je n'arrive pas à croire que tu ne me laisses pas dans un tiroir*, ronchonna Farandole. *Toute l'action est ici et je vais rater ça!*

Sophie glissa sa main dans sa poche et serra la montre. Elle ne pouvait pas répondre, mais saisissait très bien son désarroi. Seulement, elle ne pouvait se résoudre à se séparer de son compagnon de rouages une fois de plus.

— Vous serez en sécurité à l'horlogerie, dit Charles, comprenant que rester en retrait la peinait. Il n'y a plus qu'à espérer mettre la main sur notre homme… ajouta-t-il.

— Essayez surtout de ne pas vous faire tuer.

Charles s'esclaffa et passa sa main dans ses cheveux noirs.

— Il en faudrait beaucoup pour me tuer. Après tout, dans votre futur, je suis encore vivant, non?

Certes, dans sa réalité, Charles était bien vivant. Cependant, compte tenu de son intervention actuelle dans leur vie, elle ne pouvait plus se reposer sur ce qu'elle connaissait.

— Je ne m'appuierais pas là-dessus…

— Je ne le laisserai pas te faire du mal, déclara Dimitri en posant sa main sur l'épaule de son frère.

Soudain, un vacarme tonitruant résonna autour d'eux. Toutes les horloges de l'aile est se mirent à sonner en même temps.

— Déjà? s'exclama Dimitri.

Lorsque les horloges se calmèrent, ils entendirent une rumeur au loin. Elle se rapprochait. Sophie recula d'un pas et tenta de se cacher derrière les jumeaux.

— Qu'est-ce que cela signifie? s'écria Dimitri.

Les gardes retenaient un homme qui se débattait. Lorsque ses cheveux gris ne lui cachèrent plus le visage,

Sophie découvrit avec horreur les traits du vieux Dimitri. Ils l'avaient retrouvé.

Déjà ?

— Vous... cracha Charles avec une moue de dégoût.

Le pauvre homme, hagard, tremblait. Il portait encore sa chemise de détenu, salie et élimée. Sophie releva un peu la tête pour l'examiner davantage. Son visage révélait les marques du temps et des mauvais traitements. Ses cheveux longs avaient blanchi et Sophie peinait à s'imaginer qu'il avait un jour ressemblé au Dimitri qui se tenait à côté d'elle. En voyant les traits tendus du jeune homme, elle comprit qu'il pensait la même chose qu'elle.

Mais pourquoi s'était-il laissé capturer ?

— Où était-il ? demanda Charles.

— Il déambulait dans les appartements royaux, Votre Altesse.

Charles s'approcha, la tête haute, une main posée sur le pistolet passé à sa ceinture.

— Tu aurais pu t'enfuir et sauver ta vie, mais tu as préféré rester et te condamner. Tes crimes ne demeureront pas impunis.

Le vieux Dimitri releva vers Charles ses yeux noirs, qui s'écarquillèrent comme s'il le voyait pour la première fois. Il tenta d'articuler quelque chose, mais aucun son ne sortit de sa bouche.

— Emmenez-le, ordonna Charles. Je veux quelqu'un en permanence devant sa cellule !

Le prisonnier fut conduit hors de leur vue, gémissant et se débattant. Il cria même plus fort lorsque ses yeux se détachèrent du jeune homme.

Le prince se tourna vers son frère. Ses traits étaient tirés par l'exaspération que provoquaient ces hurlements. Quand enfin ils cessèrent, il lâcha un long soupir.

— On dirait que cela règle notre problème.

— Comment cet homme peut-il prétendre être moi ?

— Ce n'est pas toi et ça ne le sera jamais, crois-moi.

Sophie gardait les yeux rivés sur le couloir par lequel venait de disparaître le vieux Dimitri. Un mauvais pressentiment l'étreignait.

— Sophie ? Vous allez bien ?

La jeune femme reporta son regard sur Charles.

— Il était étrange… Non ?

— Étrange ? ricana Charles. Cet homme est dérangé, oui.

Dimitri se décomposa. Peut-être Charles ne considérait-il pas cet homme comme son frère, mais un tourment intérieur paraissait se jouer en lui. Quel genre d'avenir l'attendait pour finir ainsi ? Sophie comprenait son désarroi. Elle aurait souhaité lui montrer son soutien, mais il persistait à fuir son regard.

— Vous devez faire attention, s'inquiéta-t-elle.

— Sophie, notre plus gros problème vient d'être réglé, éluda Charles.

— S'il vous plaît, ne baissez pas votre garde.

Le prince soupira, croisa les bras sur sa poitrine, mais esquissa un sourire.

— C'est promis. Néamoins, vous êtes celle d'entre nous qui s'attire le plus de problèmes, il me semble.

Finalement, Sophie lâcha elle aussi un sourire.

— Je vous demande de faire attention à vous deux, voilà tout.

Elle recula vers la porte.

— À demain, et en vie, d'accord ?

— Marché conclu.

— Nous vous rapporterons l'Engrange-Temps, soyez-en assurée, promit Dimitri.

Sophie avait du mal à s'imaginer qu'elle puisse récupérer l'Engrange-Temps, mais, si le vieux Dimitri venait d'être capturé, le réveil devait bien se trouver quelque part. N'est-ce pas ?

Chapitre 27

Même si Sophie ne le montrait pas, être obligée de rester à la boutique lui pesait. Elle en comprenait les raisons : qu'est-ce qu'une fille comme elle pouvait bien faire à une cérémonie royale où la fine fleur de l'aristocratie était invitée ? Certes, son père s'y trouvait, mais pour sa part elle n'avait aucune légitimité à fouler les couloirs du palais. Victor était reconnu pour son travail auprès de Marguerite ; Sophie n'était qu'une souillonne, pour reprendre les cruels mots du roi.

D'ailleurs, ces derniers jours, elle s'était transformée en aimant à problèmes, ce qu'elle n'avait jamais été. La discrétion était son mantra et cela lui avait toujours parfaitement convenu.

Cependant, elle ne tenait pas en place. Manger lui avait redonné des forces et elle s'occupait l'esprit en tenant la boutique. Les torches vertes avaient été éteintes et, malgré les rumeurs qui allaient bon train sur les raisons de cette alerte, la vie avait repris son cours à Aigleport. Pendant que les clients défilaient, ses pensées demeuraient tournées vers le palais, vers le vieux Dimitri, et elle écoutait d'une oreille distraite les soucis d'horlogerie de ceux qui passaient la porte. Réparer une montre, changer un bracelet, huiler une horloge, remonter un ressort… Une dame à l'air hautain et au parfum écœurant lui avait même apporté une pauvre pendule négligée.

— Je ne comprends pas, elle s'est arrêtée du jour au lendemain, avait-elle dit.

Sophie la soupçonnait de ne jamais l'avoir fait réviser, ni même huiler. La pendule était chargée de poussière, assez pour arrêter son mouvement. L'horlogère l'avait démontée et lui avait prodigué les premiers soins. Elle l'avait nettoyée pour retirer l'huile qui avait formé une pâte abrasive avec la poussière. Elle détestait voir un client négliger une horloge. Encore plus lorsqu'il s'agissait d'Horanimas. À son époque, il n'était pas rare de voir débarquer des clients paniqués parce que leur horloge de compagnie ne fonctionnait plus.

——— ✿•✿ ———

Le jour déclinait. Sophie voyait les aiguilles d'Églantine tourner, se rapprochant du moment où la cérémonie débuterait.

— *Arrête de gesticuler,* gronda son amie. *Je ne te vois pas, mais tu m'exaspères quand même !*

— C'est plus fort que moi, il va se passer quelque chose et je ne peux même pas aider.

— *Tu as déjà fait bien plus que ta part !*

— C'est très étrange. *Il* avait l'air étrange, n'est-ce pas, Farandole ?

Sophie tournait en rond derrière le comptoir, triturant la chaînette de la montre à gousset accrochée à sa ceinture.

— *À l'oreille, il avait l'air fou, ça c'est sûr…*

— *Dimitri est dans un cachot, surveillé par une horde de gardes,* continua Églantine.

— Tu ne l'as pas vu, Églantine… Ce n'est pas l'homme que j'ai connu…

— *C'est un homme qui a passé dix ans sans sortir à l'air libre, ça grille des engrenages, c'est moi qui te le dis !* commenta Farandole.

Sophie retournait le problème dans sa tête. Le vieux Dimitri avait peut-être fini par devenir fou. Les cachots, les mauvais traitements, le manque de nourriture et d'hygiène… Ces années passées hors de son époque lui avaient sûrement retourné l'esprit. La dernière fois qu'elle l'avait côtoyé, il avait failli la tuer, ainsi que son propre frère, ce qui n'était pas une preuve de santé d'esprit.

Le plan de Sophie n'était pas infaillible. Disposer des Horanimas dans tout le palais constituait une prévention, et non une protection. Aucune ne pourrait empêcher le meurtre de Charles : les horloges ne le verraient même pas.

— Je n'ose pas imaginer ce qu'il se passera si Charles se fait tuer… Tout ce que j'ai connu partirait en poussière.

— *Voyons, Sophie, je t'ai rarement entendue si angoissée. Tu as l'air de beaucoup tenir à ce prince,* roucoula l'horloge.

— *Oh non ! C'est le prince Dimitri qui l'intéresse, à présent !* ricana Farandole.

— Taisez-vous donc, tous les deux, grogna-t-elle alors que le rouge lui montait aux joues. Je m'intéresse seulement à l'avenir de notre royaume !

Sophie ouvrit le tiroir du comptoir pour s'occuper l'esprit. Pour ne pas penser au prince, à ce qu'ils avaient vécu dans les Landes. Pour ne pas penser à ses yeux, à son sourire, ni à la façon dont ils s'étaient rapprochés. Heureusement que les Horanimas ne pouvaient la voir rougir ainsi : elle imaginait très bien Farandole rire aux éclats.

— *Moi, je n'y comprends rien*, rouspéta Églantine. *Que diable s'est-il passé dans les Landes ? Tu ne m'as même pas raconté !*

— *Je te l'ai dit, vieille commère ! J'ai failli me faire enlever par une sorcière pour faire partie d'une collection d'Horanimas !*

Sophie émit un rire qui s'étrangla dans sa gorge. Elle était décidément plus angoissée qu'elle ne le pensait.

— N'exagère pas, Farandole ! Sarinne nous a aidés.

Sophie se remémora les centaines d'horloges pendues au-dessus de sa tête. Elle avait trouvé l'antre magnifique alors que Farandole en gardait un souvenir amer. Certes, leurs bavardages entêtants et énigmatiques avaient de quoi rendre fou un chronolangue, mais elle devait bien avouer que le tableau était de toute beauté.

— *Je suis bien content qu'on s'en soit sortis indemnes ! Imagine si on était tombés aux mains de ces horribles Sombreurs, ou piiiire, entre les griffes d'une sorcière bien plus fourbe !*

Les engrenages de la montre à gousset vibrèrent et Sophie l'extirpa de sa poche pour caresser son capot.

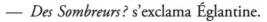

— *Des Sombreurs?* s'exclama Églantine.

— Oui... des sortes d'ombres visqueuses, précisa Sophie. Sarinne nous a sauvés avec sa lumière.

— *Oh... Elle exerce le Miroitement?*

— Le quoi?

— *Le Miroitement, voyons! Une des quatre formes de magie! Il y a le Miroitement, qui constitue la magie de la lumière; l'Obscurcissement, la magie des ombres; l'Essence, celle de la nature; et la Transcendance, la magie du sang!*

— Sarinne ne nous les a pas nommées de la sorte. Mais comment sais-tu tout cela?

— *Parce que ta grand-mère en connaissait un rayon! Elle n'est pas devenue l'une des plus grandes Tisseuses de Temps en explorant seulement le fond de sa poche!*

Sophie posa sa joue sur son poing. En effet, lors d'une Imprégnation, le savoir de l'âme Imprégnée était transféré à l'Horanima. Avec le temps, les souvenirs s'estompaient au profit de ceux de l'horloge, mais quelques bribes utiles demeuraient bien souvent.

— C'est la magie du sang qui a créé les jumeaux... et c'est grâce au sang de Dimitri qu'on a...

Sophie ne put finir sa phrase.

— *Créé le transverseur?* finit la pendule.

Le tabouret grinça lorsque la jeune femme se redressa. Les yeux dans le vide et la bouche entrouverte, elle réfléchissait à vive allure.

— Églantine!

— *Oui, ma chérie?*

— Qu'est-ce qu'il est possible de faire avec la Transcendance ?

— *Eh bien, beaucoup de choses... Tout ce qui touche au corps, en fait : entrer dans l'esprit des gens, les contrôler, influer sur la matière... C'est une puissante magie.*

— Est-ce qu'il est possible de changer d'apparence ?

Le cœur de Sophie battait à tout rompre. Elle commençait à comprendre ce qu'il s'était passé ce matin.

— *Eh bien, oui, pourquoi pas...*

Sophie sauta de sa chaise.

— Non, non, non, non... marmonnait-elle en tournant sur elle-même.

— *Sophie, qu'est-ce que tu as ?* s'inquiéta Farandole.

L'horlogère récupéra la montre à gousset – qui couina – pour la fourrer dans sa poche. Alors qu'elle allait s'engouffrer dans l'arrière-boutique, elle tomba nez à nez avec Jean.

— Oh, par tous les dieux ! s'exclama-t-elle.

Elle avait presque oublié sa présence. Arrivé tôt le matin même, il s'était retrouvé pantois devant l'état de la boutique. Lui qui l'avait quittée dans un état impeccable !

— Hé, gamine, qu'est-ce que t'as ?

Sans répondre, elle montait déjà à l'étage pour s'emparer de sa pèlerine bleue. Il fallait qu'elle se faufile dans les couloirs du palais et qu'elle trouve un moyen de prévenir les jumeaux. Elle ne pouvait se terrer dans l'horlogerie, c'était ce qu'elle avait fait toute sa vie. Ses désirs laissés trop longtemps de côté, elle refusait de rester en retrait : elle en avait assez de subir les frasques du temps. Dévalant la volée de marches dans l'autre sens, elle s'activa devant un Jean tout à fait perdu.

— *Sophie, voyons! Qu'est-ce qui te prend?* s'exclama Églantine.

— Je suis désolée, mais il faut que j'y aille!

L'esprit de Sophie fonctionnait aussi rapidement qu'un ressort qui se déchargeait. Elle se maudissait même d'avoir baissé sa garde. Si jamais le vieux Dimitri savait manier la magie du sang, il avait sûrement recouvré ses forces et pris quelques tours d'avance.

— Sophie, calme-toi.

Elle repensait à l'altercation de la matinée. À l'air hagard du vieux Dimitri. Et s'il avait pris l'apparence d'un garde? Et s'il avait donné sa propre apparence à quelqu'un d'autre? Si la Transcendance dont avait parlé Églantine permettait de modifier son apparence, il ne s'en serait certainement pas privé.

— Sophie, Victor m'a demandé de veiller sur toi.

— Jean, je ne m'attends pas à ce que tu comprennes, mais je dois y aller.

Il fallait qu'elle prévienne Charles et Dimitri. Ils devaient se tenir sur leurs gardes.

— Sophie! insista-t-il. Ne cause pas plus d'altercations que tu n'l'as déjà fait!

Elle se figea, la main sur la poignée de la porte.

— Tu crois vraiment que Victor n'allait rien m'dire à ton propos?

La jeune femme se retourna, tremblante.

— M'enfin... c'est plutôt Farandole qui a vendu la mèche, et Victor m'a ensuite expliqué.

— *Désolé,* couina la montre à gousset.

— Jean... chuchota Sophie dans un souffle. Il faut que je les prévienne... Je peux au moins faire ça...

L'horloger renifla. Il contourna le comptoir, s'avança vers elle puis posa une main sur son épaule.

— C'est étrange, dès que j't'ai vue, j'ai su que t'avais quelque chose de spécial. Maintenant que j'connais la vérité, je comprends mieux pourquoi j't'ai tout de suite appréciée. S'il t'arrivait quelque chose, je pourrais pas me l'pardonner...

— Il faut que j'y aille, répéta-t-elle avec toute la détermination dont elle était capable.

Jamais elle n'avait ressenti ce besoin irrépressible de changer son destin, ou plutôt de le garder tel quel. Elle ne laisserait pas quelqu'un d'autre bousculer sa vie, c'était à elle de décider de ce qu'elle souhaitait en faire.

Elle sentait Jean hésiter, peser le pour et le contre. Elle comprenait son dilemme, mais elle ne reculerait pas et venait de le comprendre.

— Va, dans c'cas, car j'espère continuer à t'voir dans mes vieux jours.

— Merci, Jean ! murmura Sophie en se jetant dans ses bras.

— Fais attention à toi, gamine.

Sophie se détacha de l'horloger et fila dans la rue en rabattant sa capuche sur son visage.

Chapitre 28

Les deux cent vingt-trois marches lui parurent encore plus interminables que d'habitude. Sophie voyait les hautes tours du palais de Vitriham s'étirer vers le ciel, hors d'atteinte. Elle ne touchait pas encore au but.

Un point de côté perçait son flanc droit, réveillant une douleur fantôme, celle de la blessure que Sarinne avait guérie. Elle était en sueur et avait rejeté la capuche de sa pèlerine sur ses épaules, tant elle avait chaud.

Sophie ne gravit pas les dernières marches, celles qui menaient à la cour, mais bifurqua vers le chemin qui menait au parc, que lui avait montré le vieux Dimitri quelques jours plus tôt. Les marches de pierre, humides et érodées par le temps, montaient encore plus abruptement. Elle devait se faire discrète et redevenir la petite souris qu'elle avait toujours été, celle qui n'attirait jamais l'attention, qui trottait dans les couloirs du palais sans que personne la remarque.

Sans s'en rendre compte, elle remercia intérieurement le vieux Dimitri pour lui avoir fait découvrir ce passage.

Cependant, à bien y réfléchir, elle n'aurait pas eu à passer par là s'il n'était pas entré dans sa vie. À la suite de cette réflexion, elle souleva sa robe pour la dernière et haute marche qui débouchait sur l'herbe fraîche du parc.

Au loin, le palais se détachait, éclairé à tous les étages. Cette fois, Sophie fut bien obligée de rabattre sa capuche pour se fondre dans la végétation noircie par la nuit. En avançant, elle entendait plus distinctement les bavardages des invités : la cérémonie n'avait pas tout à fait commencé. Elle avait encore une chance de trouver les jumeaux et de les prévenir. Néanmoins, elle n'y parviendrait pas seule.

Sophie se déplaça de buisson en buisson, de tronc en tronc puis de bosquet en bosquet pour déboucher sur l'allée gravillonnée qui menait au pavillon des domestiques. Ici aussi, le travail battait son plein, et elle comptait sur l'effervescence pour passer inaperçue. Des gardes rôdaient autour du palais, mais ils ne semblaient pas plus alertes qu'à l'accoutumée, ce qui fâcha la jeune femme. Elle ne souhaitait pas se faire arrêter, leur négligence jouait en sa faveur, mais leur nonchalance la mit hors d'elle. Certains parlaient entre eux, riaient, lançaient quelques regards inattentifs au domaine. Pour eux, le dangereux fugitif croupissait derrière les barreaux, les torches vertes avaient été éteintes et l'histoire s'arrêtait là.

Sophie s'extirpa d'un bosquet dans un mouvement de robe et se plaqua au mur du pavillon pour jeter un coup d'œil par la fenêtre qui donnait sur les cuisines.

— Bon, à toi de jouer... murmura-t-elle pour elle-même.

— *Sophiiiie, mais qu'est-ce que tu fais ?* couina Farandole. *Arrête de m'ignorer, on est une équipe, non ?*

— On pensait être malins avec nos Horanimas, Farandole, mais je pense que tout cela n'a servi à rien... Le vieux Dimitri est déjà dans le château, parmi les invités.

Sophie détacha sa pèlerine et s'engouffra dans les cuisines. Elle comptait sur sa robe bleue pour se fondre dans les uniformes de couleur semblable. La jeune femme avisa les cheveux et la peau noirs de Vivianne et l'attrapa par le bras, l'entraînant dans l'immense garde-manger.

— Eh! grogna la guérisseuse lorsque Sophie eut fermé la porte. Oh... Sophie! Qu'est-ce que tu fais là? chuchota-t-elle, contrariée. Tu devais rester à la boutique!

Vivianne, contrairement à la dizaine de domestiques présents la veille, connaissait le plan établi. Elle ignorait évidemment la réelle identité de Sophie, mais elle savait contre quoi le palais se protégeait, ce soir. La guérisseuse avait une foi aveugle dans le prince Charles, et s'il avait ordonné que l'horlogère reste à la boutique, c'est que ce devait être primordial.

— Vivianne, il faut que tu m'écoutes.

— Sophie, tu n'as pas le droit d'être ici!

— Écoute-moi! Ce n'est pas fini! Il va tenter de s'en prendre à Charles!

— Sophie, il a été arrêté ce matin!

— Ils n'ont pas arrêté la bonne personne! Il faut que tu me croies. L'ennemi n'est pas le bon.

Le vieux Dimitri pouvait être n'importe quel invité, garde ou domestique.

— Sophie, tu dois te calmer. Ce que tu racontes n'a aucun sens.

Sophie inspira profondément. Vivianne ne pouvait pas comprendre et l'horlogère ne pouvait pas lui raconter toute l'histoire, elle n'en avait d'ailleurs pas le temps.

— Vivianne, je souhaite comme toi que Charles devienne roi. Mais, si tu ne m'aides pas, demain, ce ne sera pas un roi que nous célébrerons, mais un prince que nous enterrerons.

La guérisseuse sembla réfléchir à toute vitesse, ses yeux détaillant la mine affolée de l'horlogère.

— Tu es une drôle de fille, Sophie.

Inspirant un grand coup, Vivianne hocha la tête, plus pour se convaincre elle-même que pour donner son accord.

— Je ne sais pas si je te crois, mais je sais que tes intentions sont bonnes, alors je vais t'aider.

Le poids qui écrasait Sophie depuis sa sortie de la boutique se mua en un ballon très léger. Un grand sourire se dessina sur son visage et elle sauta dans les bras de Vivianne.

— Oh, merci !

La cuisinière se figea quelques instants et tapota, mal à l'aise, le dos de la jeune femme.

— Bon, on a très peu de temps. Suis-moi, j'ai une idée.

Elle détacha son tablier sali de sauce et sortit, Sophie sur ses talons. Vivianne attrapa à la volée un plateau chargé de coupes et le lui fourra dans les mains.

— Une partie des domestiques fait le service dans la salle de bal ; je te conseille de rentrer la tête dans les épaules et de fixer le sol. Cache-toi derrière ce plateau dès que nous croiserons des gardes, et, je t'en supplie, ne renverse rien.

Les deux femmes suivirent alors la foule de servants qui se dirigeait vers le pavillon de réception. Dans les couloirs, les gardes, la tête bien haute, affichaient un visage fermé, leur main posée sur l'arme à feu pendue à leur ceinture.

Sophie remarqua, avec une pointe de fierté, l'horloge comtoise ainsi qu'une pendule qu'elle avait elle-même Imprégnées. La jeune femme savait que les Horanimas ne rataient aucune conversation et que, au moindre mot suspect, elles devraient sonner trois coups rapides et un coup plus long.

— Vous faites du bon travail, chuchota-t-elle, sachant pertinemment que les horloges comprendraient.

Les couloirs défilaient, l'horlogère gardait les yeux rivés sur ses bottines en cuir et, lorsqu'elle croisait un garde, elle levait plus haut son plateau. Soudain, la procession de domestiques s'arrêta et Sophie manqua de faire tomber les coupes en se heurtant à Vivianne, juste devant elle.

— Fais attention, grogna celle-ci entre ses dents.

— Pourquoi nous arrêtons-nous ?

— Il semblerait que les invités se déplacent jusqu'à la salle du trône.

Le cœur de Sophie bondit. Elle arrivait trop tard. Il lui restait deux possibilités : rester ici et attendre, ou foncer jusqu'à la salle du trône. La seconde option allait sûrement rendre Vivianne folle de rage. Elle ne devait pas faire de vagues, et demeurer la petite souris qu'elle avait toujours été.

— Ras le bol d'être une souris ! ronchonna-t-elle à voix basse.

— Mais qu'est-ce que tu marmonnes ?

Sophie prit son courage à deux mains et dépassa la guérisseuse, qui murmura son nom avec exaspération. Elle slaloma entre les domestiques, qui ne lui prêtèrent aucune attention, passa devant les gardes qui s'occupaient de scruter les invités, et proposa même quelques coupes pour jouer le jeu, tout en continuant d'avancer à travers la foule.

La jeune femme n'avait jamais assisté à un bal, et encore moins à une Cérémonie de Passation des Pouvoirs. Elle découvrit avec stupeur des robes sublimes, brodées d'or et de perles, dont les soies vaporeuses frôlaient le carrelage. Les manches gigot étaient de plus en plus larges et les plumes des chapeaux s'élevaient vers le plafond. Sophie faisait tache avec sa robe de domestique – certes, lavée depuis son voyage dans les bois –, mais au moins les jupes évasées et les épaisses manches la dissimulaient.

Bientôt, son plateau fut vide : plus aucun verre derrière lequel se cacher. Cependant, ce n'était plus nécessaire, elle allait entrer. Du moins, c'était ce qu'elle pensait. Une grosse main attrapa son bras et l'extirpa de la foule. Ce n'était pas un garde, mais Victor. Elle avait presque oublié qu'il se trouvait là.

— Sophie ! Mais qu'est-ce que tu fais ici ?

Elle jeta un coup d'œil vers la salle du trône et avisa la procession qui arrivait bientôt à son terme : ils allaient fermer les portes.

— Victor, ce n'est pas le vieux Dimitri qu'ils ont arrêté ce matin. Il est toujours parmi nous...

— Sophie, ça grouille de gardes, tout ira bien. Ça m'étonnerait qu'il tente quoi que ce soit devant tous ces gens s'il tient à sa peau...

Sophie pinça les lèvres. Il n'avait pas tort. Le vieux Dimitri avait beau être puissant, il ne résisterait pas à des dizaines de tirs.

— Il a pris l'apparence d'une des personnes présentes dans cette salle, j'en suis persuadée.

— Tu n'en es même pas sûre, Sophie...

— Victor, laisse-moi y aller. Promis, je ne ferai pas d'esclandre.

— *C'est une question de vie ou de mort, Victor !* s'écria Farandole.

Vivianne apparut, haletante.

— Je t'avais dit de rester discrète !

Sophie continuait de fixer Victor. Celui-ci desserra progressivement son étreinte, pour finalement laisser retomber son bras.

— Dépêche-toi.

Sophie esquissa un sourire reconnaissant. Sous le regard médusé de Vivianne, elle fila vers la porte avec les derniers invités. Alors qu'elle pensait avoir réussi, un bras lui barra le passage.

— Aucun domestique n'est autorisé à l'intérieur. Retournez à votre poste.

Sophie jeta un dernier coup d'œil dans la salle. Le roi et la reine étaient assis sur leurs trônes respectifs. Charles et Dimitri se tenaient sur l'estrade, côte à côte, vêtus de redingotes bleu nuit. Ils étaient fiers, droits et confiants, et échangeaient des sourires pudiques, discutant à voix basse. Leur ressemblance la frappa une nouvelle fois. Sophie crut un instant accrocher le regard de Dimitri, mais les gardes refermèrent la grande porte, laissant la jeune femme à l'extérieur.

Chapitre 29

D'aussi loin qu'il s'en souvenait, Charles s'était toujours préparé à ce moment fatidique. La foule prenait place sur les bancs. Les invités jetaient des regards avides et curieux vers l'estrade où les jumeaux étaient postés, à côté de leurs parents. Dans quelques minutes, le peuple connaîtrait la réponse à cette question qui taraudait les esprits depuis leur naissance : lequel des fils Ferwell allait succéder au roi Emrald ?

Charles ne se mentait pas comme il avait menti à Sophie. Tous ses actes, depuis leur rencontre, visaient à rendre le roi fier de lui afin de faire pencher la balance de son côté. Avec remords, il ne pouvait se défaire de l'idée qu'il s'était servi d'elle depuis le début alors qu'elle n'avait cherché qu'à rentrer chez elle.

Pour couronner le tout, il avait échoué sur toute la ligne, aggravant la situation. Obsédé par le désir de monter un jour sur le trône, il avait failli perdre plus qu'il n'aurait pu gagner : son frère. Que représentait le pouvoir royal si sa moitié n'était pas à ses côtés ? Dans leur prime jeunesse, ils s'étaient fait la promesse de rester l'un auprès de l'autre, pour ne pas ressentir ce vide que le vieux Dimitri souhaitait combler.

Depuis leur discussion dans les cachots, les mots du prisonnier hantaient ses pensées. Qu'allait vivre son frère pour finir ainsi ? Pour se retrouver à croupir dans une cellule ? Pour essayer de le tuer ? Est-ce que, avec le temps, ce vide s'accentuerait au point qu'être ensemble ne suffirait plus ?

Il comprenait que l'amour qu'ils se témoignaient tenait les ombres éloignées de leur cœur. Si le vieux Dimitri s'était laissé corrompre, cela signifiait-il qu'ils ne seraient plus aussi proches dans le futur ? Cette idée lui était inconcevable.

Les invités remplirent bientôt toute la salle, l'entrée déversant encore quelques retardataires. Charles se sentit soudain nerveux. Les mains croisées dans le dos, il serra les poings et dansa faiblement d'un pied sur l'autre.

— Angoissé, petit frère ? demanda Dimitri à son oreille.

Charles sursauta. Il était si perdu dans ses pensées qu'il avait oublié que son frère se trouvait juste derrière lui. Dimitri adorait ce surnom de « petit frère », et le fait de l'employer à ce moment précis était significatif. Dimitri s'était toujours considéré comme l'aîné, même de quelques minutes. Cependant, avec cette pique, il essayait de détendre l'atmosphère qui se faisait plus étouffante à chaque seconde.

— Ne me dis pas que tu n'es pas un peu nerveux, chuchota Charles.

Il sentit son frère hausser les épaules.

— Je suis confiant, je sais que père fera le choix le plus avisé, quel qu'il soit.

— Je ne suis plus sûr d'être dans ses bonnes grâces.

— Tu es né pour t'asseoir sur ce trône.

— Toi aussi, Dim.

— Un autre destin m'attend, tu le sais.

Charles se retourna pour le dévisager, les yeux ronds.

— Ne dis pas ça.

— Charles, il y a cette chose… sombre, au fond de moi.

— Et de moi aussi! chuchota le prince avec une pointe d'irritation. Et nous ne la laisserons pas gagner, tu m'entends? Je ferai tout pour que tu ne deviennes jamais cet homme.

Dimitri dédia un sourire tendre à son frère jumeau, à son reflet. Quoique… maintenant que Charles était blessé au nez, ils ne seraient plus jamais vraiment identiques.

Charles refusait de penser que son frère puisse finir comme cet homme sinistre, au visage émacié, ridé. Rien ne prouvait que Dimitri ferait les mêmes choix que son double dans le futur. Il l'en empêcherait. Son frère était la personne qui comptait le plus pour lui. En cet instant, il ressentait son aura réconfortante à ses côtés. Ensemble, ils y arriveraient.

Dimitri fit un pas en avant et vint se placer à la hauteur de son frère. Même aujourd'hui, après tant d'années, leur ressemblance anormale provoquait des chuchotements. Il en avait toujours été ainsi, mais ce soir, posté sur cette estrade, il détestait son propre visage. Les événements récents avaient provoqué une fêlure en lui.

— Je te remercie, Charles, d'être là et de ne pas me juger.

— Ne laisse pas ta supposée destinée dicter ta vie. Tu es libre de tes choix. Tu es aussi libre d'aimer qui tu désires.

Dimitri fronça les sourcils, détaillant son double.

— Voyons, Dim, continua Charles. Tu l'aimes, ça crève les yeux.

— Tu sais que père n'approuvera jamais cette union.

— Et d'ici quelques minutes, il n'aura plus rien à dire à ce propos, car seul l'un de nous deux aura le dernier mot.

Dimitri laissa planer un silence entre eux. Le statut dont l'un des deux allait hériter pouvait régler ce problème de rang qui existait entre lui et l'horlogère.

— Quoi qu'il en soit, ce n'est pas réciproque, c'est certain. Elle ne pourra jamais me voir autrement que comme ce vieillard qui a fait voler sa vie en éclats.

Ce qu'il venait de vivre avec Sophie avait fait naître en lui un intérêt pressant. Alors qu'il la considérait comme simplement intrigante en entrant dans cette forêt, il éprouvait des sentiments bien différents depuis qu'il en était sorti.

Si l'antipathie qu'elle lui témoignait au début l'avait agacé au point de la suivre dans les bois, il en comprenait à présent les raisons jusqu'à se dégoûter lui-même. Il était terrifié. Une peur grondante s'était emparée de lui et hurlait à ses oreilles. Elle était d'autant plus forte lorsqu'il regardait Sophie, lorsque leurs yeux se croisaient, car il pouvait percevoir, douloureusement, la haine qu'elle ressentait pour lui.

— Tu n'en sais rien... Écoute, après cette fichue cérémonie, tu iras la voir, d'accord?

Dimitri émit un petit rire gêné, suivi d'un faible grognement.

— Donc tu ne la considères plus comme une espionne?

Charles lâcha un gloussement et se frotta la nuque.

— Non, en effet. J'aurais dû la laisser partir au lieu de m'acharner sur son sort.

— Tu pensais agir pour le bien de tous, dit Dimitri. Et c'est pour cela que tu feras un excellent roi.

Son frère lui lança un regard lourd de reproches. Ils étaient aussi susceptibles l'un que l'autre de monter sur le trône. Cependant, Dimitri semblait à présent croire qu'il n'en était plus digne.

Les portes se fermaient. Pendant une fraction de seconde, Dimitri crut apercevoir Sophie. C'était pourtant impossible, elle devait être à la boutique, en lieu sûr. Jamais elle n'aurait pu se frayer un chemin jusqu'au palais avec tous ces gardes. Non, ce n'était pas elle.

Un silence religieux se déposa sur l'assemblée; tous les yeux étaient rivés sur la famille royale.

— Mes chers amis, mon cher peuple, commença le roi en se levant enfin de son trône, quel immense plaisir de vous voir ainsi réunis.

Le souverain portait une longue cape de velours bleu tissée de lianes d'or et bordée de fourrure, le costume qu'avaient arboré tous ses ancêtres pour cette cérémonie. Cette cape était le symbole d'un règne réussi et de la gloire du roi qui avait gouverné le pays. À sa ceinture pendait son épée. Depuis l'invention des armes à feu, le roi ne l'utilisait qu'à de rares occasions, mais elle se léguait de père en fils depuis la nuit des temps.

— Comme à chaque génération, et depuis des siècles, l'abdication d'un roi et la désignation de son successeur sont considérées comme l'apogée d'un règne. J'achève ici le mien après quarante-deux ans de règne et j'abdique en tout honneur. La longue vie que j'ai menée fut remplie de conquêtes et de victoires. Je ne regrette rien. Je pense avoir fait de mon mieux pour satisfaire vos attentes, et je crois savoir qu'elles ont été comblées. Notre ville et notre pays prospèrent, et je sais que ma descendance suivra mes traces.

Des applaudissements s'élevèrent. Contre les murs, Charles sentit la nervosité des gardes. Leurs visages étaient inexpressifs, mais leurs mains se cramponnaient fermement à la crosse de leur fusil. La foule se calma et le silence régna de nouveau.

— Aujourd'hui, comme mon père avant moi et comme son père avant lui, je déciderai lequel de mes deux fils me succédera sur le trône. Tous deux sont dignes et c'est avec fierté que je remettrai ma couronne à l'un deux.

Nouveaux applaudissements, plus nourris. Le roi se fendit d'un sourire et jeta enfin une œillade vers ses fils. Charles se retint de le regarder : les yeux rivés sur le fond de la salle, il fixait les colonnes de marbre qui flanquaient l'entrée. Il se tenait aussi droit que possible. Il allait savoir si Sophie avait raison, s'il allait devenir roi, enfin.

— À présent, et pour les décennies à venir, ce sera Charles Xavius Philippe de Ferwell qui suivra mes pas et gouvernera ce pays.

Une vague de chaleur s'empara de son corps. Son père avait enfin prononcé son nom. Même après son récent fiasco, il l'avait choisi comme successeur.

Charles ne put s'empêcher de glisser un regard vers son frère; celui-ci lui décocha un sourire sincère et l'étreignit rapidement.

— Vive le roi! Longue vie au roi! s'exclama à l'unisson toute l'assemblée avec allégresse.

La clameur de la foule était étouffée par les battements affolés de son sang contre ses tempes. Charles posa une main sur l'épaule de son frère.

— Tu seras mon plus cher conseiller, Dimitri.

— Je tâcherai de l'être.

Charles lui rendit son sourire, puis il s'éloigna de son frère pour rejoindre son père. Il jeta un regard à sa mère, dont les yeux brillaient de fierté. Se présentant devant le roi, il posa un genou à terre. Comme le voulait la tradition, le monarque devait remettre à son successeur sa couronne mais aussi son épée, symbole de conquête et de pouvoir.

— En tant que roi, tu seras digne de cette couronne et digne de ton peuple.

— En tant que roi, je serai digne de cette couronne et digne de mon peuple, répéta Charles d'une voix forte.

— Tu tendras une oreille attentive et une main aidante.

— Je tendrai une oreille attentive et une main aidante.

Il connaissait ces vœux depuis son plus jeune âge. Il se rappelait les avoir prononcés mille fois. Plus jeunes, Dimitri et lui s'amusaient à recréer la Cérémonie de Passation, échangeant juvénilement les rôles de l'ancien roi et du nouveau roi.

— Tu seras bon et juste.
— Je serai bon et juste.
— Longue vie au roi, conclut son père.

Le roi retira enfin sa couronne dans un silence de plomb. Seuls quelques soupirs d'ébahissement s'élevèrent çà et là lorsqu'il la présenta à la Cour, puis la posa sur la tête de Charles.

Enfin.

Il avait rêvé de ce moment tant de fois ! La lourde couronne reposait maintenant sur son crâne et il ne se sentait pas bien différent. Avait-il imaginé quelque chose de plus grandiose, comme un rayon de lune traversant les fenêtres pour le caresser du bout des doigts ? Peut-être.

Charles pouvait enfin se proclamer roi, mais il n'en ressentait pas les effets. Il tourna la tête vers sa mère et celle-ci lui offrit un sourire éclatant.

— Relève-toi, mon fils.

Charles se leva. Plus grand que son père, il put balayer du regard la salle qui retenait son souffle. Il ne lui manquait plus que l'épée, et il s'assiérait ensuite sur le trône.

— Enfin, s'exclama son père, l'épée du devoir.

Le roi se tourna vers la foule et sortit la longue épée de son fourreau. Il la leva dans les airs, et sembla apprécier une dernière fois les acclamations de son peuple. La large lame luisait, plus brillante que jamais, sous les milliers de torches qui éclairaient la salle du trône. Puis, se retournant vers son fils, il la lui planta dans l'estomac.

Des cris retentirent dans l'assistance. Charles, le souffle coupé, leva des yeux pleins d'incompréhension vers son père. Le vieil homme avait le visage déformé par la haine. Le jeune prince n'avait jamais vu une telle expression sur les traits du roi, même lors de ses pires crises de colère.

Charles entendit le cri étranglé de sa mère et vit Dimitri chanceler. Le roi approcha son visage ridé de celui de son fils, le fixant de ses yeux aussi noirs que la nuit.

— Et ainsi, l'univers reprit sa place, dit-il.

Une heure avant le voyage temporel de Sophie et Dimitri

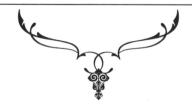

Chapitre 30

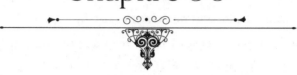

Dimitri entra en trombe dans la pièce, faisant sursauter la femme étendue, nue, sur le lit. Elle souleva quelques mèches de ses longs cheveux roux avec une moue de reproche.

— Quand me laisseras-tu dormir? gronda-t-elle.
— La gamine a accepté.

Dimitri plongea vers son établi, où régnait un désordre sans nom. Des fioles, des sachets d'herbes, des bocaux peinaient à se trouver une place décente. Il remua le tout, à la recherche d'un objet précis. Il sentit alors un corps chaud se presser contre le sien.

— Némyra, je n'ai pas le temps.
— Pourquoi es-tu toujours si pressé?

Sa chaleur disparut et elle se posta devant lui. Il ne lui accorda qu'un bref regard, à peine le temps d'apercevoir son teint translucide presque brillant et son regard de feu s'accordant avec sa longue chevelure rousse.

— Habille-toi, s'il te plaît.

La sorcière leva les yeux au ciel et repoussa ses mèches qui lui cachaient les seins, l'irritant davantage. Némyra était toujours nue, comme beaucoup de créatures de son espèce. Ainsi, elle ressentait la nature et les vibrations magiques plus aisément.

— Merci, mais je n'ai pas froid. C'est ça que tu cherches ?

Elle agita un petit sac en lin devant ses yeux. Le sang de Dimitri ne fit qu'un tour. Il saisit son poignet et l'attira vers lui d'un geste brusque. Cet accès de violence déclencha chez Némyra un soupir de désir.

— Donne-le-moi.

— Tu vas t'en aller et me laisser seule, dit-elle avec une moue chagrine.

Dimitri émit un rire méprisant.

— Arrête ça, veux-tu. Tu n'es pas le moins du monde triste, tu ne connais de ce sentiment que le nom.

Un sourire carnassier métamorphosa alors les traits de la sorcière. Ses yeux éplorés prirent un air maléfique.

— Je préfère ça, dit-il. Cesse d'essayer de ressembler aux humains.

Némyra était une sorcière de sang et s'ils étaient à présent amants, elle avait bien failli le tuer lorsqu'ils s'étaient rencontrés la première fois. À l'époque, il n'était qu'une enveloppe vide, perdue dans les Landes à la recherche de réponses, mais surtout d'une solution pour remplir son cœur. Si Némyra avait répondu à son appel, elle avait tout d'abord prévu de se repaître de son âme avant de se rendre compte que celle-ci était corrompue. C'était cette anomalie, étrangement, qui avait sauvé la vie à Dimitri.

La sorcière avait alors réalisé le potentiel du prince et la magie qui reposait en lui. Elle l'avait formé et avait fait de lui un sorcier. Néanmoins, même s'il appréciait sa compagnie, il n'oubliait pas qu'elle était avant tout assoiffée de pouvoir, sans une once de compassion.

Les doigts fins de Némyra dévalèrent son torse. Il sentit sa magie faire bouillir son sang et l'excitation s'emparer de ses membres. Les lèvres de la sorcière effleurèrent les siennes et, un instant, il envisagea de se laisser séduire. Toutefois, son mal-être le rappela à l'ordre. Avec un léger baiser, il lui subtilisa le sac et s'écarta d'elle.

— Tu n'es vraiment pas drôle, on s'amusait mieux avant que tu trouves cette chose.

Dimitri savait qu'elle parlait de l'Engrange-Temps. Celui qu'il venait de donner à Sophie pour qu'elle le répare. Non, pas exactement : il fallait qu'elle lui insuffle son énergie. Il espérait qu'une heure en sa compagnie serait suffisante pour réveiller l'Horloge Prodigieuse.

— C'est toi qui m'as mené sur sa piste, je te rappelle.

Il était allé chercher le réveille-matin jusqu'en Talonie, dans l'un des majestueux souks de Tolesha, la capitale. Là, dans un coffre poussiéreux, sous une tonne de tentures, l'Engrange-Temps l'attendait. Pour n'importe quel quidam, ce n'était qu'une horloge brisée, mais pour un œil aguerri il s'agissait d'un trésor inestimable.

— J'avais oublié à quel point tu pouvais être borné. J'aurais dû me taire.

— Et prendre le risque de me supporter des années durant ?

— Donc ça y est ? Tu t'en vas ?

— Cette gamine est la descendante d'une grande lignée de Tisseurs de Temps. Si mes hypothèses sont bonnes, cela devrait être suffisant pour le faire fonctionner.

— Et si ça ne marche pas ? La tueras-tu comme son père avant elle ?

Dimitri passa sa langue sur ses dents. La mort de Victor Delapointe était une erreur. Lorsqu'il était allé le voir pour lui demander son aide, l'horloger l'avait rejeté avec mépris. Pire, il avait même tenté de lui voler l'Engrange-Temps.

— La mort de l'horloger était un accident... Il aurait tout tenté pour saboter mes plans. Il aurait dû se tenir tranquille et rester dans sa petite boutique miteuse. Je ne tuerai pas sa fille si elle ne se met pas en travers de mon chemin.

La sorcière pouffa.

— J'espère pour toi que tu trouveras ce que tu cherches là-bas. Ma magie n'a jamais été suffisante, ni ma couche. Rien ne te satisfait.

— Némyra, ne fais pas comme si tu en avais quelque chose à faire. Tu sais très bien que...

— Oui, oui, ton âme et celle de ton frère, répéta-t-elle.

Elle ne pouvait pas comprendre. Personne ne pouvait, pas même Charles. Le pouvoir et le royaume lui apportaient assez pour qu'il ne ressente pas le trou béant qui subsistait à l'intérieur d'eux, que Dimitri, lui, ne ressentait que trop bien. Cette tranchée qui depuis des années ne faisait que s'étendre et s'approfondir. Au début de leur existence, la simple proximité des jumeaux les empêchait de ressentir le déchirement de leur âme. Ils faisaient tout ensemble. Mais, avec l'âge, la distance s'était creusée.

La Transcendance avait pansé un moment le cœur de Dimitri, remplissant son être d'énergie. Il s'était senti entier l'espace de quelques années. Il était puissant, il savait contrôler les êtres et les éléments, mais ce n'était plus suffisant. Chaque jour, il souffrait plus durement, et il se demandait si cela ne le mènerait pas bientôt aux portes de la folie.

Sur le lit de mort de sa mère, il avait découvert ses réelles origines et ça n'avait pas arrangé son cas. C'étaient ses aveux qui lui avaient fait comprendre qui il était, le poussant à s'aventurer dans les Landes. Si la magie l'avait comblé un temps, à présent elle pourrissait son âme. Aujourd'hui, il n'en pouvait plus. Et il avait une solution pour remédier à tout cela.

— L'Engrange-Temps va permettre de restaurer l'ordre des choses.

— Ta perception de cet ordre, du moins.

— Tiens ta langue, sorcière. C'est moi ou lui.

Il n'y avait pas d'autre solution. Il voulait s'offrir un meilleur avenir, lui qui avait toujours été le second. Moins bon fils, moins bon frère, moins bon amant. Il aimait Charles plus que tout, du moins il l'avait aimé plus que tout.

Aujourd'hui ne subsistait dans son cœur que le manque, rien d'autre. Cette tâche ne serait pas aisée, il avait retourné toutes les possibilités dans son esprit, imaginé tous les plans, et s'était rendu à l'évidence : ils étaient une aberration. L'un d'eux devait mourir pour laisser vivre l'autre. Et à ce jeu dangereux, ce serait le plus malin qui gagnerait.

Il ne pouvait tuer son propre frère : était-ce l'univers qui l'en empêchait ou cette retenue causée par des années passées à ses côtés ? Il savait que, s'il retournait dans le passé, cette retenue serait moindre, voire inexistante, car il se retrouverait face à une pâle copie de ce jumeau engendrée par une autre ligne temporelle. Ce ne serait pas son frère, pas celui avec lequel il avait grandi. Ainsi, il pourrait le tuer et interrompre ce cycle de souffrance que sa mère avait créé. Il serait libéré, tout comme son double. Peut-être aurait-il une chance de voir son avenir changer.

Némyra lui avait pourtant expliqué que ça ne marchait pas comme ça. Que ça ne changerait pas son propre futur car il n'en reviendrait pas. On ne revenait pas dans son propre présent une fois l'Engrange-Temps utilisé. Mais peu importait sa destination, car ce monde ne valait plus rien à ses yeux. Ce présent qu'il s'apprêtait à créer serait sa nouvelle maison, son nouvel avenir. Il avait tout essayé et il s'agissait de son dernier recours. Même s'il sombrait, ses souffrances actuelles s'arrêteraient.

Chapitre 31

Sophie n'avait pas bougé depuis qu'elle s'était vu refuser l'entrée. Elle restait près de la porte, attendant avec appréhension le moment où celle-ci s'ouvrirait sur le nouveau souverain.

Cependant, rien de tel ne se produisit. Une vague de hurlements traversa les battants, qui s'ouvrirent sur la foule qui fuyait les lieux, paniquée. Les quelques gardes qui surveillaient l'entrée se ruèrent à l'intérieur pour soutenir leurs camarades et Sophie en profita pour s'y faufiler elle aussi. Elle était terrifiée : un bourdonnement sourd pulsait dans ses tempes.

— *Sophie ! Sophie ! Qu'est-ce qui se passe ?* demanda Farandole, alerté par le vacarme qu'il percevait.

— Sophie ! crièrent au loin Victor et Vivianne.

Elle ne les écouta pas et les gardes refermèrent les portes après le départ des invités sans faire attention à l'horlogère. Le moment qu'elle redoutait était arrivé. Elle avait travaillé de son mieux pour que cela ne se produise pas et, malgré toutes ses tentatives, elle avait échoué.

Louvoyant discrètement dans la salle, elle réussit après quelques pas à s'offrir une vue dégagée sur la situation. Ce qu'elle vit la figea d'effroi : sur l'estrade, le roi tournait le dos à la foule, une épée ensanglantée au poing. Devant lui, Charles haletait, à genoux, une main pressée sur l'abdomen et les traits déformés par la douleur.

Sophie étouffa un gémissement, sans retenir ses larmes. Comment le roi avait-il pu faire une chose pareille ? À sa droite, la reine s'était effondrée ; à sa gauche, Dimitri était pétrifié, le regard rivé sur son frère.

Personne ne bougeait, tant la scène était inconcevable. Les gardes pointaient nerveusement leur arme vers le roi, sans savoir quoi faire.

— Père... qu'avez-vous fait ? articula Dimitri, les yeux exorbités.

— Je t'ai rendu roi.

Le souverain jeta son épée sur le sol ; le bruit métallique retentit dans la salle, plongée dans le silence depuis la fuite des invités. Il attrapa la mâchoire de Charles et la serra entre ses gros doigts.

— Tout cela est ta faute, et tu le sais.

La reine, à genoux, tenta de s'approcher de son fils pour l'aider.

— Je t'interdis de le toucher, sorcière, cracha le roi.

Comme freinée par un mur invisible, elle fut paralysée. Son corps trémula, une bataille se jouait en elle. Le roi l'avait immobilisée rien qu'avec un regard. Après de brèves secondes, la reine s'écroula, à bout de souffle.

— Mais... qui... êtes-vous ? Vous n'êtes pas... mon époux...

Sans répondre, il renifla, lâcha la mâchoire du prince et se tourna enfin vers les gardes qui le tenaient en joue. Un sourire mauvais barrait le visage du souverain : ses yeux survolèrent la salle jusqu'à rencontrer ceux de Sophie. C'est alors que l'horlogère comprit ce qu'il se passait réellement. Le vieux Dimitri avait pris l'apparence d'Emrald de Ferwell.

Elle n'hésita qu'une seconde avant de se précipiter vers un garde pour lui subtiliser le pistolet qu'il portait à la ceinture. Il ne fut pas très difficile d'agir, car l'homme semblait pétrifié.

Sophie pointa le canon en direction du faux roi, mais son doigt résista sur la détente. Pourtant, elle le voulait. Elle était prête à tirer. Son corps trembla et une douleur intense irradia dans son poignet, la forçant à lâcher l'arme.

— Ne sois pas ridicule, Sophie ! gronda le faux roi.

L'odeur particulière de la magie du sang envahit soudain les lieux. C'était bien plus fort, bien plus pressant que tout ce qu'elle avait senti jusqu'ici. Elle sut, aux regards terrifiés des gardes, qu'elle n'était pas la seule à sentir cette poigne immense la compresser comme un vulgaire insecte.

Alors, le visage du roi commença à muer. Sa peau se craquela et s'effrita. Sous les traits du souverain, le vieux Dimitri se révéla. Les sentinelles furent tout d'abord choquées, mais leur étonnement ne dura qu'un instant et elles se préparèrent à tirer.

— Assez joué, souffla-t-il, las.

Un mouvement du poignet, et les soldats pivotèrent pour mettre en joue leurs propres camarades. L'horreur se peignit sur leur visage car ils étaient conscients qu'ils s'apprêtaient à se tirer dessus mutuellement. Sophie se recroquevilla par terre pour éviter d'être touchée. La seconde qui suivit, des tirs assourdissants retentirent et une épaisse fumée obscurcit l'air. Sophie cria, les mains plaquées contre ses oreilles et les yeux fermés, priant pour rester en vie. L'odeur de la poudre flottait dans l'atmosphère. Autour de la jeune femme, des dépouilles jonchaient le sol.

— Pourquoi ?! cria Dimitri à son double.

Le prince s'était replié sur lui-même, ses bras protégeant son visage. Il ressemblait à un chiot apeuré. Le vieux Dimitri tourna la tête vers lui.

— Toi et ton frère êtes une seule et même âme. La magie ne peut pas prospérer dans un corps incomplet. Je suis venu finir ce que j'avais jadis commencé.

Dimitri se redressa, prêt à se jeter sur le vieillard, mais la magie bloqua ses mouvements. Les membres tremblants, il tomba à genoux, le visage rouge, donnant tous les signes d'une terrible souffrance. Les dents serrées, la langue gonflée, il ne pouvait que gesticuler. Enfin, l'étreinte magique se relâcha et il s'écroula, haletant. Le vieux Dimitri inspira de plaisir. Sophie était abasourdie par la puissance qui émanait de cet homme. Elle comprenait à présent le pouvoir que leur avait offert leur naissance magique. La forêt avait utilisé la Transcendance pour faire enfanter la reine Madeleine. Ainsi, les jumeaux pouvaient puiser en eux cette magie qui les avait conçus.

Penché sur son double, le sourire aux lèvres, le vieux Dimitri murmura :

— Tout ça, c'est pour toi. Pour nous. Lorsque tout cela sera terminé, tu me remercieras.

Pour Sophie, c'était trop d'horreur. Elle avait l'impression d'être la spectatrice de la représentation macabre qui se jouait sur scène. Charles gisait sur le sol, aux portes de la mort, une mare de sang s'étendant autour de lui. Sa mère en pleurs tentait de le maintenir en vie en compressant sa blessure à deux mains. Et Dimitri…

— Arrêtez! cria-t-elle. Tout ceci est vain! Ça ne changera pas votre avenir, vous resterez le même! Le tuer ne vous rendra pas votre âme!

Le sorcier reporta son attention sur l'horlogère. Son visage ridé, ses cheveux filasse et ses yeux aussi sombres que la nuit étaient effrayants. S'il tuait Charles, le jeune Dimitri serait enfin complet, mais pas lui. Il ne provenait pas de la même ligne temporelle et ne serait jamais rassasié. À ce stade, il semblait simplement aveuglé par la souffrance et peut-être par la folie.

— Que sais-tu du temps? dit-il en relevant le menton. Tu n'as même pas su reconnaître une Horloge Prodigieuse! Avec un père tel que le tien, c'est un comble! Il se retournerait dans sa tombe!

— Je vous interdis de parler de mon père, gronda-t-elle, les larmes aux yeux.

Un sourire malin déforma les traits du vieux Dimitri.

— Il m'avait fait promettre de ne jamais t'impliquer dans ces histoires temporelles, mais on dirait que j'ai rompu ma promesse.

Le cœur de Sophie bondit dans sa poitrine.

— Qu'avez-vous fait?

— Tout ceci ne te serait jamais arrivé s'il m'avait écouté, s'il m'avait aidé.

Ses mots résonnaient dans son crâne, perçants et vils. Le silence aurait été pesant s'il n'avait pas été rompu par les pleurs de la reine, penchée sur Charles.

— Vous... vous avez tué mon père? balbutia-t-elle.

— Je ne lui aurais fait aucun mal s'il n'avait pas essayé de me voler l'Engrange-Temps.

— Vous l'avez tué! cria-t-elle, des larmes ruisselant sur ses joues.

Décidée à s'engager vers l'estrade, elle fut retenue par une étreinte puissante qui lui enserra la taille. Cette entrave la clouait au milieu de la salle du trône; ce n'était pas encore son tour d'entrer en scène.

— Sophie, calme-toi, ne fonce pas tête baissée, murmura Victor à son oreille.

Avec ce qu'il se passait, elle n'avait même pas entendu Victor se faufiler dans la salle du trône. Qu'avait-il entendu? Était-il là depuis longtemps? Sophie avait tu la vérité et préservé son père du sort tragique qui l'attendait. À présent, il apprenait son terrible destin de la bouche de son futur bourreau.

— Il va t'assassiner et ça ne te fait rien? gémit-elle dans ses bras.

— J'aimerais éviter qu'il te tue aussi.

Sans même un regard pour eux, le vieux Dimitri agita sa main dans l'air pour écarter la reine de Charles. Celle-ci cria, supplia:

— Par tous les dieux, Dimitri, que s'est-il passé pour que tu finisses ainsi?

— Tu ne peux t'en prendre qu'à toi-même, mère.

D'un simple mouvement de main, la reine s'effondra, inerte.

— Mère… grogna Dimitri, encore faible de l'attaque que lui avait fait subir son double.

Le vieux Dimitri agrippa la redingote de Charles pour le redresser et se plaça derrière lui en apposant une dague sur sa gorge. Ainsi, ils faisaient face à la jeune femme.

— Sophie, donne-moi le transverseur et je disparais, lança-t-il.

— Si je vous le donne, vous allez le tuer…

— Oui, certainement. Mais, si tu ne me le donnes pas, je tuerai ton père aussi.

— Vous êtes un monstre !

— Non, je suis un mage, Sophie. Et quoi que tu essaies de faire, j'en deviendrai un, dit-il en pivotant vers le jeune Dimitri, étendu sur le sol, les yeux rougis.

— Je ne deviendrai jamais comme vous ! s'écria tout de même ce dernier qui tentait de retrouver la force de se relever.

Le sourire du sorcier s'élargit. Ses yeux brillaient d'une malice cruelle.

— Où as-tu trouvé cette pierre, Sophie ? Tu es allée dans les Landes, n'est-ce pas ?

Sophie déglutit.

— Seule la magie du sang peut créer des transverseurs, mais, si tu es encore en vie, j'imagine que tu n'as pas croisé de sorcière pratiquant cet art. L'autre moyen d'en créer un, c'est d'utiliser notre sang. Son sang, déclara-t-il en pointant Dimitri de sa lame.

Sophie tremblait. Où voulait-il en venir ?

— C'est bien ce que je pensais… ricana-t-il. Dimitri, tu as laissé les Landes corrompre ton cœur. Quoi qu'il arrive, la magie s'immiscera en toi d'une manière ou d'une autre. Et toi, Sophie, tu as accéléré le processus.

— Vous mentez ! cria-t-elle.

Était-il possible que le destin les ait rattrapés ? Que jamais l'avenir de Dimitri ne change ? La gorge de Sophie était si nouée qu'elle peinait à respirer. Est-ce que tout était sa faute ? Elle avait précipité Dimitri entre les doigts crochus de la magie. Pourquoi avait-elle accepté qu'il l'aide ? Elle avait encore une fois interféré avec le temps. Sans son désir ardent de retourner dans son époque, jamais Dimitri ne l'aurait suivie dans la forêt, et jamais Charles n'aurait souhaité en savoir plus sur elle, laissant s'échapper ce prisonnier.

L'horlogère cessa de gesticuler dans les bras de son père. Tel un poids mort, elle tomba à genoux.

— Tout est ma faute…

Sarinne lui avait dit que le destin était persistant. Qu'elle devait se battre pour altérer les choses. Elle avait bon espoir alors, mais, en cet instant, elle sentait la fatalité balayer toutes ses croyances.

— Il était très louable de ta part de vouloir me changer, Sophie. Mais, même si les événements sont modifiables, l'humain, lui, n'évolue pas. Il répète toujours les mêmes erreurs, dit le vieux Dimitri.

Sophie peinait à respirer. Depuis le début, elle avait souhaité garder son avenir intact. Le préserver. Pourtant, ce qu'elle désirait le plus en cet instant, c'était modifier le cours des choses. Est-ce que le vieux Dimitri avait raison, en fin de compte? Est-ce que l'humain répétait toujours les mêmes erreurs? Est-ce que le destin était inévitable?

— Ne faites pas ça... articula-t-elle. Changer le passé ne sert à rien. Le mieux, c'est d'avancer vers ce qui nous attend et non de ressasser ce qui nous retient.

Ces mots, elle les prononçait tant pour le vieux Dimitri que pour elle-même. Avancer... Elle réalisait depuis le début de son voyage que son objectif n'était pas son avenir mais son passé. Obnubilée par sa vie d'avant, elle n'avait pas une seule seconde pris le temps d'envisager les occasions qui s'offraient à elle dans ce nouveau présent. Tout comme le vieux Dimitri, elle vivait dans le passé.

— Tu crois que je suis venu modifier mon passé? Ma vie est déjà bien entamée. Je ne modifie pas mon passé, Sophie, je modifie son avenir.

Le vieux Dimitri indiqua son double.

— Tu ne t'en rends peut-être pas encore compte, mon garçon, mais avoir une âme qui grandit dans deux corps différents est une douleur indescriptible. Ce soir, je t'offre un cadeau. J'ai eu dix ans pour retourner cette histoire dans ma tête. Imaginer ma vie autrement, si je n'avais pas subi ce vide effrayant... Maintenant, je vais aller me reposer, si vous le voulez bien.

— Dimitri, je vous en supplie, ne faites pas ça! implora Sophie.

— Si tu ne viens pas de ton plein gré, je te ferai venir de force.

Soudain, Sophie s'activa. Ses jambes remuèrent, ses bras la relevèrent et elle s'approcha vers l'estrade, tel un automate. L'odeur âcre du fer remontait dans ses narines et lui donnait envie de vomir.

— Sophie, qu'est-ce que tu fais ?! s'exclama Victor.

— Toi, tu m'énerves, souffla le vieux Dimitri, qui, d'un revers de main, fit perdre connaissance à l'horloger.

— Victor !

Sophie se débattait dans un corps qui ne lui obéissait plus. Aucun de ses membres ne lui appartenait. Seul son esprit, vagabond et en alerte, pulsait d'angoisse. Elle se sentait emprisonnée dans son propre corps. Elle avançait malgré elle, enjambant les dépouilles des gardes dont le sang commençait à s'étendre sur les dalles.

— Sophie, que fais-tu ? Arrête ! s'étrangla le jeune Dimitri.

Il tentait de se relever. Ses doigts bougeaient, ses membres remuaient, mais son corps, privé de sa vitalité, était si lourd. Sophie le vit pousser sur ses bras pour se redresser. Dans les pupilles du prince, elle capta la douleur qui remuait à l'intérieur de lui. Elle ignorait ce que lui faisait subir le vieux Dimitri, mais la domination qu'il exerçait sur lui paraissait insupportable.

Les pieds de la jeune femme montèrent une à une les marches. Entre les bras de son bourreau, Charles transpirait, les yeux dans le vague, et son sang imbibait la redingote bleue.

— Charles, tenez bon, s'il vous plaît...

Sophie sentait l'allégeance magique du vieux Dimitri jusque dans les moindres recoins de son esprit. Sans qu'elle puisse s'en empêcher, elle plongea la main dans sa poche. Elle brûlait de haine face à l'homme qui avait bouleversé son existence. Elle s'était battue pour lui échapper, pour essayer de reprendre le cours de sa vie, pour aider les jumeaux. Toutes ses tentatives avaient été vaines.

Elle serra le poing, mais ses doigts s'ouvrirent d'eux-mêmes sur la pierre ronde et rouge.

— Brave fille.

Fouillant dans sa large cape, le vieux Dimitri sortit l'Engrange-Temps, subtilisé chez Victor. Il s'empara du transverseur et la pierre fila rejoindre sa place entre les deux cloches du réveil. Il ne lui restait qu'à régler une date, et il disparaîtrait. Sophie avait presque envie qu'il s'évanouisse de sa vie pour de bon.

Dans son champ de vision, derrière le vieux Dimitri, quelque chose bougea. Elle se força à planter son regard sur le sorcier. À ne pas anéantir cette ultime chance de le vaincre.

Une silhouette se dressa comme un ange de la mort. Sophie aurait pu avoir peur, mais c'est le soulagement qui l'étreignit.

— Ça, c'est pour mon frère, chuchota Dimitri à l'oreille de son double.

Sans que personne puisse empêcher ce qui suivit, le jeune prince plongea le glaive royal dans le dos de son double. Les yeux du vieux Dimitri s'écarquillèrent d'effroi et sa bouche s'ouvrit. Sur sa route, l'épée embrocha l'Engrange-Temps, qui subit le même sort que son maître.

Alors, une explosion balaya tout.

Sophie fut projetée en arrière et retomba avec violence sur quelques gardes morts. Cette position aurait pu lui faire horreur si elle n'avait pas été si sonnée par l'impact. Les oreilles sifflantes et la vue trouble, elle peinait à comprendre ce qu'il venait de se passer.

— Dimitri… articula-t-elle.

— *Sophie, est-ce que ça va?* s'inquiéta Farandole.

L'onde de choc l'avait presque assommée. Sa tête était une ancre qui l'entraînait vers le fond de son âme. Elle essayait de remonter à la surface, mais devant ses yeux se rejouaient les dernières secondes en boucle. Le vieux Dimitri avait-il relâché sa vigilance à quelques secondes de son salut ou bien le prince avait-il réussi à s'extraire de son emprise? Des flashs saccadés s'imposaient dans l'esprit de Sophie: Dimitri se relevant, s'emparant de l'épée, empalant son double. Le visage du prince restait imprimé dans sa rétine, des traits qui mêlaient colère et désespoir.

Après un temps qui lui parut durer une éternité, Sophie remua ses premiers membres. Ses doigts rencontrèrent des bouches, des cheveux, des armes appartenant aux corps inertes des soldats. Elle roula sur le côté et se releva avec difficulté. Non loin d'elle, son père reprenait lui aussi connaissance.

— Victor!

Elle l'aida à se remettre debout et ils évaluèrent la scène de désolation qui s'offrait à eux. Les fenêtres, brisées, laissaient entrer le vent, qui charriait avec lui des feuilles mortes et des débris. Les deux trônes étaient renversés. Sur l'estrade, un attroupement constitué de domestiques et de gardes encore vivants s'était formé autour des dépouilles.

— Charles… souffla-t-elle.

Elle avançait d'un pas lent, angoissée. Elle vit tout d'abord Vivianne, ses mains ensanglantées appuyant sur la plaie du prince. Il avait perdu connaissance. Son regard se posa enfin sur Dimitri qui aidait sa mère à reprendre conscience. Il était indemne et seule la peur marquait ses traits.

Que s'était-il passé?

Qu'était-il advenu du vieux Dimitri?

Pantelante, Sophie écarta de son chemin les gardes et les domestiques et aperçut le cadavre du mage allongé sur le côté, la face carbonisée, l'épée plantée en plein cœur. L'Engrange-Temps, empalé contre sa poitrine, fumait, inutilisable.

Sophie tomba à genoux près du corps. L'odeur de chair brûlée était insupportable, mais elle ne tenait plus debout. Son unique chance de rentrer chez elle avait été détruite pour de bon. Jamais Victor ne parviendrait à réparer de nouveau l'Engrange-Temps.

— Charles! Charles! hurla soudain Dimitri. Par tous les dieux, Charles…

Était-il mort? La vue brouillée, elle devinait la silhouette de Dimitri au-dessus de son frère et elle pleura davantage. Les murmures inquiets voguaient dans l'assemblée comme un vent frissonnant.

— Vivianne! Faites quelque chose! brailla Dimitri d'une voix brisée, torturée.

— Les secours arrivent, Votre Altesse, répondit la guérisseuse, tremblante.

Pleurait-elle? Sophie se remémora sa mise en garde, quelques jours plus tôt. Vivianne lui avait demandé de quitter Aigleport, de ne pas interférer avec le couronnement. Est-ce que Charles serait sain et sauf si elle avait pris un bateau, si elle était partie?

— Sophie, viens…

Victor la tirait contre lui pour la relever. Elle s'agrippa au bras de son père pour ne pas chavirer davantage. Puis son regard accrocha celui de Dimitri. Elle aurait voulu le réconforter, lui mentir, lui dire que tout allait bien se passer. Il ne méritait pas ce qu'il lui arrivait. Sophie tendit la main vers lui: leurs doigts s'effleurèrent un instant. Le temps d'un échange muet: «Je sais», «Ça va aller», «Je suis désolé», «Pardonne-moi», «Tout est ma faute». Aucun mot, aucun soutien n'aurait pu être assez puissant pour panser l'affliction de Dimitri. Sophie le savait. Elle avait perdu son père et, encore aujourd'hui, alors que son double se tenait à ses côtés, le chagrin qu'elle éprouvait faisait saigner son cœur.

Alors, elle se laissa traîner à l'extérieur de la salle du trône. Loin de Dimitri. Hors du palais. Au-delà des deux cent vingt-trois marches.

Épilogue

Une semaine plus tard...

Sophie avait fait son sac. Il n'était pas bien lourd. L'unique objet de valeur qu'elle possédait était Farandole, dont elle ne voulait plus jamais se séparer.

L'horlogerie Delapointe vibrait du ronflement d'Églantine. Le bruit claquant des bottes de Sophie sur le parquet s'ajoutait aux tic-tac réconfortants des quelques horloges réchappées de la catastrophe, survenue quelques jours plus tôt. Les doigts de la jeune femme effleurèrent les étagères et elle inspira une longue bouffée emplie des effluves d'huile, d'acier et de bois. Cette odeur si familière avait toujours eu le pouvoir de la rassurer. Elle s'imprégnait des lieux, car aujourd'hui, elle quittait Aigleport.

Sur le comptoir gisait la gazette locale. Sophie connaissait la une par cœur, tant les fois où elle avait laissé glisser ses yeux dessus avaient été nombreuses. Les jours qui avaient suivi le couronnement désastreux, Aigleport s'était emparée de l'affaire, noircissant les pages des journaux de témoignages, d'hypothèses et de ragots.

Sophie s'approcha doucement, comme si ce bout de papier pouvait la mordre.

ATTENTAT AU PALAIS DE VITRIHAM : L'IDENTITÉ DE L'ATTAQUANT DÉVOILÉE !

Le royaume de Grahenne est en émoi après le terrible incident survenu lors de la Cérémonie de Passation des Pouvoirs, au palais de Vitriham. Si nos premières sources nous ont révélé que le roi Emrald lui-même avait perpétré cette attaque, il semblerait que la vérité soit plus nuancée.

En effet, malgré des circonstances encore floues, le véritable auteur de ce crime ne serait autre que l'individu qui avait tenté, dix ans plus tôt, d'assassiner les jumeaux Ferwell. Rappelez-vous, ce malfrat avait été enfermé et croupissait depuis dans les cachots du palais. Les raisons de son évasion n'ont pas été divulguées, mais certains témoignages indiquent qu'une jeune Fréhnienne qui se trouvait sur les lieux du drame a un rapport avec cette affaire. Les rumeurs vont bon train sur l'identité de cette femme et sur sa possible implication dans cette attaque.

Certains suggèrent que cette étrangère pourrait être une espionne fréhnienne, cherchant à déstabiliser le pays. Nous connaissons tous les relations tendues entre la Grahenne et la Fréhenne depuis la guerre, et nous sommes en droit de nous interroger sur la potentielle complicité du royaume voisin dans cet attentat.

Encore sous le choc, les invités royaux présents lors de la cérémonie ont rapidement été évacués et les derniers bateaux ont levé les voiles la veille. L'incident a créé une agitation considérable dans le royaume et selon une source anonyme, la famille royale aurait depuis renforcé les mesures de sécurité au palais pour éviter toute répétition de ce genre d'attaques.

Malgré cette tragédie, la population s'allie pour soutenir la famille royale. Le roi, ainsi que son fils, Charles de Ferwell, sont encore en rémission, mais leur vie n'est plus en danger. Cette attaque a également coûté la vie à plusieurs gardes du palais qui ont courageusement tenté de protéger le prince héritier (hommage en page 4).

Sophie s'empara du quotidien et balaya une énième fois l'article du regard. Il s'agissait d'un parmi tant d'autres depuis une semaine. Si l'effervescence commençait à s'estomper, cet événement n'avait pas laissé la ville indemne, encore moins le royaume. Des gens étaient morts.

— *Encore à lire cet article, Sophie ?* la gronda Farandole.

Le papier claqua lorsqu'elle referma la gazette d'un coup sec. Elle sentit le rouge lui monter aux joues, prise en flagrant délit.

— *Tu le connais par cœur, ce chiffon,* continua la montre à gousset.

— Je sais, je sais, souffla l'horlogère.

Sophie se laissa choir sur la chaise derrière la caisse, qui grinça sous son poids. Elle était heureuse qu'il n'y ait pas plus d'informations à son propos. Son nom restait un secret, mais elle était presque soulagée de quitter Aigleport pour éviter de se faire remarquer plus qu'elle ne l'avait déjà fait.

Elle posa Farandole sur le comptoir, puis ouvrit son capot pour observer ses fines aiguilles.

— *Comment te sens-tu?* demanda-t-il.

— Nerveuse.

— *C'est une nouvelle aventure qui commence!*

La montre à gousset était bien plus excitée qu'elle à l'idée de découvrir de nouveaux territoires, de nouvelles villes et surtout: d'autres sujets de conversation.

— J'aimerais être aussi enjouée que toi.

— *Tu pourrais rester un peu, tu sais. On n'est pas obligés de les quitter si vite.*

— Je ne peux pas...

— *Tu ne peux pas, ou tu ne veux pas?*

— Si je ne pars pas maintenant, ce sera de plus en plus difficile avec le temps.

En plus d'être sous le feu des projecteurs après les événements récents, elle n'oubliait pas sa mission première: éviter de chambouler le futur de cette ligne temporelle plus que de raison. Pour cela, quitter la ville devenait une nécessité.

— *C'est Dimitri que tu fuis?*

— Farandole!

Églantine sonna sept coups, ce qui fit sursauter Sophie. La pendule émit un bâillement sonore.

— *Quelle est cette agitation de si bonne heure?*

Sophie tourna l'Horanima vers elle : elle préférait parler à ses aiguilles plutôt qu'à ses couronnes.

— Bonjour, Églantine.

— *Oh, ma chérie, aujourd'hui est le grand jour! Tu vas nous quitter...*

Églantine renifla – elle n'avait pas de nez, mais elle adorait copier les mimiques des humains.

— Je viendrai vous rendre visite, promis.

— Tu as intérêt!

Les escaliers grincèrent et une tête blonde apparut: Victor, les yeux cernés, portait deux tasses fumantes.

— Bonjour, Sophie.

— Bonjour, Victor, merci beaucoup, répondit-elle en récupérant son godet.

L'horloger posa les coudes sur le comptoir.

— Bonjour, mes petites Horanimas.

— *Bonjour, Victor!* déclarèrent en chœur Églantine et Farandole.

— Tu es bien matinale, dit son père à Sophie.

— J'ai quelques affaires à régler avant de partir.

— Comme rendre visite au prince Dimitri?

Sophie esquissa un sourire et baissa son nez sur l'eau vaporeuse. Elle inspira les effluves de thé ; Victor avait toujours bu le même. Cette émanation provoquait chez elle une réminiscence réconfortante. C'était l'odeur de son foyer, de sa maison, de sa famille.

— Nous sommes censés nous retrouver à 8 heures, répondit-elle enfin sans regarder son père.

— Il sait que tu pars ?

Sophie se mordit la lèvre. Elle ne lui avait rien dit.

— Tu pourrais rester, tu sais. Tu n'es pas obligée de fuir.

— Victor, je ne...

— Tu as peur de nous causer plus d'ennuis, donc tu te sauves.

Sophie expira bruyamment en reposant sa tasse.

Victor déposa sa main sur celle de sa fille. Elle releva les yeux et le détailla. Sophie s'évertuait depuis des jours à imprimer dans sa rétine chaque trait lisse du visage de son père pour emporter un maximum de souvenirs avec elle.

— C'est courageux, ce que tu as fait.

— Je n'ai rien pu empêcher...

Depuis la Cérémonie de Passation des Pouvoirs, toutes ses nuits étaient peuplées de cauchemars. Elle se revoyait immobile, incapable de bouger un membre. Elle imaginait le vieux Dimitri transperçant Charles de sa lame. Son esprit ne cessait de transformer la scène, tantôt remplaçant Charles par Dimitri, tantôt l'y plaçant elle-même. Parfois,

Dimitri tuait Victor. Ses songes étaient emplis de morts et de sang. D'ombres visqueuses, de sorcières décharnées...

— Tu n'as pas hésité une seconde à porter secours au prince, ajouta-t-il.

— J'aurais aimé que tout cela n'arrive pas...

— Charles est en vie, et le roi Emrald est sain et sauf. Ce n'est pas un échec.

Le roi avait repris son apparence après la mort du vieux Dimitri. Retrouvé dans les cachots, il était confus, frigorifié, mais vivant. Malgré ce que laissaient entendre les journaux, tout commençait à rentrer dans l'ordre, mais pour Sophie, une chose manquait à l'appel : l'Engrange-Temps. Après les dommages qu'il avait subis, le réveil était irrécupérable. Des rouages avaient fondu, d'autres s'étaient brisés. L'essence même de l'Horloge Prodigieuse était réduite en miettes. Sophie n'avait pas d'autre choix. Elle devait embrasser sa nouvelle réalité.

Avancer.

Mais surtout, si elle évoluait dans cette époque, elle devait quitter Aigleport, loin des personnes qui partageaient son quotidien auparavant, de peur d'aggraver la situation. Elle avait compris que le destin était récalcitrant mais qu'elle avait tout de même le pouvoir de le dévier. Toutefois, elle ne pouvait pas se le permettre : elle avait causé bien trop de tort.

Sophie prenait un bateau pour la Fréhenne dans à peine deux heures. Une chose qu'elle avait secrètement toujours désirée... Ses yeux avaient souvent contemplé l'horizon bleuté avec l'espoir d'en découvrir plus, et c'était à présent possible. Malgré tout, partir lui serrait le cœur.

La clochette de la boutique chanta lorsque la mince carrure de Jean s'engouffra dans l'horlogerie.

— Pile à l'heure, on dirait! T'allais tout de même pas partir sans m'dire au revoir?

Un franc sourire illumina le visage de Sophie. La canne de Jean claqua sur le sol tandis qu'il s'approchait du comptoir.

— Loin de moi cette idée, répondit-elle.

C'était un peu grâce à Jean qu'elle avait réussi à sauver les jumeaux. Elle savait que la laisser quitter l'horlogerie le soir de la cérémonie avait été une lourde décision pour lui. Elle lui en était pleinement reconnaissante.

— La Fréhenne est peut-être trépidante, mais r'viens tout de même nous voir, hein!

— Je te permets de partir à la condition que tu reviennes, ajouta Victor. Je sais que tu es ma fille, que je t'observerai grandir dans quelques années. Mais ne laisse pas ton avenir t'empêcher de venir nous rendre visite.

— *C'est un ordre, Sophie!* couina Églantine.

Un petit pincement dans la poitrine lui fit plisser les lèvres. Elle sentit son nez la piquer, mais retint les larmes qui s'apprêtaient à s'inviter dans leurs au revoir.

— Merci pour tout ce que vous avez fait. Vous êtes tout ce qu'il me reste: je reviendrai, je vous le promets.

En réalité, elle ignorait si elle pourrait tenir cette promesse, mais elle tenterait tout pour l'honorer. Si Sophie demeurait suffisamment longtemps dans les parages, elle aurait l'occasion de rencontrer sa mère. L'idée l'excitait autant qu'elle l'effrayait. Elle avait considéré son voyage comme une malédiction, mais en fin de compte, peut-être était-ce tout l'inverse. Et si cette aventure lui permettait de renouer avec ce passé qu'elle n'avait jamais connu ?

La jeune femme récupéra Farandole pour le fourrer dans sa poche et enlaça Jean dans une étreinte pudique, mais sincère. Se tournant vers son père, elle s'enfouit dans ses bras, le cœur lourd. Elle le serra aussi longtemps qu'elle le put, humant son odeur, fixant le son de sa voix dans sa mémoire.

C'était juste un au revoir.

Sophie montait les marches du palais pour la dernière fois... avant un moment. Son sac de voyage se balançait sur son épaule et Farandole sifflotait dans sa poche. Derrière elle, les eaux du port scintillaient ; depuis que les invités royaux avaient déserté la ville, le port abritait moins de bateaux. Parmi eux, il y avait celui qui l'emporterait au loin.

— *On aura l'occasion de revenir, Sophie,* dit Farandole en comprenant qu'elle s'était arrêtée pour contempler sa ville natale.

— Oui... On reviendra, c'est certain.

Elle ne prit pas la direction de la cour et bifurqua vers les vieilles marches qui montaient jusqu'au parc. C'était la troisième fois qu'elle empruntait ce passage et, cette fois, elle était heureuse de passer la grille en fer forgé.

Des feuilles commençaient à parsemer l'herbe, signe que la fin de l'été approchait. Elle n'eut à faire que quelques pas avant d'apercevoir, au loin, la silhouette de Dimitri, les mains plongées dans les poches de ses culottes blanches, pensif.

— Votre Altesse, dit-elle solennellement en arrivant à sa hauteur.

Le prince se retourna et la surprise, sur son visage, laissa place à un large sourire.

— Sophie, dit-il d'un air réprobateur, sachant pertinemment que ce titre de noblesse ne valait plus entre eux.

— Dimitri, rectifia-t-elle avec un sourire malicieux.

Le regard du prince s'attarda sur son sac.

— Vous partez.

Avec culpabilité, elle détailla ses traits. Elle ignorait comment il avait pu la dégoûter, car à présent son visage était pour l'horlogère la plus douce des visions.

— Je suis désolée, Dimitri, je ne peux pas rester...

Ses yeux noirs la fixaient. On pouvait aisément y lire son tourment et la bataille qui se jouait en lui. Elle savait pourtant qu'il comprenait son choix et le respecterait.

— Vous n'êtes pas obligée.

— Il le faut.

— Est-ce Victor qui vous met à la porte ?

Il plaisantait. Était-ce le signe qu'il acceptait son choix ?

— Venez, dit-il, promenons-nous.

L'horlogère lui emboîta le pas.

— Je dois vous avouer que cela m'attriste de vous voir partir. Je commençais à apprécier les catastrophes à répétition.

Le rire cristallin de Sophie résonna dans le parc. Elle appréciait qu'il puisse ainsi détendre l'atmosphère car elle avait appréhendé ce moment, ignorant comment il réagirait quand elle lui annoncerait son départ. Allait-il être en colère? Allait-il la retenir? Ou pire, resterait-il indifférent?

— J'aurais aimé rester.

— Alors, restez! s'exclama-t-il en s'immobilisant, tourné vers elle. Restez encore un peu. Le temps que je vous connaisse davantage.

Les joues de Sophie s'empourprèrent. Il lui proposait de rester pour qu'ils puissent... passer du temps ensemble? Elle avait déjà émis des réserves quant à leur rang social respectif, mais Dimitri continuait à lui parler comme à son égale. Cette attention la touchait autant qu'elle la troublait.

— *Qu'est-ce que vous êtes niais,* grogna Farandole.

Sophie émit un petit rire.

— Je vous amuse? demanda Dimitri.

— Oh non, excusez-moi... C'est Farandole...

— Mmm, je vais vraiment devoir apprendre la chronolangue.

Si tel était le cas, cela ferait une différence de plus avec le vieux Dimitri.

— Comment se porte votre frère? demanda-t-elle alors qu'ils reprenaient leur marche.

— Il recouvre ses forces. Il s'est même levé du lit hier pour aller marcher dans le parc, que dis-je, tituber dans le parc ! Ma mère était folle de rage.

— Et votre père ?

— Il reprend les rênes du pays, le temps de la guérison de Charles. Sa santé s'est dégradée après ce qu'il a vécu. Disons que c'est plutôt ma courageuse mère qui tient la barre.

— Je l'admire, avoua Sophie. Elle a su rester là, pour vous, pour votre frère, pour le roi et pour ce pays.

Dimitri esquissa un faible sourire chagriné.

— Je devrais lui en vouloir, mais ce n'est même pas le cas.

— Ne blâmez pas votre mère pour ses erreurs passées. Est-ce que votre père est au courant du secret de votre naissance ?

Dimitri fit la moue, songeur.

— Je crois qu'il sait des choses, mais qu'il préfère fermer les yeux. S'il tolère les Horanimas, ce n'est pas vraiment le cas de la magie. Son esprit est un peu trop pragmatique.

— J'ose à peine imaginer l'état dans lequel cette attaque l'a mis...

Sophie repensa à sa rencontre avec le souverain. Les ondes de colère qui vibraient autour de cet homme étaient si puissantes qu'elle en restait encore bouleversée.

— J'essaye de l'éviter autant que je peux, avoua Dimitri.

— Comment lui avez-vous expliqué la situation ?

— Comme vous vous en doutez, nous ne lui avons pas parlé de cette histoire d'Engrange-Temps. Nous sommes demeurés assez vagues, sans mentionner la magie. Quoi qu'il en soit, Sophie, votre secret est à l'abri. Et par pitié, ne lisez pas les journaux!

Sophie s'esclaffa lorsque Dimitri grimaça à l'évocation de la gazette.

— Il est vrai que j'aurais aimé rester discrète.

— Les personnes qui connaissaient votre identité ne la divulgueront pas, soyez-en assurée.

Sophie offrit un sourire reconnaissant au prince. Ils se promenèrent en silence un moment, observant la végétation du parc et la rosée sur les buissons. Il y avait cette tension entre eux, palpable. Alors qu'ils avaient été si proches quelques jours plus tôt, le moindre geste déplacé aurait fait frémir Sophie. Cependant, cette fois, elle n'avait pas peur : c'était autre chose.

— Ce qui est arrivé, à votre frère et vous... Rien ne se serait passé si...

— Sophie, quoi que vous puissiez penser, vous nous avez sauvés. Sans votre présence, je serais devenu l'homme infâme qui nous a attaqués. Je ferai tout pour ne pas succomber aux ténèbres qui me hantent.

— La ressentez-vous, cette part d'ombre?

Dimitri haussa les épaules.

— Je crois la ressentir parfois, mais elle a toujours été là, je suppose. Notre voyage dans les Landes n'a rien changé.

— Je viendrai vous tenir à l'œil!

Dimitri éclata de rire.

— J'y compte bien, Sophie.

— J'ai déjà promis à Victor de lui rendre visite.

— Vous n'aurez que quelques marches à monter, alors.

Leur promenade les conduisit jusqu'aux abords du palais. Sur une allée de gravier, Charles était installé dans un fauteuil roulant. Son visage blafard s'illumina lorsqu'il aperçut Sophie.

— Allons voir mon frère, sinon il risque de venir lui-même et ça ne sera pas beau à voir! fit Dimitri.

Il n'avait pas tort, car Charles tenta de se lever, mais Vivianne, qui devait l'avoir conduit jusque-là en poussant son fauteuil, appuya fermement sur ses épaules.

— Vous devez vous tenir tranquille! rouspéta-t-elle.

— Sophie! s'exclama-t-il. Je suis heureux de vous voir enfin!

— Comment allez-vous, Votre Majesté?

— Arrêtez avec vos flatteries, mademoiselle Delapointe. Vous pourrez m'appeler ainsi lorsque je sortirai de cette chaise et que mon père coulera des jours heureux.

Charles lui envoya un clin d'œil. Malgré son état, il émanait de lui une excitation palpable.

— Vous partez?

— Oui, dans une heure, pour la Fréhenne.

— Sophie, je suis désolé pour votre Engrange-Temps.

Lorsqu'elle pensait au réveil, son cœur se pinçait, mais elle essayait de ne pas y songer trop longtemps.

— Merci…

— Vous reviendrez nous voir, j'espère? Je n'arrive pas à croire que j'ai failli vous rater! Si je n'avais pas insisté pour sortir, mon vaurien de frère vous aurait dit au revoir pour deux !

Charles lança un clin d'œil à son jumeau, ce qui fit rougir celui-ci.

— Je suis contente de pouvoir vous saluer moi-même.

— Pourquoi partir tout de suite, Sophie ? Ne me dites pas que vous partez à la recherche d'un autre Engrange-Temps ?

Cette idée lui avait traversé l'esprit. Après tout, la Fréhenne était le pays qui avait vu naître les Tisseurs de Temps et les Horloges Prodigieuses, et c'était pour cela que son choix s'était porté sur la grande ville de Kelvi. Cependant, elle ne se leurrait pas : un Engrange-Temps ne se trouvait pas facilement, et un transverseur encore moins. Elle avait passé ces derniers jours à la poursuite de son passé, elle désirait pour l'instant embrasser son présent. Avec ou sans la présence d'un Engrange-Temps à ses côtés.

— Je vais vous laisser loin de mes problèmes quelque temps.

— Elle a promis de nous rendre visite, ajouta Dimitri.

— J'espère bien ! appuya Charles.

— En souhaitant qu'elle ne revienne pas avec d'autres ennuis sous le bras, intervint Vivianne avec un petit rire.

— Je ne viendrai plus vous embêter, promis !

Les adieux terminés, Charles disparut à contrecœur à l'intérieur du palais en se chamaillant avec Vivianne.

Sophie leva les yeux vers les tours blanches. À l'intérieur siégeaient les Horanimas qu'elle avait Imprégnées avec l'aide de son père. Elle ne quittait pas seulement ses proches et sa ville natale, elle laissait aussi derrière elle les premières preuves de ses facultés de Tisseuse de Temps. L'horlogère serra les dents en repensant à Chantelle qu'elle n'entendrait plus chantonner avant un long moment.

— Permettez-moi de vous accompagner jusqu'à votre bateau, dit Dimitri.

— Je ne crois pas que...

— J'insiste.

Ses yeux noirs étaient plus déterminés que jamais lorsqu'il les planta dans les iris dorés de Sophie, qui capitula. Ils descendirent ensemble les deux cent vingt-trois marches jusqu'à la ville. Voir une dernière fois Aigleport ainsi réchauffa le cœur de l'horlogère. Elle imprima dans ses rétines les rues disposées à angle droit, les toits colorés, les badauds, les étals, l'horizon brillant et, au-delà, l'inconnu.

En bas, Dimitri lui proposa son bras et, cette fois, elle accepta avec ravissement de se mêler à la foule. Éviter les fiacres ne la dérangea pas, ni contourner les flaques de boue. Elle savourait la ville en passant devant la boulangerie, la cordonnerie, la forge, la boutique du tailleur, celle de la fleuriste... Et là, au fond, juste avant le port, elle embrassa l'horlogerie Delapointe du regard une dernière fois.

— Vous voulez entrer ? demanda Dimitri.

— Non, j'ai déjà dit au revoir. Allons-y.

Quelques pas plus loin, elle avisa, à quai, le *Madeleine*, un immense trois-mâts plus imposant que tous les autres. Tout cela devenait très concret. Beaucoup trop concret.

Une boule se forma dans la gorge de Sophie et elle retint ses larmes de justesse. Elle pensait aller au-devant d'un inévitable échec. Plus jeune, prendre la mer signifiait pour elle l'indépendance, mais en cet instant elle avait l'impression d'être une fugitive.

— Sophie, est-ce que ça va ?

Elle battit des paupières et se retourna vers Dimitri en arborant un large sourire.

— Tout va très bien !

— Écoutez, Sophie…

Il prit sa main. Les doigts chauds du prince caressèrent sa paume, et ce contact électrisa tout son être. Elle s'attendait à ce qu'il trouve des arguments pour l'empêcher de partir, mais ses mots furent ceux qu'elle avait le plus besoin d'entendre :

— Je sais que vous avez peur. Je comprends votre sentiment de culpabilité, mais s'il vous plaît, Sophie, calmez votre cœur. Vous êtes la jeune femme la plus extraordinaire que j'aie rencontrée. Vous êtes intrépide, courageuse, têtue et profondément bienveillante. Ne vous tracassez pas, vous n'êtes en aucun cas responsable de mon état ou de celui de mon frère. Vous devez vous pardonner à vous-même.

La mâchoire de Sophie trembla et elle dut se mordre la lèvre pour ne pas pleurer. Avec délicatesse, Dimitri saisit son visage.

— Vous êtes forte, mais vous avez le droit de ne pas l'être quand vous ne vous en sentez pas capable.

Sophie esquissa un sourire reconnaissant: c'était la seule chose qu'elle pouvait faire, car elle était pétrifiée. Elle était bien trop consciente de l'exposition publique à laquelle ils se livraient et de l'inconvenance de cette relation. Pourtant, elle refusait de s'écarter. Au contraire, elle désirait qu'il se rapproche davantage.

Elle n'entendait presque plus les mouettes piailler tant son sang bourdonnait à ses oreilles. Son regard plongé dans celui de Dimitri, elle avait l'impression de tomber. Le prince réduisit l'espace entre eux: il attendit un geste de refus qui ne vint pas, puis posa ses lèvres sur les siennes.

Le port disparut. Rien d'autre n'existait que cet instant. Sophie se sentit libérée. On venait de retirer les entraves qui la maintenaient au sol. Le baiser dura, et ils s'enlacèrent avec ardeur. Le cœur de Sophie bondissait dans sa poitrine, une nuée de papillons dansait dans son ventre.

Dimitri lui avait fait vivre bien plus d'émotions en quelques jours qu'en toute une vie. Elle l'avait détesté; elle peinait maintenant à le quitter. Elle ressentait, dans ses bras, tout l'attachement qu'il avait pour elle.

Lorsqu'ils se lâchèrent enfin, essoufflés, les lèvres de Dimitri étaient rouges et ses cheveux en bataille. Sophie, elle, avait les joues en feu. Elle repoussa quelques mèches et releva le menton pour reprendre contenance. Voilà ce que c'était d'embrasser un homme. Un homme dont elle était irrémédiablement éprise. Soudain, le chagrin lui noua la gorge: elle partait! L'idée de l'abandonner lui fut tout à coup insupportable. Pourquoi avait-elle attendu si longtemps avant d'accepter ses bras ?

Une corne retentit et plusieurs passagers embarquèrent sur le navire. Sophie avait peur, mais elle savait que c'était la bonne décision à prendre. Et puis, ce n'étaient pas réellement des adieux. N'est-ce pas ?

— Restez tel que vous êtes, Dimitri. Aussi loyal, drôle et dévoué. Et ne laissez pas le destin vous dicter votre conduite.

— Il va falloir revenir pour vous en assurer.

— Très bien, je viendrai hanter vos couloirs de temps en temps.

— Prenez soin de vous, Sophie.

L'horlogère recula d'un pas, puis s'avança derechef pour poser un nouveau baiser sur les lèvres douces du prince. Il empoigna son bras, ne voulant pas la laisser partir. Malgré cela, elle s'écarta et se dirigea vers le vaisseau.

Ce n'est qu'une fois à bord qu'elle reporta son regard sur lui. Les mains dans les poches, il ne la quittait pas des yeux. Jamais elle n'aurait pu imaginer tomber sous son charme, pas après ce qu'il s'était passé. Mais Dimitri n'était pas l'homme affreux qui l'avait agressée, et elle espérait, du plus profond de son cœur, que jamais il ne le deviendrait. Peut-être avait-elle réussi au moins cela ?

Puis elle contempla la ville. Jamais elle n'avait observé Aigleport depuis les eaux du port. Ainsi, le palais s'élevait de toute sa hauteur, il la regardait partir. Elle qui l'avait si bien servi toutes ces années et lui qui l'avait toujours si bien accueillie.

Fouillant dans son sac, Sophie en sortit un petit livre.

— *L'Encyclopédie du Temps...* murmura-t-elle.

— *Tu l'as prise avec toi ?* demanda Farandole.

— J'espère que Jean ne m'en voudra pas.

Sophie commença à le feuilleter.

— *Pourquoi avoir emporté ce machin, Sophie ?*

— Ça ne t'intrigue pas, Farandole, toutes ces horloges ?

La montre à gousset marmonna. À la fin du carnet, déjà bien rempli, des pages vierges n'attendaient que d'être noircies.

Plongez dans un nouveau voyage dans le temps aux côtés de Sophie et Dimitri dans la suite de *L'Engrange-Temps*... prévue au printemps 2024.

Chapitre 1

L'odeur bien particulière de la magie imprégna la chambre. Ces effluves âcres de fer n'avaient pas manqué à Sophie Delapointe. Les battements erratiques du cœur de M. Strauss vinrent résonner dans le crâne de l'horlogère comme une mélodie désordonnée. Sous l'assaut des coups, elle vacillait, et malgré la nausée que l'Imprégnation provoquait dans son être, elle demeurait concentrée sur sa tâche.

Le vieillard était étendu dans un lit qui empestait la maladie. Il était apathique, à peine conscient du sort qu'il subissait. Il avait pourtant donné son accord, Sophie s'en était assurée. Son doigt noueux était posé sur les engrenages d'une pendule baroque dont les volutes de laiton entouraient le cadran en or, exposant ses heures sur des plaques en émail.

La jeune femme s'empara de la clé de remontage et commença ses tours, murmurant au mécanisme les douces incantations magiques qui provoqueraient la naissance de l'Horanima.

— *Les lianes immuables du temps perpétuent les paroles du monde...*

Un vent pressant s'écrasa en elle avec la force d'un ouragan. Sa voix tressaillit lorsque la caresse de ses mots lui picota la gorge. Remonter un mécanisme était éprouvant, mais Sophie y était à présent habituée.

— *Dans un souffle infini et sans jamais faillir, la mémoire se révèle en tissage silencieux,* continua-t-elle.

Le sang de son client voyageait sur les rouages, s'emparant du mécanisme en centaines de tentacules malines. La Tisseuse de Temps réglait sa propre respiration sur les pulsations assourdissantes de Gérald Strauss.

— *Croise les vies au détriment du temps, et ce, jusqu'à l'avènement de la vérité,* déclara-t-elle enfin.

Le liquide vermeil disparut soudain, absorbé par les engrenages. La pression exercée sur le crâne de Sophie s'évanouit au même instant, tout comme l'odeur de fer qui emplissait la pièce jusqu'alors. Le corps de M. Strauss se relâcha de sorte qu'il semblait davantage englouti par les oreillers et les couvertures qui l'emmaillotaient tel un nouveau-né.

Un raclement de gorge retentit sans que Gérald ait ouvert la bouche. Car ce bruit provenait de la pendule qui reposait dans les mains de Sophie.

— Bienvenue parmi nous, déclara l'horlogère en la retournant pour contempler ses fines aiguilles ouvragées.

— *Bien le bonjour! Où suis-je?* s'étonna la voix masculine de l'Horanima.

L'esprit de Sophie fut parcouru d'un nouveau frisson. C'était avec ce genre de timbres rocailleux qu'elle discernait encore sa faculté de chronolangue, cette gymnastique mentale qui offrait à n'importe quel individu la capacité de comprendre le langage de ces Horloges Prodigieuses. Malgré ses années de pratique, Sophie sentait parfois son cerveau travailler durement sur certaines sonorités.

La jeune femme leva les yeux. La pièce était plongée dans la pénombre. Le rayon de soleil qu'on apercevait entre les lourds rideaux permettait de distinguer les meubles délicats de la chambre. La richesse de la maisonnée se ressentait dans la frise peinte le long des murs, dans les moulures qui couraient jusqu'au plafond et dans les nobles matériaux dont était composé le mobilier. Toutefois, de la poussière dansait dans l'atmosphère, telles des centaines de petites fées dorées.

— Vous êtes chez vous, Gérald, répondit Sophie.

Mme Strauss avait été claire. En plus de créer une Horanima avec l'âme de son époux, Sophie devait nommer la pendule comme ce dernier. La fin était proche et toutes les raisons étaient bonnes pour s'emparer du moindre souvenir de lui.

— *En voilà, une bonne surprise!*

Le corps du véritable Gérald Strauss remua à la suite d'une toux grasse. La main tremblante, il tendit ses doigts ridés vers Sophie. Ce simple effort semblait lui demander toute son énergie.

— Monsieur Strauss, je vous présente votre Horanima.

Sophie retourna l'objet en direction de son propriétaire et l'homme ouvrit les yeux sur l'œuvre de la Tisseuse de Temps. Elle n'en était plus à son premier coup d'essai. Imprégner était devenu une pratique à laquelle elle s'attelait de manière récurrente depuis son arrivée à Kelvi, il y a neuf mois de cela.

Après cette fameuse nuit à l'horlogerie Delapointe, le besoin de donner vie aux Horanimas lui démangeait souvent le cœur. C'était douloureux, éreintant et presque dangereux, mais ces sensations étaient tout ce qui la faisait se sentir vivante. À une époque où la petite horlogère aux cheveux d'or n'appartenait même pas, c'était le seul moyen qu'elle avait trouvé pour s'ancrer dans la réalité.

— Sophie, articula son client d'une voix caverneuse.

Ces deux syllabes venaient d'aspirer toute son énergie. Les doigts tremblants de Gérald se déposèrent sur la vitre de la pendule. Il semblait se jouer entre eux une discussion muette.

Le cœur de l'horlogère se serra. Elle avait connu ce riche bourgeois il y a de cela plusieurs mois, à la boutique Kauffmann où elle travaillait. Elle ne comprenait toujours pas pourquoi Gérald s'était intéressé à elle, mais leurs conversations avaient tout de suite été animées et passionnantes. Taquin et affable, M. Strauss était un inventeur de talent, collectionnant en secret les Horloges Prodigieuses.

Cette information, Sophie ne l'avait pas sue immédiatement du fait de l'illégalité de cette pratique qui pouvait conduire un détenteur d'Horloges Prodigieuses à de sérieux ennuis. Ce fut une fois sa confiance acquise que Gérald avait dévoilé à la jeune femme la collection impressionnante qu'il possédait dans son sous-sol. Il y en avait de toutes sortes : des montres minuscules, des mécanismes à vif, des horloges comtoises rabibochées, le tout marinant dans une cacophonie enivrante.

Lors de sa première visite en ce lieu, l'odeur d'huile qui flottait dans la cave des Strauss avait transporté Sophie directement à l'horlogerie Delapointe. Un bref instant, le manque qu'elle tentait d'enterrer au fond d'elle-même l'avait giflée avec force. Aigleport lui manquait, Victor, Jean et Églantine lui manquaient. Et bien sûr, Dimitri ne faisait pas exception. Elle leur avait promis de revenir, mais ne se sentait pas encore prête. Pas quand Kelvi avait encore tant à lui offrir. Si l'horlogère avait juré de se tenir tranquille, sa soudaine liberté dans la capitale fréhnienne lui avait fait revoir l'ordre de ses priorités.

— J'espère que vous irez mieux, monsieur Strauss.

Une toux grasse secoua la poitrine de Gérald. Ses lèvres souhaitaient débiter des mots qui lui brûlaient la gorge, mais la maladie s'en empara pour garder les secrets qu'il semblait vouloir partager.

L'horlogère le contempla une dernière fois, la mâchoire serrée. Ses rides, bien creusées dans sa peau blafarde, le rendaient semblable à une peinture. Il était âgé, certes, mais pas assez pour que son heure soit venue. Toutefois, sa maladie chronique avait grappillé le temps qui lui restait. Elle avait agi à l'instar d'un serpent et avait répandu son venin autour d'elle.

Gérald paraissait irréel dans cet immense lit, entouré d'édredons, de duvets, de coussins, comme s'il était déjà vêtu de son linceul. Sophie posa sa main sur celle du collectionneur, la pressa doucement et se leva. Son sac d'outils cliqueta et au moment où elle s'apprêtait à quitter la chambre, Gérald prononça ces seuls mots, d'une voix presque inaudible :

— Le Temps est très précieux, Sophie. Prenez-en bien soin. Ne faites pas comme moi.

— Ça y est ? demanda Mme Strauss lorsque Sophie referma la porte de la chambre.

L'horlogère replaça son lourd sac sur son épaule, provoquant le tintement de ses outils. Les bras croisés, un mouchoir enfoui dans une manche, Evelyn Strauss trahissait une fatigue et une angoisse qui n'avaient pas dû la quitter depuis que les doigts griffus de la maladie s'étaient insinués dans sa demeure. En la voyant, Sophie eut l'impression d'être une médecin dont le devoir était de rassurer les proches après une opération périlleuse. Elle espérait que l'Imprégnation qu'elle avait pratiquée saurait lui apporter un peu de réconfort.

— Tout s'est déroulé à merveille et votre époux va bien. Il s'est rendormi.

Le reniflement d'Evelyn fut une simple virgule entre elles.

— J'ai nommé l'Horanima comme vous me l'avez demandé. Elle siège sur la table de chevet. Et, encore une fois, si vous avez besoin d'aide pour l'apprentissage de la chronolangue, je me tiens à votre disposition.

— Vous êtes trop bonne, mademoiselle Carillet, gémit Evelyn.

Sophie pinça les lèvres en entendant ce nom de famille de substitution. Bien sûr, ce patronyme avait dû la suivre car à Kelvi travaillait Astoria Delapointe : sa grand-mère paternelle. Sophie savait en débarquant à la capitale qu'Astoria exerçait en tant qu'enquêtrice pour l'Office Horolurgique. Évitant de répéter ses récentes erreurs, l'horlogère avait préféré se tenir loin des membres de sa famille après tous les problèmes qu'elle avait causés à Aigleport du fait de son usage de l'Engrange-Temps.

— Mon mari m'a dit de vous remettre ceci.

Sous le bras de Mme Strauss s'était glissé un ouvrage que Sophie connaissait bien : *L'Encyclopédie du Temps* de Sirius Wilfrid Naos. Voilà plusieurs semaines qu'elle l'avait prêté à Gérald et le récupérer fit remonter les commissures de Sophie. L'horlogère s'en empara et le glissa dans son sac avant de remettre elle-même quelque chose à sa cliente :

— Voici la fiche à transmettre à l'Académie Horolurgique.

Sur un petit carton était dactylographié le type d'horloges, le nom du propriétaire et le Tisseur de Temps référant. Dans la capitale fréhnienne, la pratique de l'horolurgie et l'utilisation des Horanimas étaient si communes et anciennes qu'une véritable institution dirigeait ce pan de la société.

— Comme vous le savez, je n'ai pas passé l'examen d'Horolurgie, aussi, c'est le nom de mon patron, Eryk Kauffmann, qui est inscrit.

— Oui, Gérald m'avait mise au courant. Ce n'est pas un souci pour moi, mademoiselle Carillet. Si vous voulez mon avis, l'Académie Horolurgique se prive de merveilleux Tisseurs avec ce fichu règlement.

Sophie lui accorda un sourire reconnaissant. Elle avait évidemment souhaité se présenter à l'examen d'entrée pour étudier dans le prestigieux institut, comme le lui avait autrefois conseillé Marguerite – l'Horanima de l'ancienne reine Madeleine de Ferwell –, mais elle avait vite déchanté en apprenant qu'aucun étranger n'était accepté sans lettre de recommandation.

— Et concernant le paiement…

— Oh oui ! sursauta Evelyn. Tenez !

Mme Strauss fouilla dans sa poche pour en ressortir une montre à gousset. Elle ne possédait ni chaîne ni capot, l'émail sur son cadran s'effritait et bien sûr, les aiguilles ne battaient plus le temps. Pourtant, le cœur de Sophie bondit en la voyant.

— Je sais que mon mari vous l'avait promise, mais puis-je vous offrir autre chose ? Quelques pièces tout du moins ?

— Ce ne sera vraiment pas nécessaire, madame, répondit rapidement Sophie dont le sang pulsait à ses tempes à la vue de l'Horloge Prodigieuse.

Elle referma ses mains sur l'objet et le fourra dans sa poche. Elle entendit alors Farandole rouspéter : elle venait de le déranger dans son antre. Elle dépassa ensuite Evelyn mais s'arrêta un instant pour lui dire :

— Je serais ravie d'avoir des nouvelles de Gérald. Une simple lettre fera l'affaire, mais si l'envie vous prend, vous me trouverez à l'horlogerie Kauffmann.

Evelyn esquissa un sourire bienveillant, mais empreint de tristesse. Sophie observa ses cheveux roux, bien trop vifs pour être naturels ; ses yeux bleus voilés de larmes derrière ses lunettes rondes ; et ses lèvres minces et pincées par le chagrin. Mme Strauss était plus jeune que son mari d'une bonne dizaine d'années, mais l'amour qu'ils se portaient mutuellement n'avait rien d'artificiel ou d'arrangé. Sophie avait été témoin de leur complicité, qui avait duré vingt longues années. L'horlogère ne pouvait qu'imaginer la douleur qu'entraînait la mort de l'être aimé. Ayant perdu son père, Sophie connaissait le goût du deuil. Et si elle ne pouvait comparer cette peine à celle d'Evelyn, traverser un océan était déjà suffisant pour qu'elle comprenne le manque que pouvait provoquer la perte de l'autre.

— Je n'hésiterai pas, déclara Evelyn.
— Bon après-midi, madame Strauss.
— Bon après-midi, mademoiselle Carillet.

Sophie descendit les longs escaliers en chêne de la maison de ville, ses pas étouffés par l'épais tapis vert qui les recouvrait. Elle entendit la porte de la chambre s'ouvrir, la voix cristalline de la propriétaire s'élever et quelques larmes, pourtant silencieuses, dévaler ses joues.

À l'extérieur, Sophie fut frappée par une tout autre ambiance. L'intérieur de la maison des Strauss était tel un cocon chaleureux, alors que l'avenue, elle, s'apparentait à une véritable jungle. À peine eut-elle posé un pied sur les pavés qu'un engin à moteur crissa et provoqua une embardée. Une flaque de boue éclaboussa ses bottines et Sophie jura entre ses dents. Elle observait de plus en plus de machines trancher les rues comme si elles leur appartenaient. C'était encore plus déstabilisant qu'à Aigleport et Sophie était devenue bien plus qu'une acrobate : elle devait faire preuve de dons de voyance pour éviter chaque obstacle susceptible de lui barrer la route !

Si elle s'était sentie complètement désemparée à son arrivée, elle pouvait aujourd'hui prétendre être une véritable Kelvienne. Kelvi était bien différente de sa ville natale et depuis plusieurs mois, Sophie s'accoutumait petit à petit à cette effervescence quotidienne. Les klaxons ne cessaient de gémir, les chevaux de hennir, et l'imposante Tour Horlogère, située à l'ouest de la ville, sonnait chaque heure. Mais plus que tout, ces derniers temps, les vendeurs de journaux clamaient des unes peu réjouissantes :

— Un nouveau corps découvert ! Les Tisseurs de Temps de Kelvi doivent-ils se sentir menacés ?

Sophie pinça les lèvres en s'engageant sur l'avenue, son sac d'outils vissé sur l'épaule. Le jeune crieur secouait la gazette dans les airs. On pouvait y lire en lettres majuscules : « La mort d'un quatrième Tisseur de Temps à Kelvi ! » Depuis quelques semaines, les rues de la capitale fréhnienne empestaient le danger et un voile de peur se répandait chez les habitants.

— *Décidément, ils tombent comme des mouches !* s'exclama Farandole, toujours dans la poche de Sophie.

— Je ne trouve pas ça très drôle.

— *Et je ne ris pas ! M'as-tu entendu rire ? Je ne crois pas ! Je pense simplement à toutes ces pauvres Horanimas privées de leur créateur…*

Sophie leva les yeux au ciel : Farandole se montrait délibérément sarcastique. Depuis leur aventure dans les Landes, la montre à gousset prenait le danger à la légère, persuadée d'avoir vécu le pire dans l'antre de Sarinne. La sorcière leur avait certes sauvé la vie, à Dimitri et à elle, mais l'Horanima ne l'appréciait toujours pas. De plus, à la suite de la terrible attaque lors de la Cérémonie de Passation des Pouvoirs, Farandole agissait comme si plus rien ne l'impressionnait.

— C'est étrange, tout de même.

— *On est dans une grande ville et les médias adorent se montrer dramatiques !*

Sophie acquiesça silencieusement. Farandole n'avait pas tort. Depuis son arrivée, Sophie avait eu le droit à des unes mentionnant des courses poursuites, de la contrebande, des explosions mystérieuses, et même des rumeurs concernant les véritables causes de la mort de la reine de la Fréhenne, Néréa de Belmont, survenue quelques mois plus tôt.

— *Peu importe ! Alors, on dirait que c'est une bonne pioche, cette fois !*

Sophie ne put retenir un large sourire, chassant la nouvelle morbide qu'elle venait d'entendre.

— Notre première Horloge Prodigieuse fonctionnelle ! Tu te rends compte, Farandole ?

— *Je marche très bien, moi aussi, je te signale !*

— Tu sais très bien ce que je veux dire, le réprimanda gentiment Sophie.

— *Quoi qu'il en soit, aurais-tu l'obligeance de retirer ce machin de mon capot, il va le rayer, c'est sûr ! Mon magnifique capot tout doré, tout chatoyant...*

Sophie leva les yeux au ciel une nouvelle fois en fouillant dans sa poche. Elle en extirpa la vieille montre à gousset, peu reluisante. L'horlogère ne voyait cependant pas la vétusté de l'objet, ni les rayures, ni les teintes de bronze sous l'émail. Non, tout ce qu'elle contemplait était la beauté d'une Horloge Prodigieuse.

— *Et le vieux t'a dit à quoi elle servait ?*

— Sois plus respectueux envers Gérald, le gronda Sophie. Il s'agit d'un Brumosphère. Mais ne t'attends pas à quelque chose d'extraordinaire, elle ne fait que prédire la météo...

En effet, aucun chiffre n'était peint sur le cadran. À la place, tels les points cardinaux d'une boussole, un soleil, des nuages, des éclairs et de la pluie étaient finement gravés. À cet instant précis, la grande aiguille était pointée sur le soleil, alors que la trotteuse indiquait de l'orage.

— La plus grande montre le temps actuel, alors que la petite, elle, énonce celui qu'il fera dans douze heures. Tiens, ça veut dire qu'il va bientôt pleuvoir...

— *C'est tout de même idiot,* renchérit Farandole. *N'y a-t-il pas tout un tas de machines qui prédisent la météo maintenant ? Comme l'invention que venait de créer le vieux, d'ailleurs ?*

— Certes…

La Tour Horlogère qui surplombait toute la ville se verrait bientôt équipée d'un système météorologique conçu par Gérald Strauss en personne. Sophie ignorait à quoi cela pouvait bien ressembler, mais elle savait qu'il s'agissait d'un projet révolutionnaire sur lequel l'inventeur travaillait avant d'être alité.

Sophie se retourna, sentant l'ombre gigantesque de la tour regarder par-dessus son épaule. Kelvi était une ville particulièrement plate, contrairement à Aigleport, et ce bâtiment qui transperçait le ciel sur des centaines de mètres était la seule à surveiller l'horizon.

En tant qu'horlogère, l'énorme cadran vitré et les immenses aiguilles d'acier de cette tour étaient pour Sophie un pur chef-d'œuvre. Malheureusement, seuls les élèves de l'Académie Horolurgique étaient autorisés à l'étudier. L'amertume qu'elle ressentait envers les conditions d'entrée s'accentuait chaque fois qu'elle détaillait l'architecture de la tour ou qu'elle se promenait dans le quartier qui abritait les trois institutions horolurgiques qu'étaient l'Académie, l'Administration et l'Office.

— *Tu regardes encore cette tour, Sophie ?*

La jeune femme sursauta, s'extirpant de ses rêveries.

— Absolument pas !

— *Tu sais que je peux le sentir, quand tu mens ?*

Sophie pinça les lèvres. Farandole aimait lui rappeler que les battements de son cœur en disaient long sur son état. Elle avait déjà bien compris que la montre à gousset l'épiait à l'époque où Dimitri se trouvait près d'elle. En réalité, toutes les fois où Farandole mentionnait son cœur, ce dernier pulsait d'autant plus vite, sans qu'elle arrive à empêcher son esprit de lui offrir quelques souvenirs du prince.

Au fil des mois, elle avait appris à calmer cette ardeur. Elle avait tenté de combler le manque dévorant, souvent insupportable, en se servant de Kelvi comme d'une distraction. Ce n'était pas qu'elle refusait de remettre le pied à Aigleport, de revoir le prince ou Victor. Mais la terreur qu'elle y avait vécue, la crainte de faire du mal aux personnes qu'elle aimait la poussaient à se tenir à l'écart.

Alors Sophie se complaisait à Kelvi. Ce n'était pas une vie de rêve, mais elle ne s'était jamais sentie aussi libre que ces neuf derniers mois. La capitale fréhnienne était l'unique ville que l'horlogère connaissait après Aigleport. De ce fait, elle ne pouvait s'empêcher de comparer les deux cités. Les boutiques étaient sensiblement identiques, mais leur nombre, à Kelvi, était trois fois supérieur. Ainsi, se marchaient sur les pieds les modistes, les apothicaires, les bijoutiers, les libraires, les boulangers, et bien entendu : les horlogers.

Dans chaque rue, un horloger établissait son échoppe. Peu importait le quartier, il était certain qu'on y trouverait au moins un Tisseur de Temps. Après tout, Kelvi était le berceau de l'Horolurgie. C'était ici que les premières Horloges Prodigieuses avaient vu le jour. Les ruelles respiraient la magie, Kelvi vivait pour le temps et grâce au temps. Il était un nom sur toutes les lèvres et une référence dans tous les esprits. Le temps était une légende qui vivait dans chaque horloge, personnifié dans chaque boutique. Sophie avait presque l'impression de pouvoir le croiser en chair et en rouages au détour d'une venelle.

L'horlogère emprunta le pont qui enjambait le canal de Grove et qui marquait l'entrée de son quartier. Après le refus de l'Académie, la jeune femme s'était mise à la recherche d'une horlogerie où exercer en tant qu'apprentie Tisseuse de Temps dans l'espoir d'obtenir une lettre de recommandation et d'entrer dans la prestigieuse école. Malgré le nombre conséquent d'enseignes horolurgiques à Kelvi, jamais elle n'aurait imaginé la tâche si ardue : étrangère et sans papiers, Sophie ne s'était heurtée qu'à des portes fermées. On lui disait : « Va voir ailleurs ! » « Je n'ai pas de temps à accorder à une novice ! » « Retourne chez tes parents ! » Pourtant, depuis ses péripéties temporelles et magiques, Sophie avait appris à n'abandonner sous aucun prétexte. Elle avait fini par trouver un Tisseur de Temps prêt à l'accueillir, dans un arrondissement mal famé situé à l'est de la ville. Les rues empestaient continuellement l'urine, mais au moins l'horlogerie Kauffmann lui permettait d'avoir un toit au-dessus de sa tête.

Lorsque la clochette de l'entrée annonça son arrivée, elle découvrit son patron, Eryk Kauffmann, une loupe binoculaire pincée entre sa joue et son épais sourcil, déformant ses traits déjà bien disgracieux.

— C'est à cette heure-ci que tu rentres, toi ? grogna-t-il.

Toutes les horloges autour de Sophie lui rappelèrent qu'elle avait une bonne heure de retard.

— Tu sais comment est Mme Lind, toujours très bavarde, mentit Sophie sans rougir un seul instant.

Avant de pratiquer son Imprégnation chez les Strauss, Sophie avait été réquisitionnée pour réparer deux horloges. Eryk, trop paresseux pour se déplacer, aimait envoyer Sophie à travers la ville pour l'exécution de ce type de besognes.

Son patron avait la paume déjà bien tendue lorsque l'horlogère déposa quelques pièces dans sa main. Il plissa les yeux, fourra la monnaie dans sa poche et la tendit une nouvelle fois sous le regard étonné de Sophie.

— Tu ne vas quand même pas prétendre que tu n'as pas autre chose à me donner ?

Sophie se mordit la langue. Elle ignorait pourquoi, mais le son des tic-tac autour d'elle avait un timbre réprobateur. Comme s'ils étaient de son côté à *lui*, et non du sien. Une bataille de regards s'effectua entre l'élève et le maître pendant quelques secondes. Son patron était un as à ce jeu-là. Finalement, Sophie fouilla dans son sac et y fourra la flèche dont elle s'était servie pour Imprégner.

Sans attendre plus de réprimandes de sa part, elle contourna le comptoir pour filer dans les escaliers. Cependant, Eryk avait beau être imposant, il était aussi incroyablement rapide. Il attrapa le poignet de Sophie avec hargne et lui fit faire volte-face.

— Combien de fois t'ai-je ordonné d'arrêter de fouiner dans mes affaires ?

Eryk la surplombait de toute sa hauteur, tel un roc immense et glaçant, sa main toujours serrée autour du bras de la jeune femme.

— Laisse-moi te prouver ce que je vaux ! répondit Sophie sans perdre sa contenance devant l'armoire à glace qui lui servait de patron.

— Je te permettrai d'Imprégner lorsque mes clients seront satisfaits de tes réparations ! Gaston m'a encore dit que tu avais foulé un engrenage à Éclair.

Sophie fronça le nez. Ce n'était pas entièrement vrai. La pendule gesticulait tellement que l'horlogère avait failli perdre un doigt !

— Ce n'est pas vrai !

Le visage d'Eryk se teinta de rouge.

— Voleuse et menteuse, par-dessus le marché ! Tu m'étonnes que personne ne souhaitait te prendre en apprentissage avant moi ! Je me demande comment je peux encore te supporter ici ! Tu feras ce que je te dis, sinon, cette fameuse lettre de recommandation, je ne te la rédigerai jamais.

Sophie serra les dents sous la menace. Ce n'était pas la première fois qu'il la formulait. Cette lettre était la seule raison qui poussait Sophie à rester ici. Elle lui permettrait d'entrer à l'Académie Horolurgique et de commencer pleinement sa formation de Tisseuse de Temps. Elle savait Imprégner, certes, mais sans diplôme, exercer en Fréhenne était impossible. Et hors de question de demeurer apprentie toute sa vie!

— Très bien… capitula-t-elle.

Voilà comment finissait chaque réprimande: Eryk sortait gagnant et Sophie baissait la tête. Dans son champ de vision, elle le vit tendre la main une dernière fois. Et elle comprit ce qu'il attendait: le paiement pour l'Imprégnation. Il n'était pas dupe, il savait qu'elle profitait des courses ingrates dont il la chargeait pour s'exercer à l'Imprégnation en cachette. Cependant, elle n'avait reçu des Strauss que l'Horloge Prodigieuse et il n'était absolument pas au courant de la collection interdite qui grossissait sous son toit.

À contrecœur, Sophie fouilla dans sa besace et sortit trois pièces de sa propre bourse. Il s'agissait de son maigre salaire, mais elle préférait se départir de son argent plutôt que de sa nouvelle acquisition.

— Et que ça te serve de leçon! persifla-t-il en la lâchant enfin.

Sophie s'extirpa de son emprise et fondit dans les escaliers.

— Et change-moi ce pantalon! Ce n'est pas une tenue convenable pour une dame! cria-t-il.

Mais Sophie avait déjà filé dans son antre.

Glossaire

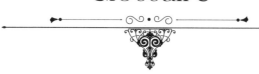

Académie Horolurgique : institution éducative située à Kelvi, capitale de la Fréhenne, vouée à la formation de l'Horolurgie.

Administration Horolurgique : institution située à Kelvi, capitale de la Fréhenne, responsable de la gestion des dossiers et des affaires liées à l'Horolurgie, comprenant notamment le recensement des Horanimas et des Tisseurs de Temps.

Chronolangue : terme regroupant le langage des Horanimas ainsi que la personne capable de les comprendre.

Décret Horolurgique : loi promulguée par le roi Charles de Ferwell, qui impose la détention d'un permis pour la possession d'Horanimas, ainsi que la présence obligatoire d'une marque distinctive à l'arrière de l'horloge.

Engrange-Temps : type d'Horloges Prodigieuses. Mécanisme magique à rouages permettant de voyager dans le temps.

Guerre des Rouages : conflit armé d'une durée de quatre ans, opposant la Varhenne à la Grahenne et à la Fréhenne.

Horanimas : type d'Horloges Prodigieuses capables d'entendre et de parler. Elles sont le plus communément utilisées comme outils de surveillance.

Horloges Prodigieuses : mécanismes à rouages aux capacités magiques (horloges, montres, réveille-matin…).

Horolurgie : pratique englobant l'horlogerie de manière magique ou non magique.

Imprégnation : pratique complexe consistant à donner une infime partie de son âme pour la création d'une Horanima.

Nécro-Temps : type d'Horloges Prodigieuses. Mécanisme magique à rouages fixé à la place du cœur, permettant de contrôler un corps mort. Le porteur demeure immortel tant que le mécanisme n'est pas détruit.

Office Horolurgique : institution située à Kelvi, capitale de la Fréhenne, chargée de la mise en application et du respect des lois régissant l'Horolurgie.

Purge : période de cinq ans durant laquelle les Horloges Prodigieuses ont été détruites dans le but de garantir la pérennité du monde. Seules les Horanimas, considérées comme inoffensives, ont été autorisées à subsister.

Tisseur de Temps : horloger capable de créer des Horloges Prodigieuses.

Transverseur : joyau énergétique permettant de faire fonctionner un Engrange-Temps.

Triade Horolurgique : ensemble constitué de trois institutions – l'Office, l'Administration et l'Académie – qui sont chargées de maintenir l'ordre en Fréhenne en matière d'Horolurgie.

Remerciements

L'*Engrange-Temps*, c'est le résultat sincère de tout ce qui m'anime et des années acharnées que j'ai passées à tenter de réaliser mon rêve. Cette histoire s'est écrite comme une évidence dès les premières lignes. Je n'ai pas douté et, comme l'eau d'un ruisseau, l'écriture a filé sans que l'on puisse l'arrêter.

C'est une histoire que j'ai commencée seule, mais que j'ai peaufinée et terminée grâce à des personnes extraordinaires.

Tout d'abord, je tenais à remercier Arnaud, l'homme de ma vie, qui a subi toutes les soirées, tous les week-ends et tous les temps libres où je ne faisais qu'écrire. Merci pour son amour et sa patience. Je sais que je ressemblais davantage à un fantôme hantant notre appartement à sa guise qu'à une réelle amoureuse.

Ensuite, Thibault Missimilly, présent depuis mes débuts. Depuis le lycée où il m'a encouragée dans mes rêveries. Je ne le remercierai jamais assez pour ces coups de téléphone à brainstormer, sa patience avec mes messages à rallonge sur mes idées, ou cette soirée à Nice où on a épluché

L'Engrange-Temps avec Max. D'ailleurs, merci beaucoup, Max.

Merci à Aline, ma mère. Ce que j'écris n'est pas forcément son genre de lecture, mais elle a lu et corrigé la première version de *L'Engrange-Temps*, ce qui m'a confortée dans l'idée que cette histoire pouvait plaire à tout le monde.

À Marion et Lea, ma famille. Elles ont cru en moi et ont accepté que je les abandonne de nombreuses fois pour rester à la maison et écrire.

À Roxane Bousquet, ma bêta-lectrice. Elle m'a aidée à pousser plus loin la romance. S'ils ont une belle histoire d'amour, ces deux-là, c'est en grande partie grâce à elle.

En parlant d'Instagram, je voudrais remercier toutes les incroyables personnes rencontrées sur cette plateforme et qui m'ont permis de devenir l'autrice que je suis aujourd'hui. M'ouvrir sur l'écriture a été ma plus belle décision. Alors, un merci spécial à Sarah A., qui est devenue au fil des mois une amie précieuse. Sans oublier Élise G., Clary A., Camila M., Martin M., Astrid W., Anaïs C., Ludmila T., Morgane L., et plein d'autres magnifiques personnes avec qui j'échange au quotidien. Merci à toutes les personnes qui suivent mon aventure sur les réseaux, avec qui je parle, j'ai parlé ou je parlerai. Merci de m'avoir soutenue et de me soutenir!

Merci à Sirine, qui a lu et relu ce roman et qui a ciblé le moindre détail pour le rendre parfait. Rien n'aurait été possible sans son merveilleux travail et surtout sa gentillesse et sa bienveillance.

Merci à Christine, pour son œil de lynx et ses corrections toujours très justes.

Merci à Isabel Vitorino, pour avoir donné la chance à ce livre d'exister dans d'autres mains que les miennes.

De tout mon cœur, je remercie toute l'équipe d'Hachette Romans pour son travail exceptionnel, ainsi que Célia Bourdet pour l'incroyable travail d'illustration sur ce tome.

Et surtout, merci à toi, lecteur. Si tu lis ces lignes, tu es arrivé au bout, ou peut-être lis-tu les remerciements en premier, comme j'aime bien le faire. Après tout, pourquoi pas ?

Suivez-nous sur le Web
et les réseaux sociaux !

EDITIONS-PETITHOMME.COM
EDITIONS-HOMME.COM
EDITIONS-JOUR.COM
EDITIONS-LAGRIFFE.COM
RECTOVERSO-EDITEUR.COM
QUEBEC-LIVRES.COM
EDITIONS-LASEMAINE.COM

Imprimé chez Marquis Imprimeur inc.